Alpine Guide

ヤマケイ アルペンガイド

尾瀬

尾瀬ヶ原・尾瀬沼・至仏山・燧ヶ岳
会津駒ヶ岳・平ヶ岳・田代山

Alpine Guide
ヤマケイ アルペンガイド

尾瀬

Contents

本書の利用法……4
尾瀬を歩く……6

尾瀬ヶ原・尾瀬沼

コース1 尾瀬ヶ原……12
コース2 尾瀬沼……18
サブコース 尾瀬沼山峠から小淵沢田代へ……24
サブコース 尾瀬沼山峠から抱返ノ滝を経て七入へ……26
コース3 尾瀬沼・尾瀬ヶ原……28
コース4 アヤメ平……32
サブコース 富士見下から富士見峠を経て見晴へ……38
サブコース 富士見峠から白尾山・皿伏山へ……40
コース5 三条ノ滝 燧裏林道……42
サブコース 小沢平から三条ノ滝・赤田代へ……46
コース6 至仏山……56
コース7 笠ヶ岳……62
コース8 燧ヶ岳 御池登山道・見晴新道……66
コース9 燧ヶ岳 ナデッ窪・長英新道……72

尾瀬周辺の山

コース10 会津駒ヶ岳……80
サブコース 会津駒ヶ岳から大杉岳を経て尾瀬御池へ……85
サブコース 会津駒ヶ岳からキリンテへ……88

コース11　平ヶ岳……90
コース12　田代山 帝釈山……96
コース13　台倉高山 帝釈山……102
コース14　鬼怒沼……106

残雪期の尾瀬

コース15　鳩待峠から尾瀬ヶ原へ……114
コース16　大清水から尾瀬沼へ……116
コース17　鳩待峠から至仏山へ……118
コース18　尾瀬沼山峠から燧ヶ岳へ……120
コース19　駒ヶ岳登山口から会津駒ヶ岳へ……122

コラム

尾瀬のビジターセンター……37
尾瀬に咲く花……48
テント泊で歩く尾瀬……77
尾瀬の玄関口、檜枝岐と戸倉……89
尾瀬と自然保護運動……111

インフォメーション

尾瀬へのアクセス……124
尾瀬の登山口ガイド……128
尾瀬の山小屋ガイド……135
立ち寄り湯ガイド……140
行政区界・地形図……141
問合せ先一覧……142
主な山名・地名さくいん……143

1 鳩待峠・至仏山・笠ヶ岳
2 アヤメ平・富士見峠・一ノ瀬
3 大清水・物見山・鬼怒沼
4 尾瀬ヶ原（山ノ鼻・ヨッピ吊橋）
5 尾瀬ヶ原（竜宮十字路・見晴）・尾瀬沼
6 尾瀬沼・尾瀬沼山峠・抱返ノ滝
7 燧ヶ岳・三条ノ滝・尾瀬御池・小沢平
8 平ヶ岳・台倉山・平ヶ岳登山口
9 大津岐峠・キリンテ・大杉岳
10 会津駒ヶ岳・中門岳・駒ヶ岳登山口
11 田代山・帝釈山・台倉高山

本書の利用法

本書は、尾瀬と周辺の山域の一般的な登山コースを対象とした登山ガイドブックです。収録したコースの解説は、尾瀬と周辺の山域に精通した著者による綿密な実踏取材にもとづいています。本書のコースガイドページは、左記のように構成しています。

❶山名・行程

コースは目的地となる山名・自然地名を標題とし、行程と1日ごとの合計コースタイムを併記しています。日程（泊数）はコース中の山小屋を宿泊地とした標準的なプランです。

❷コース概念図

行程と主な経由地、目的地を表したコース概念図です。丸囲みの数字とアルファベットは、登山地図帳の地図面とグリッド（マス目）を示しています。

❸コースガイド本文

コースの特徴をはじめ、出発地から到着地まで、コースの経路を説明しています。主な経由地は、強調文字で表しています。本文中の山名・地名とその読みは、国土地理院発行の地形図に準拠しています。ただし一部の山名・地名は、登山での名称・呼称を用いています。

❹コース断面図・日程グラフ

縦軸を標高、横軸を地図上の水平距離としたコース断面図です。断面図の傾斜角度は、実際の登山道の勾配とは異なります。日程グラフは、ガイド本文で紹介している標準日程と、コースによって下段に宿泊地の異なる応用日程を示し、日程ごとの休憩を含まないコースタイムの合計を併記しています。

❺コースタイム

30〜50歳の登山者が山小屋利用1泊2日程度の装備を携行して歩く場合を想定した標準的な所要時間です。休憩や食事に要する時間は含みません。なおコースタイムは、もとより個人差があり、登山道の状況や天候などに左右されます。本書に記載のコースタイムはあくまで目安とし、各自の経験や体力に応じた余裕のある計画と行動を心がけてください。

❻コースグレード

尾瀬と周辺の山域における一般登山コースの難易度を初級・中級・上級に区分し、さらに技術度、体力度をそれぞれ5段階で表示しています。

初級 とくに難所のないコースです。登山の初級者で、尾瀬をはじめて歩く人に向いています。

中級 注意を要する岩場や急斜面などがあり、おおむね行程も長いコースです。日頃から登山に親しみ、注意箇所のあるコースおよび宿泊を伴う登山の経験がある人に向きます。尾瀬周辺の山域は中級コースが中心となりますが、体力度・技術度は幅があります。

上級 急峻な岩場や迷いやすい地形に対処でき、読図（地形図の判読）と的確な天候判断が求めらるコースです。尾瀬周辺の山域もしくは同等の山域の中級以上のコースを充分に経験している人に向きます。

技術度

1＝よく整備された散策路・遊歩道
2＝とくに難所がなく道標が整っている
3＝ガレ場や雪渓、小規模な岩場がある
4＝注意を要する岩場、迷いやすい箇所がある
5＝きわめて注意を要する
　地形や規模の大きな岩場がある

これらを基準に、天候急変時などに退避路となるエスケープルートや、コース中の山小屋・避難小屋の有無などを加味して判定しています。

体力度

1＝休憩を含まない1日の
　コースタイムが2〜3時間程度
2＝同3〜5時間程度　3＝同5〜7時間程。
4＝同7〜9時間程度　5＝同9時間以上

これらを基準に、コースの起伏や標高差、日程などを加味して判定しています。なおコースグレードは、登山時期と天候、および荒天後の登山道の状況によって大きく変わる場合があり、あくまで目安となるものです。

登山地図帳

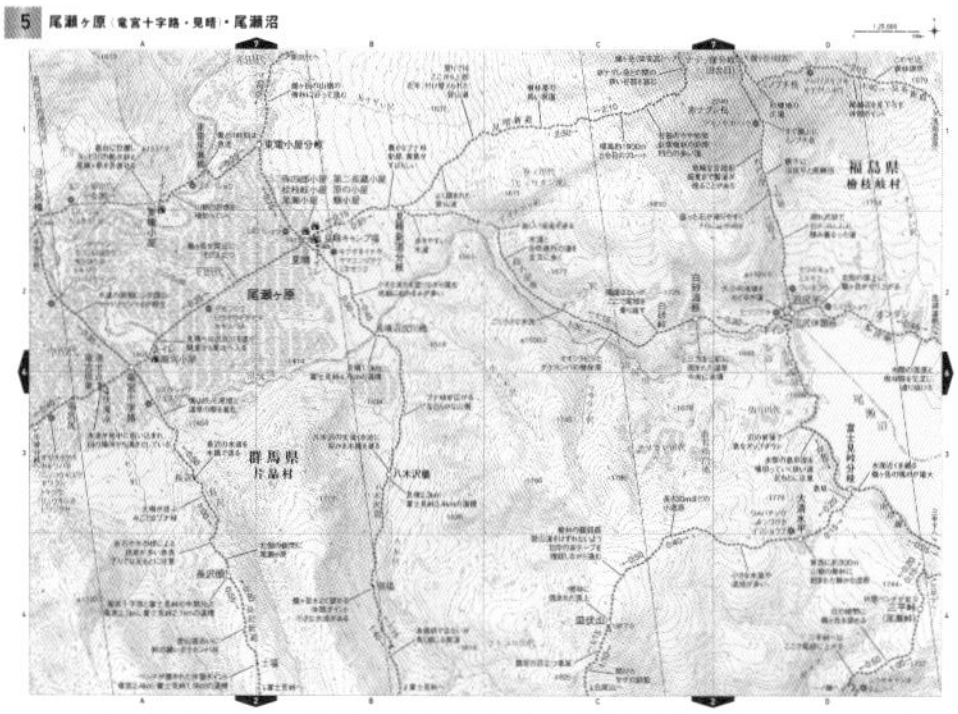

❼コースマップ

登山地図帳に収録しています。コースマップの仕様や記号については、登山地図帳に記載しています。

尾瀬を歩く

雪どけの湿原にミズバショウが咲く光景が歌い継がれる尾瀬《おぜ》は、尾瀬《おぜ》ヶ原《がはら》と尾瀬沼《おぜぬま》を中心とした山岳地帯である。

尾瀬ヶ原の標高は約１４００ｍ、尾瀬沼は約１６６５ｍ、四周を２０００ｍ級の山々に囲まれ、尾瀬ヶ原、尾瀬沼ともに盆地の地形をなしている。

２００７（平成19）年８月30日に日光《にっこう》国立公園から分割、会津駒ヶ岳《あいづこまがたけ》や田代山《たしろやま》などを新たに編入、尾瀬国立公園として誕生した。我が国で29番目となる国立公園である。群馬県、福島県、新潟県、栃木県の4県にまたがり、総面積は3万７２００ヘクタールにおよぶ。

１９６０（昭和35）年に国の特別天然記念物に指定、２００５（平成17）年には自然生態系の価値が評価され、ラムサール条約湿地に登録されている。

■尾瀬の開山

１８８９（明治22）年８月、当時19歳の平野長蔵《ひらのちょうぞう》氏が燧ヶ岳《ひうちがたけ》に登り、翌９月には燧神社の石祠を頂上に建立する。さらに翌１８９０（明治23）年、長蔵氏は尾瀬沼の沼尻平《ぬしりだいら》近くに行者小屋を建てた。この年が「尾瀬の開山」といわれる。

その後、１８９８（明治31）年に植物学者の早田文蔵《はやたぶんぞう》氏が尾瀬と会津駒ヶ岳を調査し、植物の宝庫として紹介。１９０５（明治38）年には、植物学者で登山家の武田久吉《たけだひさよし》氏が尾瀬を訪れ、紀行を発表。大きな反響を呼び、尾瀬が広く世に知られる。

■尾瀬の成り立ち

尾瀬は、2億年以上前の太古から数千年前まで、想像もつかない長い年月をかけて形成された。日本が大陸の一部だった2億3千万年前、地底のマントルがゆっくり隆起して至仏山《しぶつさん》が誕生する。

今から２００万年前になると、皿伏山《さらぶせやま》や景鶴山《けいづるさん》、アヤメ平一帯が次々に噴火し、今

梅雨明けして盛夏を迎えた尾瀬沼と燧ヶ岳

雪どけしてまもない尾瀬ヶ原と至仏山

コバギボウシが咲く盛夏の大江湿原

尾瀬ヶ原・山ノ鼻付近のミズバショウ群落

会津駒ヶ岳から中門岳へ
連なる伸びやかな山稜

北麓から燧ヶ岳をめざす御池登山道

日の尾瀬ヶ原と尾瀬沼を取り囲む山並みが形づくられていく。

やがて、尾瀬で最も新しい火山である燧ヶ岳が噴火をはじめる。燧ヶ岳は、35万年前から8千年前ごろまでの間、噴火を繰り返し、噴出した溶岩流や山崩れの土石流が川を堰き止めた。これにより尾瀬ヶ原と尾瀬沼の原形が出現する。

そこでは寒冷な気候により、植物は枯れても微生物に分解されず、泥炭《でいたん》となって積み重なっていく。その堆積は、1年でわずか1㎜程度。尾瀬の湿原は、数千年をかけて堆積した泥炭の上に成り立っている。

■尾瀬の湿原

泥炭が堆積していく段階で、湿原は初期の低層湿原（低位泥炭地）と高層湿原（高位泥炭地）、およびその中間の性質をもった中間湿原（中位泥炭地）に大別される。

低層湿原は、泥炭の表面が地下水位と同じか低い状態で、湖沼や水流付近で見られる。栄養分が豊富に流れ込むので、ミズバショウやリュウキンカが好んで育つ。

一方、泥炭の堆積が進み、地下水位よりも高くなった状態の高層湿原では、乾燥や栄養分の乏しい環境に耐える植物が育つ。尾瀬ヶ原の中央部は高層湿原で、一面ミズゴケ類におおわれ、ナガバノモウセンゴケやヒメシャクナゲなども生育している。

中間湿原は、尾瀬のいたるところで見られ、タテヤマリンドウやニッコウキスゲ、ミズギクなどが生育する。

■尾瀬の登山シーズン

尾瀬は、日本有数の豪雪地である。初冬の11月から、陽春の日差しが降り注ぐ5月中旬ごろまで、尾瀬ヶ原や尾瀬沼は、深い雪におおわれている。半年以上が積雪期だ。積雪期のうち、4月中旬から5月中旬にかけての残雪期については、「残雪期の尾瀬」（P112）で解説している。

木々が芽吹き、日差しに初夏を感じる5月中旬から下旬、雪どけの進んだ湿原や水際では、清楚なミズバショウが咲きはじめ

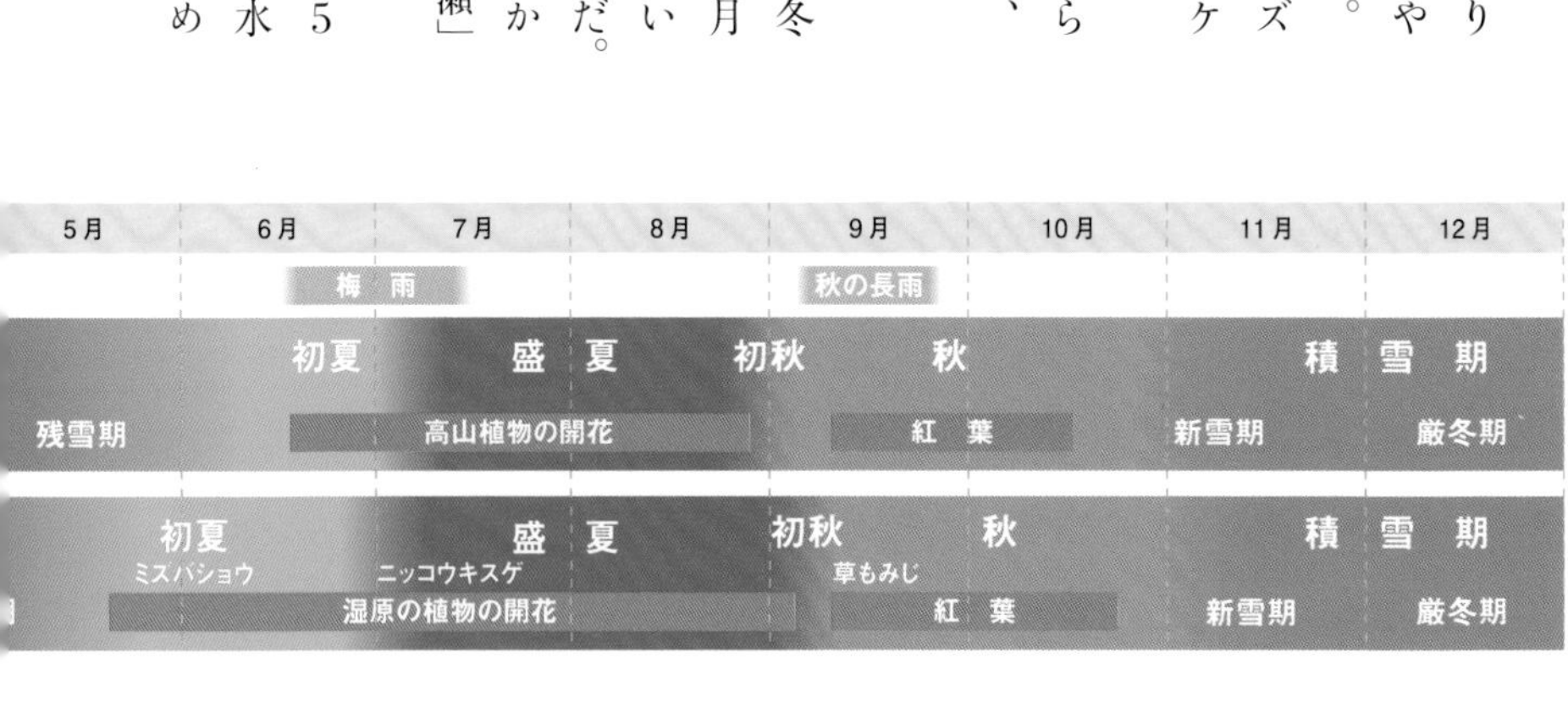

る。とともに、尾瀬の一般的な登山シーズンが開幕する。

6月にかけて、尾瀬ヶ原や尾瀬沼周辺の湿原は、日増しに枯れ草色から若草色へと移り変わり、花の種類が増えていく。

この時期も谷沿いや樹林帯では、残雪を見ることがある。場所によって残雪の下が空洞になるので、踏み抜きに注意が必要だ。

ニッコウキスゲの花に埋まる盛夏の尾瀬沼・大江湿原

7月に入り、ニッコウキスゲが開花すると、尾瀬に盛夏が来る。至仏山や燧ヶ岳、会津駒ヶ岳では、可憐な高山植物の花々が咲き競い、訪れる登山者を魅了する。梅雨が明けると、尾瀬と周辺の山々のにぎわいも最盛期を迎える。

ただ、近年は気候変動といわれる。活発な梅雨前線による豪雨、大型で強い台風の襲来など、荒天時の登山は危険を伴うので避けたい。また荒天後は、登山道や交通への影響など、現地情報に気を配ろう。

9月に入ると、尾瀬は彩りの季節を迎える。9月中旬から下旬にかけては、湿原が黄金色に染まる草もみじが美しい。

尾瀬周辺の山々の紅葉は、9月下旬から10月中旬。ブナ林の黄葉がすばらしく、ダケカンバやナナカマドが彩りを添える。

10月も下旬になると、早い年では初雪が降る。山小屋や交通機関はおおむね10月下旬までに営業を終了。登山シーズンが幕を閉じ、尾瀬は長い冬を迎える。


池塘に浮かぶヒツジグサが紅葉した秋の沼尻平

尾瀬の登山シーズン	1月	2月	3月	4月
周辺の山 標高 1900〜2400m 至仏山・燧ヶ岳・会津駒ヶ岳など	積雪期 厳冬期			
湿原・湖沼 標高 1400〜1600m 尾瀬ヶ原・尾瀬沼	積雪期 厳冬期			残雪

尾瀬ヶ原・中田代を流れる下ノ大堀川沿いで、残雪の至仏山を背景に咲き競うミズバショウ群落

尾瀬ヶ原 尾瀬沼

歌い継がれる憧れの地 尾瀬の2大エリア

1泊2日

尾瀬ヶ原

燧ヶ岳を映す池塘が美しい尾瀬ヶ原の中田代

誰もが思い描く
尾瀬の風景
本州最大の湿原を歩く

コースグレード | 初級

技術度 ★★☆☆☆ 2

体力度 ★★☆☆☆ 2

1日目	鳩待峠→山ノ鼻→牛首分岐→竜宮十字路→見晴　計3時間
2日目	見晴→東電小屋→ヨッピ吊橋→牛首分岐→山ノ鼻→鳩待峠　計3時間40分

尾《お》瀬《ぜ》といえば、多くの人が尾瀬ヶ原《おぜがはら》の風景を思い描くことだろう。

尾瀬ヶ原は東西に約6km、南北の広いところで約2・5km、面積約650ヘクタールにおよぶ本州最大の湿原である。

尾瀬ヶ原の西には高山植物の宝庫・至仏《しぶつ》山《さん》、東には東北地方の最高峰・燧ヶ岳《ひうちがたけ》、南北にはアヤメ平《だいら》や景鶴山《けいづるさん》など、四周を2000m級の山々に囲まれている。

北東端からは唯一、尾瀬ヶ原の水を集めて只見川《ただみがわ》が流れだし、三条ノ滝《さんじょうのたき》が豪快に水を落としている。

尾瀬ヶ原の原形は、今から約35万年前に火山活動をはじめた燧ヶ岳の溶岩流や土石流によって生じた堰止湖《せきとめこ》とされる。それが冷涼な気候のもと、長い年月を経て、湿原化したといわれている。ただ実際には、非常に複雑な構造をしていることから、形成過程は一様ではないと考えられている。

ゆえに尾瀬ヶ原の表情も多彩だ。季節の移り変わりはもちろん、歩き進むごと、立ち止まるたび、感動と発見がある。

鳩待峠から山ノ鼻へ、ブナ林に続く木道

テンマ沢付近のミズバショウ群生地

1日目

鳩待峠から山ノ鼻へ下り竜宮十字路を経て見晴へ

尾瀬の群馬県側の主要登山口、**鳩待峠**《はとまちとうげ》を起点に尾瀬ヶ原をめぐる。

鳩待峠は、本州の分水嶺《ぶんすいれい》に位置する峠で、南側に笠科川《かさしながわ》支流の津奈木沢《つなぎざわ》、北側に只見川支流の川上川《かわかみがわ》を発する。笠科川へ流れた水は利根川《とねがわ》となり太平洋へ、只見川の水は阿賀野川《あがのがわ》に集まり日本海へ注ぐ。

鳩待峠の名は、春先から山仕事に入っていた人々が、キジバトの鳴き声で里の農繁期を知り、家に帰る日を待ちわびていた、という由来が伝わっている。

さて、鳩待峠の標高は1591m、これから向かう尾瀬ヶ原は約1400m。コースは下りからはじまる。入口のマットで靴底に付着した雑草の種子を落としたら、石畳状の階段を下っていく。

東側から注ぐハトマチ沢を渡り、灰白色の幹が並ぶブナ林に入ると、木道となる。木道は右側通行を基本に、すれ違いや追い越しの際は、譲り合って歩こう。また木道が雨や朝露で濡れているときは、滑りやすいので、足もとに注意しよう。

次にヨセ沢を渡り、川上川の河床近くまで下ると、傾斜が落ち着く。平坦に近い木道が続き、テンマ沢を渡ると、ミズバショウ群生地が広がる。例年6月の花期には、

残雪の至仏山と青い池塘が印象的な上田代

竜宮現象の入口（伏流点）

下ノ大堀川のミズバショウ群落と景鶴山（左奥）

ミズバショウとの初対面に歓声が上がる。
その先、高木のカラマツやミズナラの林を通り、川上川に架かる橋を渡ると、まもなく**山ノ鼻**《やまのはな》に着く。

山ノ鼻には、尾瀬の成り立ちや自然を紹介するビジターセンターがあるので、ぜひ見学しよう。スライドショーや自然観察会などのイベントも開催している。また山ノ鼻の西側には、尾瀬ヶ原を代表する植物を観察できる研究見本園があり、30分ほどで一周できる。

山ノ鼻からは、いよいよ尾瀬ヶ原へ歩きだす。最初に広がる湿原は、上田代《かみたしろ》である。田代とは湿原のこと。広大な尾瀬ヶ原も、湿原を流れる川や、その岸辺に茂る拠水林《きょすいりん》によって、上田代、中田代《なかたしろ》、下田代《しもたしろ》などと区分して呼ばれ、木道を歩き進むにつれ景観が移り変わる。

上田代に出てほどなく、もう一度、川上川を渡るところで、拠水林を観察できる。川沿いには、山から栄養分に富んだ土砂が運ばれてくるので、このような林がつくられる。拠水林では、ダケカンバやハルニレ、カラマツなどの樹木が見られる。

拠水林を抜けると、木道の両側に、大小様々な形をした池が現れる。池塘《ちとう》といい、水面に空と周囲の山々を映し、美しい風景を描いている。とりわけ燧ヶ岳を映した池塘は「逆さ燧」と呼ばれ、見どころのひとつになっている。

池塘は、湿原が発達する過程で、凹地が池になったもの、蛇行する川から切り離されたものとに大別される。

半島状の地形をした牛首《うしくび》を見送ると、三差路になった**牛首分岐**に出る。尾瀬ヶ原では、分岐周辺に板敷きの広い休憩スペースが設けられているので、適宜、利用しよう。

牛首分岐を過ぎると、中田代に入る。上田代とともに池塘が多く「ゆらぎ田代」とも呼ばれた。今ほど木道が整備されていないころ、湿原を歩くと、その振動で池塘の水面がゆらゆらと揺れたという。

ひとつの街並みのような見晴の山小屋群

燧ヶ岳がいっそう間近にせまる下田代

じきに、流れのゆるやかな下ノ大堀川《しものおおほりがわ》を渡って、北へ派生する木道へ入ると、尾瀬ヶ原随一のミズバショウ群生地がある。

残雪をまとった至仏山を背景に、下ノ大堀川のゆったりとした流れに沿ってミズバショウの白い仏炎苞《ぶつえんほう》が咲き誇る。ポスターなどでもよく紹介される、尾瀬を代表する風景だ。ミズバショウが咲き終わると、カキツバタとヒオウギアヤメが青紫色の花を咲かせ、秋には草もみじが黄金色に輝く。

中田代には、もうひとつ見どころがある。湿原を流れる水が地中に吸い込まれ、別の場所から湧きだす竜宮《りゅうぐう》現象だ。竜宮の地名となっている自然現象で、入口（伏流点）と出口（湧出点）を観察できる。

竜宮現象を見ると、**竜宮十字路**に出る。すぐ東側に龍宮小屋が立っている。ここで北西に折れ、ヨッピ吊橋を経て牛首分岐に戻ると、コースを短縮できる。

本稿では、竜宮十字路を直進し、龍宮小屋の先で沼尻川《ぬしりがわ》を渡る。尾瀬沼から流れる沼尻川は、群馬と福島の県境であり、ここで関東から東北に入ることになる。

沼尻川を渡ると、下田代となり、正面の燧ヶ岳がいっそう間近にせまる。まっすぐ延びる木道をたどり、六兵衛堀《ろくべえほり》を渡ると、まもなく**見晴**《みはらし》に到着する。6軒の山小屋とキャンプ場、休憩所などがある尾瀬の要所で、ひとつの街並みのようだ。

2日目 見晴から東電小屋を経て山ノ鼻、鳩待峠へ戻る

見晴からは、尾瀬ヶ原の北縁を回って山ノ鼻へ戻る行程である。

燧ヶ岳の山裾に沿って北北西へ進み、1～2m高くなった湿原に上がると、**東電小屋分岐**に出る。赤田代《あかたしろ》へ向かう道を見送り、南西に折れて小さな水流を渡ると、只見川に架かる東電尾瀬橋《とうでんおぜばし》に出る。

川上川からヨッピ川、さらに只見川と名を変えた流れは、驚くほど勢いを増してい

東電尾瀬橋近くのミズバショウ群落と燧ヶ岳

只見川に架かる東電尾瀬橋

水流をなぞるようにミズバショウが咲くヨシッ堀田代

る。対岸へ渡ると、拠水林に囲まれたミズバショウ群生地に出る。燧ヶ岳に見守られ、天真爛漫に咲き誇る光景が美しい。

この先、河岸の急斜面を横切ると、**東電小屋**に着く。高台にあり、これから歩くヨシッ堀《ぼり》田《た》代《しろ》を一望できる。尾瀬ヶ原でも、この一角は、新潟県に属し、これまで3県をまたいで歩いたことになる。

東電小屋からは、尾瀬ヶ原北縁の山際に開けたヨシッ堀田代を歩く。北から南へわずかに傾斜した湿原で、なかほどをヨシッポリが流れている。この水流をなぞるようにしてミズバショウとリュウキンカが咲く。

いつしか県境をまたぎ、**ヨッピ吊橋**を渡ると、中田代に戻ってくる。ひときわ大きい池塘のほとりを歩き、おだやかに流れる下ノ大堀川を渡ると、**牛首分岐**に出る。

上田代の風景を再び堪能したら、**山ノ鼻**から往路を戻る。**鳩待峠**へは、標高差約190mの登りである。時間に余裕をもって、ゆっくり登っていこう。

プランニング&アドバイス

日程で設定した見晴の山小屋と東電小屋以外にも、龍宮小屋や赤田代の温泉小屋、元湯山荘も宿泊地として計画できる。宿泊地によっては、牛首分岐からヨッピ吊橋へ向かうなど、コースと行程を調整しよう。また尾瀬ヶ原の風景を堪能するには、コースタイム（徒歩による所要時間の目安）に加え、休憩と自然観察のための時間を充分設け、ゆとりのあるスケジュールを立てることが肝心。

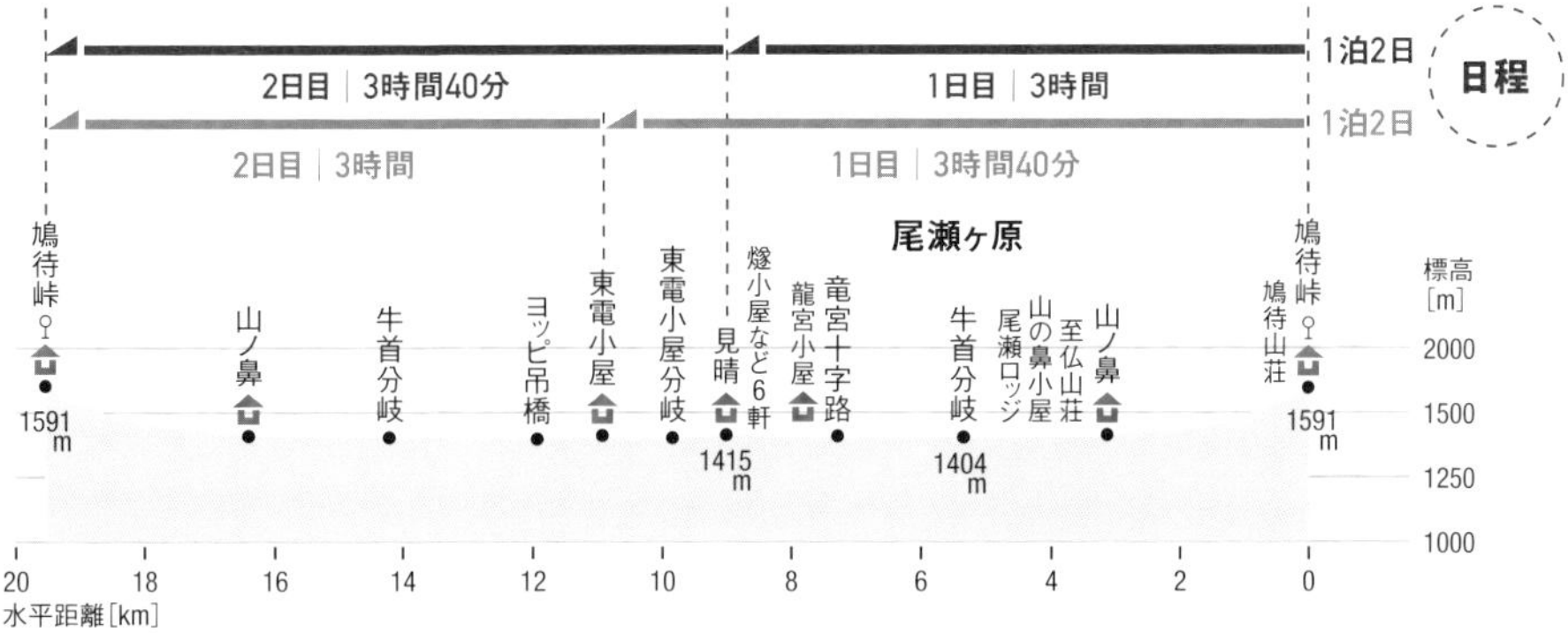

ニッコウキスゲの黄色い花に埋まる大江湿原、前方の水面は尾瀬沼

1泊2日

尾瀬沼

燧ヶ岳を映す山上湖
夏の湖畔は
ニッコウキスゲの花園

コースグレード｜**初級**

技術度｜★★☆☆☆ 2

体力度｜★★☆☆☆ 2

1日目 尾瀬沼山峠→大江湿原→尾瀬沼ビジターセンター　計1時間5分

2日目 尾瀬沼ビジターセンター→浅湖湿原→沼尻平→三平下→尾瀬沼ビジターセンター→大江湿原→尾瀬沼山峠　計3時間40分

尾《お》瀬沼《ぜぬま》の大きさは、長径約2・2km、短径約1・2km、周囲約9km。水深は最大約9・5m、水面の標高は約1665mで、尾瀬ヶ原より約265m高い位置で水をたたえている。

水面には、尾瀬で最も新しい火山とされる燧ヶ岳《ひうちがたけ》が秀麗な姿を映している。燧ヶ岳が最初に噴火をしたのは約35万年前。以降、噴火を繰り返し、約8千年前に南面で大規模な山崩れが起きた。その土砂で川が堰き止められ、尾瀬沼が誕生したといわれている。燧ヶ岳は、尾瀬沼の随所で望めるが、とくに南岸の三平下《さんぺいした》付近からは水面に映る倒影が美しい。

尾瀬沼の周辺には、浅湖湿原《あざみしつげん》や沼尻平《ぬしりだいら》など、大小の湿原が広がっている。なかでも大江湿原《おおえしつげん》は、尾瀬有数のニッコウキスゲ群生地で、例年7月上旬〜中旬の花期には、湿原一面を黄色に染めるほど咲き誇る。ミズバショウとともに尾瀬を代表する風景だ。

尾瀬沼へは、福島県側からは尾瀬沼山峠《おぜぬまやまとうげ》、群馬県側からは大清水《おおしみず》が主要な登山口とな

休憩ベンチが並ぶ沼山峠展望台

色とりどりの花が咲く盛夏の大江湿原

る。湖畔には登山道が整備され、湿原や森をめぐりながら尾瀬沼を一周できる。

東岸には、尾瀬の自然保護に尽力した平《ひら》野《の》長蔵《ちょうぞう》氏が築いた長蔵小屋が立ち、尾瀬沼ビジターセンターが隣接している。

1日目
尾瀬沼山峠から大江湿原を経て尾瀬沼ビジターセンターへ

尾瀬沼山峠から歩きはじめる。地図や道標には「沼山峠休憩所」「沼山峠バス停」と記されることもある。実際の峠は、尾瀬沼方面へ約700m進んだ位置にある。

広場の南西端から、木道が整備された登山道へ入り、オオシラビソ林のなかをゆるやかに登っていく。

木道は尾瀬ヶ原と同様、右側通行が基本。木道の板が濡れていると滑りやすいので、気をつけよう。傾斜のある木道には、滑り止めの横棒が打ちつけられているので、上手に利用して歩こう。

マツ科のオオシラビソは、亜高山帯の代表的な針葉樹。尾瀬沼周辺では、標高約1600m〜2000mにかけて見られる。青森県の八甲《はっこう》田山《ださん》などに多いので、アオモリトドマツの別名がある。

ほどなく傾斜がゆるみ、木道を水平に歩くあたりが、地形図に記された沼山峠である。この先、道が下りに転じると、休憩ベンチが並ぶ沼山峠展望台に出る。かつては、尾瀬沼を見下ろせたが、現在は樹林に囲まれている。尾瀬沼から戻ってくるときは、登り返しになるので、ここでひと息つける。

沼山峠展望台から、大きくS字を描くようにして下り、左右にササの斜面が開けると、大江湿原の北端に下り立つ。

おおよそ南北に細長い大江湿原は、幅約250m、長さは約1・5kmにおよぶ。尾瀬沼が出現した当初は沼の一部で、大きな入江だったことから、大江湿原という。

平坦な木道を南西に進むと、小淵沢田代《こぶちさわたしろ》への分岐と休憩スペースがある。本稿では、

大江川とニッコウキスゲ群落

長蔵小屋付近から望む盛夏の尾瀬沼と燧ヶ岳

この地点を**大江湿原**とする。

　さらに南西へ歩くと、西側の小さな丘へ小道が分かれている。尾瀬の発展と保護に尽くした平野家の墓所で、ヤナギランの丘と呼ばれている。尾瀬をひらいた平野長蔵氏とともに、尾瀬に生き、尾瀬を愛した二代目・長英《ちょうえい》氏、祖父と父の意志を継いで尾瀬を守り、36歳の若さで吹雪の尾瀬に倒れた三代目・長靖《ちょうせい》氏もここに眠っている。

　ヤナギランの丘をあとにして、大江川《おおえがわ》を渡ると、大江湿原のなかでも花の多いエリアに入る。ニッコウキスゲの花期には、見渡す限り一面が黄色の花に埋まる。保護柵の設置など、鹿の食害対策も効果を上げているようだ。これまで樹林に隠れていた燧ヶ岳が姿を現わし、尾瀬沼の水面も近くに見えてくる。

　尾瀬沼に向かって木道歩き、浅湖湿原・沼尻平への分岐を見送ると、**尾瀬沼ビジターセンター**に着く。周辺には、長蔵小屋、尾瀬沼ヒュッテ、尾瀬沼キャンプ場などがあり、尾瀬探勝の重要な拠点のひとつとなっている。

　尾瀬沼ビジターセンターでは、尾瀬の自然と歩みを紹介する展示とともに、湿原の植物の開花や登山道の状況などの情報掲示、さらに観察会やスライドショーなどイベントを開催している。ぜひ利用しよう。

2日目 尾瀬沼を一周して尾瀬沼山峠に戻る

　尾瀬沼ビジターセンターで、登山道の状況を確認したら、木道がよく整備された北岸線回りで沼尻平へ向かおう。南岸線は、沼尻平から三平下の間、部分的に起伏のある山道で、注意を要する箇所がある。

　沼山峠側に少し戻り、最初の分岐から西方向へ進んで、大江湿原の南端付近を横断する。大江川を渡った先には、3本のカラマツが小さな木立をつくっている。伝説上の人物の塚だともいわれる。

休憩所が立つ尾瀬沼北西岸の沼尻平

雪どけ直後のオンダシ付近、間近に燧ヶ岳がそびえる

ササの斜面を少し登って樹林帯に入り、オオシラビソやコメツガ林のなかを歩くと、**浅湖湿原**に出る。直前に燧ヶ岳へ登る長英新道の入口がある。

浅湖湿原は、沼地が湿原へ移行する過程にあり、湿潤な地表の様子を観察できる。浅湖湿原の先は、半島状の起伏を越える。燧ヶ岳の溶岩流が尾瀬沼に入り込んだもので、大入洲《おおいりす》などと呼ばれる。

大入洲を越え、2、3カ所、小さな湿原と樹林を交互に通ると、ゆるやかに傾斜した湿原が広がる。燧ヶ岳の南斜面に発するオンダシ沢が尾瀬沼に注ぐところで、オンダシという。山際にはヒノキ科のクロベ（別名ネズコ）が多く、オオシラビソの林とは、少し趣の異なる景観を見せる。

オンダシから続くようにして、大きな湿原が開けたところが**沼尻平**だ。ナデッ窪《くぼ》に刻まれた燧ヶ岳南面の山裾から尾瀬沼北西岸に向かって、なだらかに傾斜している湿原である。一角に沼尻休憩所がある。

この休憩所の50ｍほど燧ヶ岳側（北側）、には、大小の池塘がある。沼尻平を東西に横切る道から分岐した木道をたどり、池塘群を一周できる。

沼尻平からは、尾瀬沼南岸の三平下へ向かう。先述したように南岸線の道は、部分的に山道で、注意が必要だ。もし不安があれば、歩いてきた道を戻ろう。

三平下へは、まず尾瀬沼の流出口に設けられた小さな堰堤を渡る。ここから沼尻川《ぬしりがわ》が尾瀬ヶ原へと流れ下っている。

この先、樹林帯に入ると、右前方の樹間に小沼《こぬま》の水面が見え隠れする。地形図では、その大きさや形を確かめられるが、登山道からは全容をつかめない沼である。起伏のある樹林帯を抜けると、小沼湿原《こぬましつげん》が開ける。クロベの木立に囲まれ、ひっそりとした雰囲気の湿原だ。

小沼湿原を通り、次に樹林に入ると、しばらく水際の狭い道が続く。尾瀬沼の南西岸から南岸にかけては、山裾が水面までせ

静かな雰囲気の小沼湿原と燧ヶ岳

尾瀬沼南岸の三平下、燧ヶ岳の眺めが美しい

まり、水際が急斜面となっている。足もとに気をつけて歩こう。

途中、**富士見峠分岐**《ふじみとうげぶんき》に出る。南西には大《おお》清水平《しみずだいら》という湿原があるが、バス停や駐車場のある大清水とは違う場所である。

富士見峠分岐を見送り、水際の道を進み、取水設備を回り込むと、尾瀬沼南岸の三平下に出る。なお、群馬県側の大清水を起点に歩く場合は、三平峠《さんぺいとうげ》を越えて、ここに下り立つ（P28参照）。

三平下から尾瀬沼ビジターセンターへは、湿原と森の快適なプロムナード。早稲沢《わせっつぁわ》が注ぐ湿原は、裾を大きく広げた燧ヶ岳のビューポイント。心地よいウッドデッキの休憩スペースがある。早稲沢は、尾瀬沼が解氷する春、一番に魚が遡る沢だという。

長蔵小屋手前の釜ッ堀《かまっぽり》は、尾瀬沼周辺で随一のミズバショウ群生地。6月の花期には、尾瀬沼と燧ヶ岳を背景に清楚なミズバショウが咲き誇る。

尾瀬沼を一周して**尾瀬沼ビジターセンター**に出たら、**尾瀬沼山峠**へと戻る。

尾瀬沼と燧ヶ岳を背景にミズバショウが咲く釜ッ堀

プランニング&アドバイス

ミズバショウが開花する例年5月下旬～6月中旬は、樹林帯や北斜面で残雪を見ることがある。とくに尾瀬沼の南西岸（南岸線）は、急斜面を横切る箇所があるため、残雪量によっては難易度が高くなる。登山道の状況は、事前に尾瀬保護財団のホームページで確認しよう。尾瀬沼ビジターセンターで開催されるスライドショーや自然観察会などのイベント情報も尾瀬保護財団のホームページで得られる。

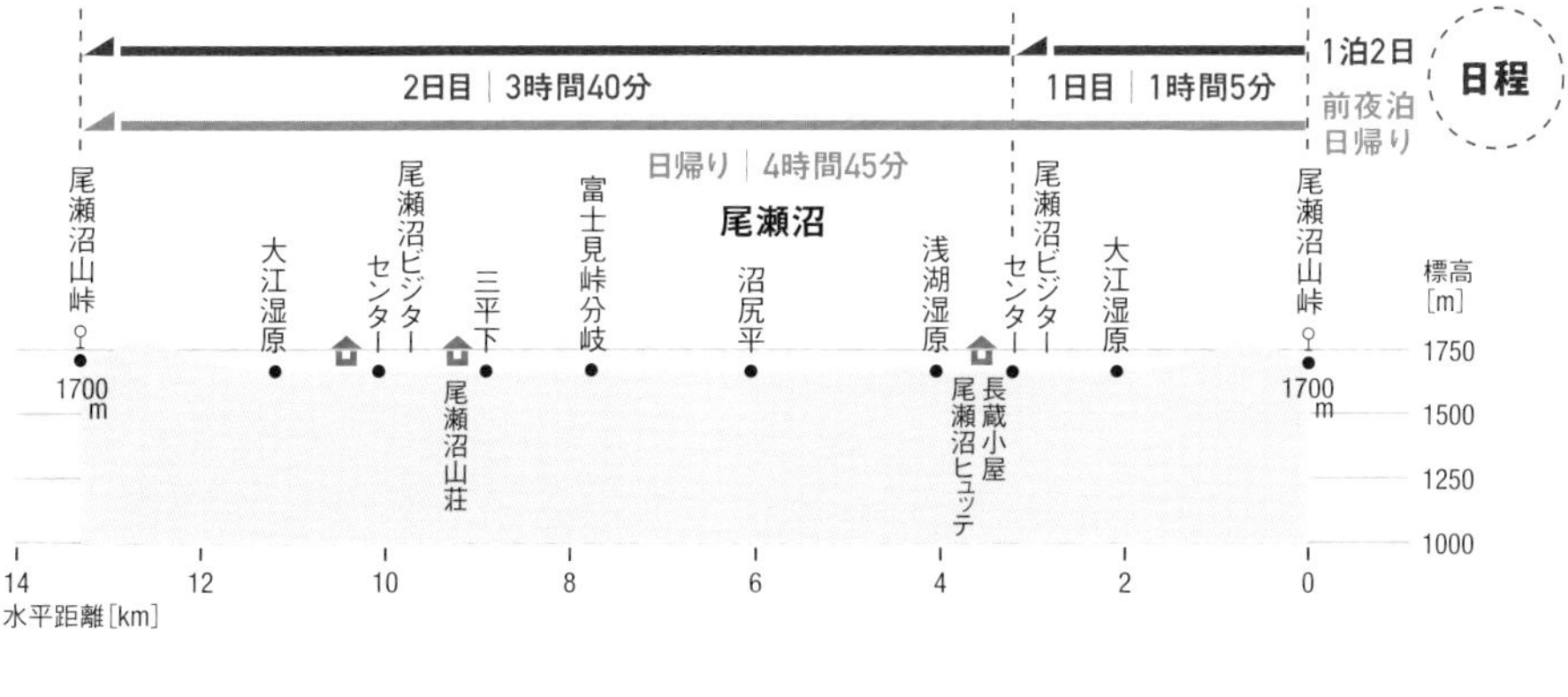

サブコース

尾瀬沼山峠から小淵沢田代へ

尾瀬沼山峠↓大江湿原↓小淵沢田代↓尾瀬沼ビジターセンター↓尾瀬沼山峠　3時間35分

小淵沢田代《こぶちざわたしろ》は、尾瀬沼の東方、檜高山《ひのきたかやま》をへだてて、山間にひっそりと開けた湿原である。湿原の名は、片品川《かたしながわ》上流の小淵沢（ニゴリ沢）からきているが、小淵沢田代は、尾瀬沼に注ぐ大江川《おおえがわ》の源流でもある。

小淵沢へ流れた水は、片品川、利根川《とねがわ》となって太平洋へ。大江川は、尾瀬沼から沼《ぬ》尻川《しりがわ》となって尾瀬ヶ原へ流れ、只見川《ただみがわ》、阿《あ》賀野川《がのがわ》へと下って日本海に注ぐ。すなわち本州の分水嶺《ぶんすいれい》に位置する湿原である。

尾瀬沼から小淵沢田代へは、2とおりの道があり、両者をたどると、手ごろな周回コースとなる。ゆっくり散策しても1周3時間ほど。訪れる人は少なく、静かな深山の雰囲気が漂う。

ミズバショウが咲く時期は、残雪が豊富で、道が不明瞭になりやすい。大江湿原がニッコウキスゲの花に埋まる盛夏から草もみじの秋にかけてが歩きやすい。

尾瀬沼山峠《おぜぬまやまとうげ》から尾瀬沼へ向かい、下り立った**大江湿原**《おおえしつげん》の小淵沢田代分岐を東に折れる。すぐに渡る水流が大江川だ。

小淵沢田代に発した大江川は、はじめ北向きに流れ、南に反転して尾瀬沼に注いでいる。大江川沿いは植物種が豊富で、とりわけ盛夏はニッコウキスゲをはじめ、アザミやコオニユリ、カラマツソウ、コバギボウシなど色とりどりの花が咲く。

Map 6-1B　尾瀬沼山峠

Map 6-3B　小淵沢田代

コースグレード	初級
技術度 ★★☆☆☆	2
体力度 ★★☆☆☆	2

小淵沢田代のなかほどにある美しい池塘

訪れる人が少なく、静かな小淵沢田代

大江湿原を横断して、オオシラビソ林に入ると、木道が終わり、登山道となる。短いコースだが、ここからは散策ではなく、登山の心構えで歩こう。

急斜面や段差など、とくに歩きにくい場所はないが、登山道の踏み跡からはずれないよう気を配ろう。

ごく小さな水流や湿地のある山腹を登っていき、しだいに傾斜がゆるんでくると、道標の立つ分岐で、尾瀬沼東岸からの道を合わせる。この分岐を過ぎ、ササの茂みを抜けると、ぱっと明るい湿原が開ける。ここが**小淵沢田代**である。

にぎやかな休日に訪れても、湿原に敷かれた木道へ一歩足を踏みだすと、思いがけず静けさに包まれる。

湿原のなかほどに小淵沢田代の標識が立ち、そこから南へ分かれた木道を少し進むと、美しい池塘が現れる。池塘のほとりでは、夏にタテヤマリンドウやサワラン、ワタスゲ、キンコウカなど可憐な花が咲く。

湿原の東端近くまで来たら、赤安山《あかやすやま》や黒《くろ》岩山《いわやま》を経て、鬼怒沼《きぬぬま》へと長く続く道を見送り、先に通り過ぎた分岐へ引き返そう。分岐へ戻ったら、道標を確認し、帰りは尾瀬沼方向へ折れる。

尾瀬沼に下り立つには、いったん檜高山の山稜を乗り越える。標高差70mほどを登って、平坦な木道となったら、その先から下り坂となる。下りはそこそこの急坂だ。地面には、ゴロゴロとした石や露出した木の根が目立つ。気をつけて下っていこう。

傾斜が落ち着いてくると、小さな沢に出合う。この流れを渡り、高木のオオシラビソやコメツガの林をごくゆるやかに下っていくと、尾瀬沼キャンプ場に入る。ウッドデッキのテントサイトが設けられた予約制のキャンプ場である。

キャンプ場を通り抜け、尾瀬沼ヒュッテの横を通ると、**尾瀬沼ビジターセンター**に着く。尾瀬沼の景観を堪能したら、**尾瀬沼山峠**へと戻る。

プランニング&アドバイス

本文でも述べたように残雪があると小淵沢田代へは、道が不明瞭になりやすい。不安があれば、尾瀬沼山峠から、最初に尾瀬沼ビジターセンターへ行き、登山道の状況を確認したうえで、小淵沢田代へ向かおう。その場合、尾瀬沼キャンプ場側から周回する。コースは、どちら回りでも、とくに差は生じない。

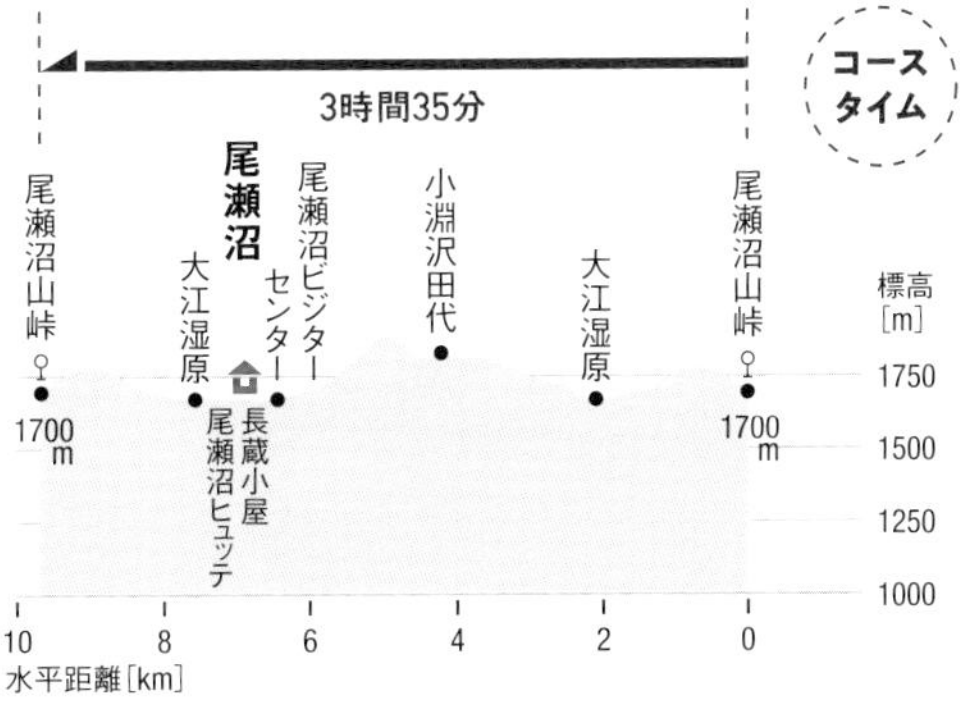

サブコース

尾瀬沼山峠から抱返ノ滝を経て七入へ

尾瀬沼山峠↓抱返ノ滝↓七入　2時間10分

シャトルバスが運行されている尾瀬沼山《おぜぬまやま》峠《とうげ》は、福島県側から尾瀬に入る代表的な登山口である。大江湿原《おおえしつげん》を経て尾瀬沼へ向かう人、帰ってきた人でにぎわう。

この尾瀬沼山峠から、尾瀬沼とは正反対の北東方向へもうひとつ、山麓の七入《なないり》へ下る道が延びている。

上州《じょうしゅう》（現在の群馬県）と会津《あいづ》（福島県）を結び、交易路として利用されてきた沼田《ぬまた》街道である。会津街道ともいい、沼田城主・真田信幸《さなだのぶゆき》（之）によって戦国時代が終わりに向かう1590年ごろに整備された。街道は、沼田城から尾瀬沼を経て会津若松《あいづわかまつ》まで、延長約180㎞におよんだ。

江戸時代から明治時代にかけては、尾瀬沼の湖畔に交易所が設けられ、会津の米や酒が上州の織物や雑貨と交換された。

現在も沼田街道の面影をとどめているのが、尾瀬沼山峠から七入にかけの区間だ。尾瀬の名瀑のひとつ、抱返ノ滝《だきかえりのたき》を見て、道《みち》行沢《ぎざわ》の渓流を木橋で渡りながら、七入へと下っていく道である。また、沼田街道は、群馬県側の主要登山口、大清水《おおしみず》から一ノ瀬《いちのせ》にかけても旧道が残っている。

尾瀬沼山峠から七入へは、下りの行程である。下り口は、沼山峠休憩所と公衆トイレの間、ちょうど尾瀬沼への登山口の向かい側になる。草地の斜面を下って、オオシラビソの森に入ると、ところどころ木道や

Map 6-1B　尾瀬沼山峠

Map 6-1D　七入

コースグレード	中級
技術度 ★★★☆☆	3
体力度 ★★☆☆☆	2

下りでは道行沢を最後に渡る一番橋

水をすだれ状に流れ落とす抱返ノ滝

階段が設けられた道が続いている。

場所によってはササが深く茂り、落ち葉が厚く堆積しているが、多くの人が行き交った痕跡を感じさせてくれる道だ。

ほどなく道端に置かれた小さな石の祠が見つかる。長い年月、ここで人々を見守ってきたのだろう。すっかり苔むして、森の風景に溶け込んでいる。

針葉樹のオオシラビソに変わって、灰白色の樹皮をしたブナが見られると、沢の源流域に入り、谷沿いを下るようになる。この谷がしだいに深まり、傾斜の強まった斜面をS字を描きながら下っていくと、抱返ノ滝へ行く手前の分岐に出る。

道標にしたがって滝音の響く方向へ、斜面を50mほど横切ると、目前に**抱返ノ滝**が現れる。深い森に抱かれるようにして、山から湧いた水を落としている。

滝の景観と清涼感を堪能したら、分岐へ戻り、谷沿いの斜面を下っていく。流れの細い支沢を渡ってから、木橋の架かる本流に下り立ったところが道行沢五番橋だ。角材を組んだ明瞭な道標が立っている。

名のとおり下流から数えて五番目の橋で、この道行沢の渓流を縫うようにして下っていく。登山道沿いでは、幹の太いブナが並木をつくり、渓流と森の美しさを味わいながら歩ける。ただし、場所によって木橋や水際の岩が滑りやすくなっている。常に足もとに注意を払って下っていこう。

高さ5mくらいの大岩の脇を通ると、四番橋、三番橋が続き、道行沢の水流が増してくると二番橋を渡る。やがて川幅も少し広がってくると**道行沢一番橋**に出る。

一番橋の先で道行沢を離れ、次いで赤法《あかほっ》華沢《けざわ》に架かる木橋を渡ると、しだいに山麓の風景が広がってくる。

カラマツの人工林や送電線下の草地を抜け、実川《みかわ》に注ぐ硫黄沢《いおうざわ》を渡ると、車の通行できる林道に出合う。この林道を下って、七入山荘の近くを通ると、国道352号に出て**七入**バス停に着く。

プランニング&アドバイス

コースは、北斜面の樹林帯で谷沿いのため、遅くまで残雪を見ることがある。残雪を避けるには、おおむね7月中旬以降の盛夏から10月上旬までの秋にかけてが登山適期となる。また降雨量によっては、沢が増水するおそれがある。天候の安定した時期に歩きたいコースである。

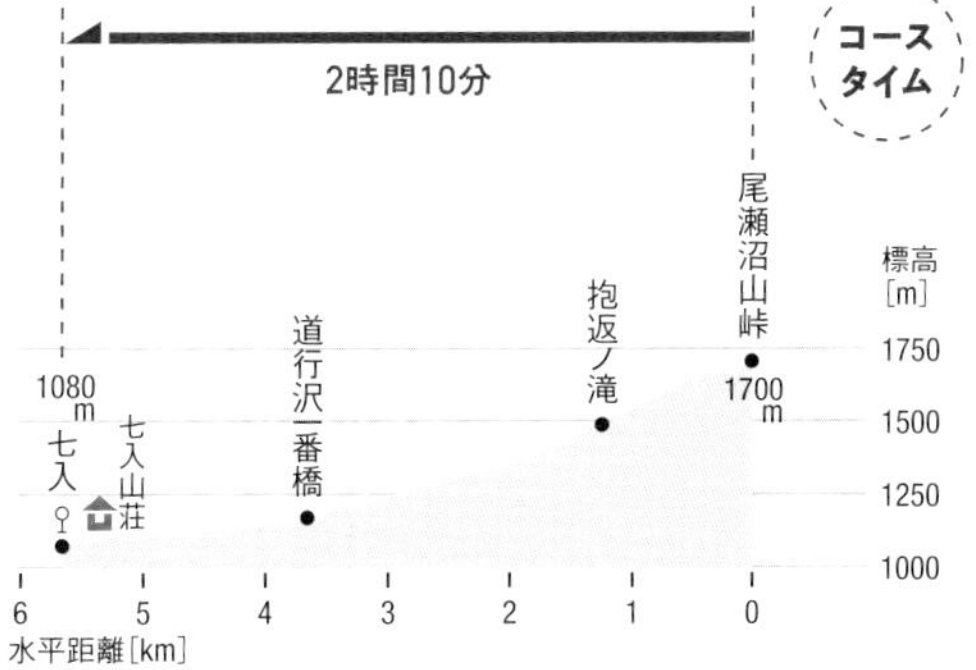

1日目	大清水→一ノ瀬→三平峠→三平下→尾瀬沼ビジターセンター　計2時間50分
2日目	尾瀬沼ビジターセンター→浅湖湿原→沼尻平→白砂湿原→見晴→竜宮十字路→牛首分岐→山ノ鼻→鳩待峠　計6時間

コースグレード｜**中級**

技術度｜★★☆☆☆ 2

体力度｜★★★☆☆ 3

1泊2日

尾瀬沼 尾瀬ヶ原

白砂峠を越えて山上湖から広大な湿原へ

秋はヒツジグサが赤く色づく沼尻平の池塘群

ミズバショウやニッコウキスゲの開花に合わせて尾瀬ヶ原と尾瀬沼に通いはじめたら、いつか時期を選び、尾瀬の2大エリアを一度に結んで歩いてみたい。

尾瀬ヶ原から尾瀬沼へ、あるいは尾瀬沼から尾瀬ヶ原へ、どちらを歩くかは自由。行程や宿泊地も、尾瀬の風景を思い描きながら、自分なりに計画してみたい。

本稿では、大清水《おおしみず》を起点に尾瀬沼から白《しら》砂峠《すなとうげ》を越えて尾瀬ヶ原をめざし、鳩待峠《はとまちとうげ》をゴールとする。とくに大清水から尾瀬沼南岸の三平下《さんぺいした》、および尾瀬沼北西岸の沼尻平《ぬしりだいら》から見晴《みはらし》までの間を詳しく紹介しよう。

1日目 大清水から三平峠を越えて尾瀬沼ビジターセンターへ

大清水から一ノ瀬《いちのせ》へは、シャトルバス（例年6月中旬〜10月中旬運行）を利用できる。もちろん、あえて歩くこともできる。

一ノ瀬まで未舗装の林道を約3・3㎞、コースタイム1時間の道のりだ。やや単調な林道歩きとなるが、沿道にはブナやミズナラ、カエデ類など広葉樹が茂り、新緑と紅葉が楽しみな道だ。

一ノ瀬まで歩き、三平橋《さんぺいばし》を渡ると、登山道となる。水流近くを通って、まずは瀬音の響く谷沿いをゆるやかに登っていく。

次に見えてくる美しい渓流は、冬路沢《ふゆみちざわ》で、小さな滝を連ねて水を落としている。名のとおり積雪期にルートとされた谷である。ただし、富士見峠《ふじみとうげ》近くにも同名の沢がある。どちらにも正規の登山道はない。

じきにこの冬路沢を木橋で渡ると傾斜が増し、石段や階段が組まれた道を登っていく。しだいに沢から離れ、大きくジグザグを刻むと、湧水がある。岩清水《いわしみず》と呼ばれ、昔から旅人の喉を潤してきた。

岩清水を過ぎると、つづら折りの急登となる。尾根に上がるまで、標高差100m弱、傾斜はきついが、ブナ林の景観が美しいところだ。初夏はムラサキヤシオやタム

尾瀬峠の別名もある三平峠

燧ヶ岳の眺めがすばらしい早稲沢の湿原

シバ、ムシカリの花が咲き、ブナの若葉に映える。秋は黄葉がみごとだ。

　針葉樹のオオシラビソが現れると、尾根上に達する。北側の樹間には、燧ヶ岳《ひうちがたけ》が勇ましい姿を見せ、いよいよ尾瀬沼が近いことを実感する。ほとんど木道となり、オオシラビソが深い森をつくる尾根をゆるやかに登っていくと、**三平峠**《さんぺいとうげ》に出る。ベンチが置かれ、ひと息つける。

　沼田街道《ぬまたかいどう》の要衝であった三平峠は、別名を尾瀬峠《おぜとうげ》。江戸時代に編纂された『会津風《あいづふ》土記《どき》』に「小瀬峠」と記述され、「おぜ」の名が文書にあらわれた最初だとされる。

　三平峠を越え、下りになると、樹林を透かして、眼下に尾瀬沼の水面が広がる。燧ヶ岳の山裾がその水面に接すると、尾瀬沼南岸の**三平下**に着く。

　尾瀬沼山荘前の広場には、尾瀬沼の水面と燧ヶ岳を望むようにベンチが並び、絶好のビューポイントとなっている。さながら天然の劇場である。燧ヶ岳は、すぐ東側、早稲沢《わせっつぁわ》の湿原からの眺めもすばらしい。

　三平下から湖畔の道を北上すれば、**尾瀬沼ビジターセンター**に着く。

2日目
白砂峠を越え、見晴から尾瀬ヶ原を横断し鳩待峠へ

　尾瀬沼ビジターセンターから北岸線回りで**沼尻平**へ向かう（P18参照）。

　沼尻平に着いたら、尾瀬沼を離れる前に、美しい池塘群を見ておこう。沼尻休憩所の約50m北側に大小の池塘が集まり、メインの登山道から分岐した木道で一周できる。尾瀬沼とは高低差があり、池塘と尾瀬沼の水面とが段々状をなす景色が印象的だ。

　尾瀬沼を背にして、沼尻平西側の針葉樹林に続く木道をたどり、澄んだ水の流れを渡ると、**白砂湿原**《しらすなしつげん》に出る。燧ヶ岳の山裾の森に囲まれ、深山の雰囲気が漂う。湿原のなかほどに大きな池塘がある。

　白砂湿原を通り、再び針葉樹林に入って、

白砂峠の東側に広がる白砂湿原

秋の彩りが美しい見晴新道分岐付近のブナ林

やや急登すると、ほどなく下り坂になる。この付近が尾瀬沼と尾瀬ヶ原を介する白砂峠である。白砂乗越《しらすなのっこし》ともいう。

白砂峠からは、自然地形と木道を交互に歩きながら、沼尻川《ぬしりがわ》が流れる谷沿いを下っていく。段小屋坂《だんごやざか》と呼ばれる峠路である。

じきに広葉樹のダケカンバが目立ってくると、木道でダンゴヤ沢を渡る。2、3歩で渡れてしまう小さな水流である。もうしばらく下って、次に渡る渓流がイヨドマリ沢だ。イヨとは魚で、これより上流は魚が遡上できないので、この名がある。

湿原が黄金色に染まる秋の尾瀬ヶ原、正面は至仏山

イヨドマリ沢を渡ると、燧ヶ岳の南西の山裾に広がるブナ林に入り、歩きやすい木道が続く。尾瀬の森の美しさをよく実感できる場所のひとつである。

みごとなブナ林のなかで**見晴新道分岐**を見送ると、ほどなく**見晴**に着く。

見晴からは、東西約6kmにおよぶ広大な尾瀬ヶ原を横断する（P12参照）。経路は2、3とおりあるが、本稿では、南西へまっすぐ**竜宮**《りゅうぐう》**十字路**へと木道を歩き、**牛首分**《うしくびぶん》**岐**《き》を経て、**山ノ鼻**《やまのはな》へ向かう。

山ノ鼻まで歩いたら、ゴールの**鳩待峠**に登り返し、尾瀬の山旅を締めくくる。

プランニング&アドバイス

鳩待峠を起点に、尾瀬ヶ原から尾瀬沼へ向かう行程もよく歩かれている。また、はじめて尾瀬を歩くコースとしても人気があるが、思いのほか長く、時間にゆとりのない行程になりがちだ。できれば尾瀬ヶ原、または尾瀬沼を一度は訪ね、尾瀬のスケールを知ってから歩きたい。一方、尾瀬に何度通っても、歩くたびに新しい発見があるコースともいえる。尾瀬沼山峠を起点・終点としても計画できる。

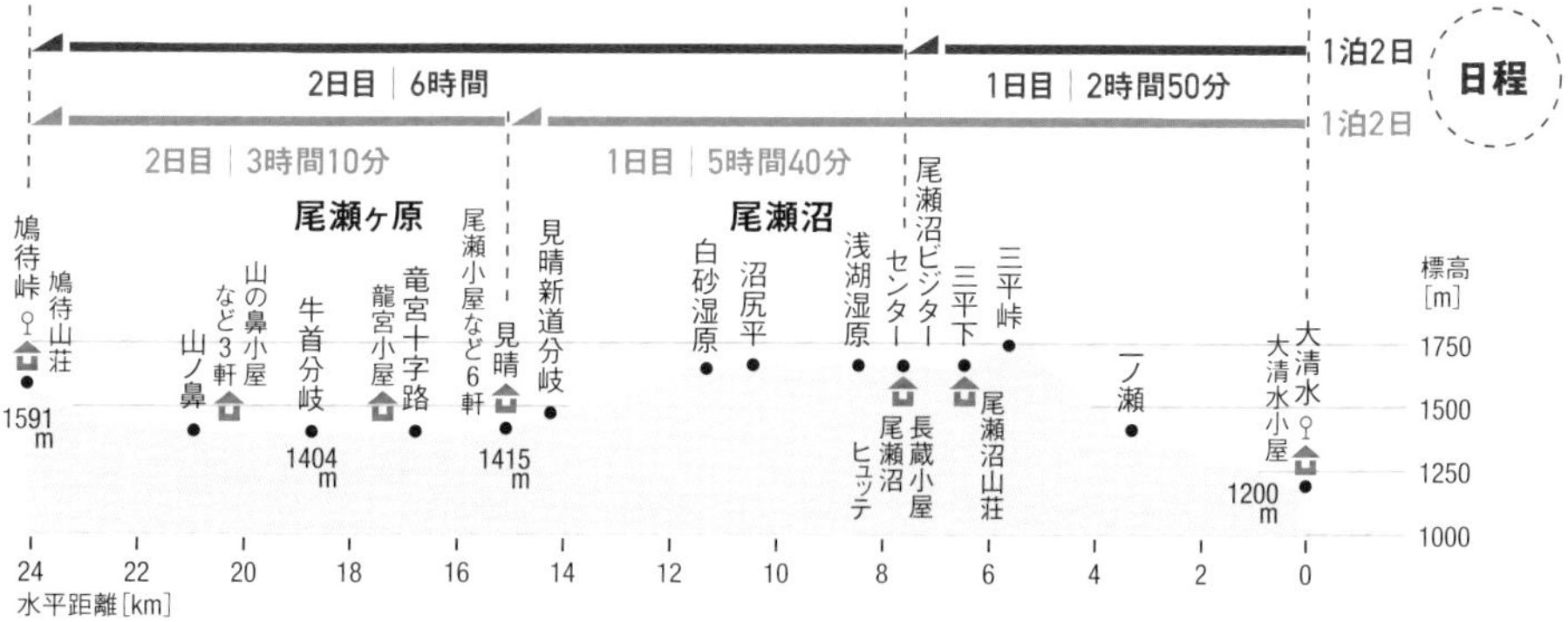

1泊2日

アヤメ平

「楽園」の姿を取り戻しつつある山上湿原

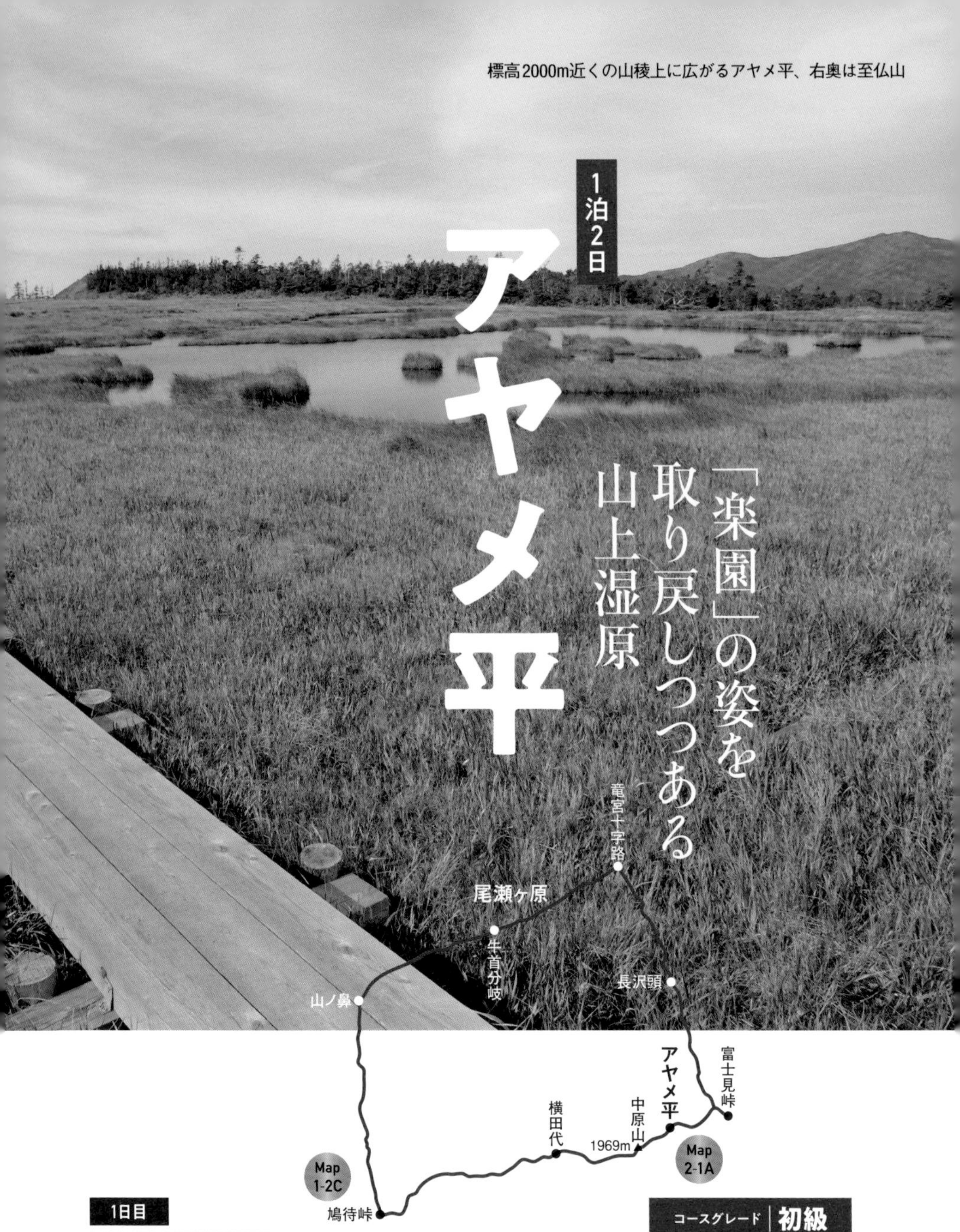

標高2000m近くの山稜上に広がるアヤメ平、右奥は至仏山

1日目

鳩待峠→ 横田代→ アヤメ平→ 富士見峠→ 長沢頭→ 竜宮十字路　計3時間40分

2日目

竜宮十字路→ 牛首分岐→ 山ノ鼻→ 鳩待峠　計2時間35分

コースグレード	初級
技術度	★★☆☆☆ 2
体力度	★★★☆☆ 3

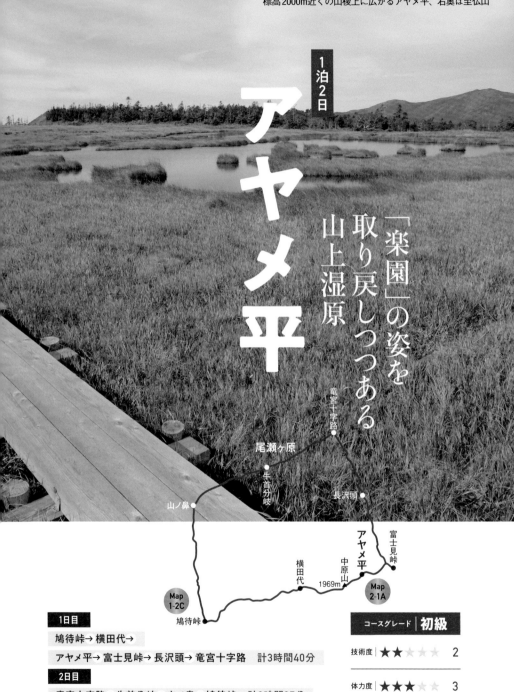

アヤメ平《だいら》は、尾瀬ヶ原の南、鳩待峠《はとまちとうげ》から富士見峠《ふじみとうげ》へと連なる山稜上に開けた湿原である。周囲にはさえぎるものがなく、別天地のような景観から「山上の楽園」といわれ、かつては尾瀬のメインコースとしてにぎわった。

しかし、尾瀬を訪れるハイカーが急増した1955（昭和30）年以降、当時は湿原を自由に歩くことができたため、アヤメ平の湿原は、瞬く間に裸地化してしまった。

1965（昭和40）年ごろには、荒廃した湿原の回復作業がはじまり、地道な取り組みが続けられた。それから50数年を経て、取り組みの成果が実ってきている。

「山上の楽園」の姿を取り戻しつつあるアヤメ平では、湿原と池塘を見守るように燧《ひうち》ヶ岳《がたけ》と至仏山《しぶつさん》がそびえる姿が印象的だ。初夏はタテヤマリンドウやヒメシャクナゲ、盛夏にはキンコウカが湿原を彩る。

アヤメ平では、実際にアヤメは見られず、群生するキンコウカの葉をアヤメと見誤ったことが由来という。

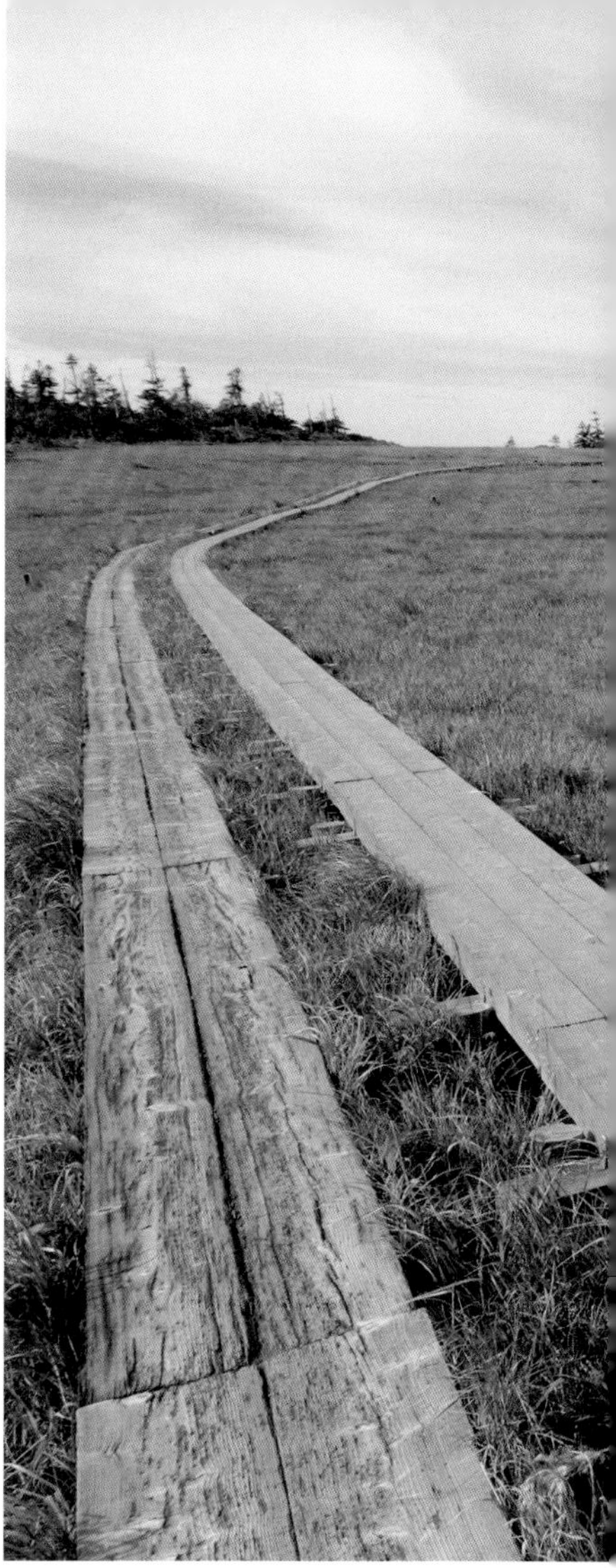

鳩待峠から、まずブナ林の山腹を登る

最初に開ける傾斜湿原の横田代と至仏山

1日目 鳩待峠からアヤメ平を経て竜宮十字路へ

尾瀬で最も利用されている登山口、**鳩待峠**からスタートする。売店や食堂を備えた鳩待峠休憩所の裏手に登山道入口がある。

アヤメ平を経て、富士見峠までは、なだらかな山稜が続き、鳩待通りと呼ばれている登山道をたどる。

ブナ林の斜面を登り、ほどなく針葉樹のオオシラビソが現れると、ベンチと道標が設けられた最初の休憩ポイントに出る。この標高が約1720m。地形や風衝などによって差が生じるが、尾瀬では、標高1500～1700mが日本の温帯林を代表するブナの上限。これより高くなると、常緑針葉樹のオオシラビソやクロベが中心となり、急斜面や風当たりの強いところでは、落葉広葉樹のダケカンバが混じる。

しばらくオオシラビソ林の斜面を登っていき、ぱっと明るさが増すと、**横田代**《よこたしろ》に飛

アヤメ平から富士見峠へ下る山稜から南東方向の眺め

び出す。東西に広い傾斜湿原で、東端と西端の標高差は約50m。湿原のなかほどまで進むと、傾斜した様子がよくわかる。

振り返れば、至仏山がゆったりと横たわる。至仏山の南西に連なる円錐形のピークは笠ヶ岳《かさがたけ》である。

横田代を通り抜け、低木とササにおおわれた起伏をひとつ越えて、次に小さなピークに登ったところが中原山《なかはらやま》である。中ノ原《なかのはら》三角点《さんかくてん》ともいい、標高１９６８・９ｍの三角点が置かれている。

中原山を越すと、いよいよ**アヤメ平**の湿原に入っていく。木道をごくゆるやかに登り進んでいくと、大小の池塘を前景にして、燧ヶ岳が姿を見せる。

四方を山に囲まれた盆地状の尾瀬ヶ原とは違って、アヤメ平は山上に広がる湿原である。大きな空のもと、湿原の地平の向こうに山々が何重にも連なっている。

湿原では、初夏にイワカガミやタテヤマリンドウ、ヒメシャクナゲ、チングルマなどの可憐な花々、盛夏には星形をした黄色のキンコウカの花が咲き誇る。

木道沿いでは、かつて裸地化した痕跡が見られ、一度荒廃した湿原を回復するには、多くの手間と長い時間がかかることに改めて気づかされる。

アヤメ平を過ぎ、道が下りになると、山稜の縁に出る。南側が急傾斜で落ちているが、そのぶん展望が開ける。武尊山《ほたかやま》や日光《にっこう》白根山《しらねさん》、赤城山《あかぎやま》を眺め、空気が澄むと富士山を遠望できる。

樹林帯に入ると、尾瀬ヶ原の竜宮《りゅうぐう》十字路へ下る長沢《ながさわ》新道の分岐に出る。このすぐ先に富士見田代が広がり、池塘と燧ヶ岳の眺めが美しいビューポイントがある。

竜宮十字路へは、長沢新道へ入るが、いったん公衆トイレのある**富士見峠**まで進んで、休憩しよう。

富士見田代の分岐に戻ったら、長沢新道を下りはじめる。傾斜のゆるやかな中間部までは、木道が多い。おおむね歩きやすい

アヤメ平付近から武尊山（右奥）を展望

富士見田代の池塘と燧ヶ岳

が、木道の板が滑りやすいところもあるので、気をつけよう。

オオシラビソやダケカンバにおおわれた尾根をしばらく下り、休憩ベンチが置かれた小さな平坦地を過ぎると、**長沢頭**《ながさわのかしら》に出る。富士見峠と竜宮十字路とのちょうど中間地点だ。樹間をのぞくと、眼下に尾瀬ヶ原が見え隠れする。ここから急下降となる。

部分的にしっかりとした階段が組まれているが、岩の目立つ急斜面が続くので、足もとに注意しよう。

瀬音が聞こえてくると、しだいに傾斜がゆるみ、長沢に下り立つ。長沢を渡り、みごとな幹が並ぶブナ林を抜けると、尾瀬ヶ原の湿原が広がり、**竜宮十字路**に着く。すぐ東側に龍宮小屋が立っている。

美しいブナ林のなかで長沢に架かる木橋を渡る

2日目

竜宮十字路から山ノ鼻を経て鳩待峠へ

竜宮十字路は、尾瀬ヶ原のほぼ中央、尾瀬のどこへでも行きやすく、2日目は多様なコースを組める。
本稿では、尾瀬ヶ原の中田代《なかたしろ》、上田代《かみたしろ》を歩き、**山ノ鼻**《やまのはな》を経て、**鳩待峠**へと戻る。

プランニング&アドバイス

アヤメ平の標高は約1950m、標高約1400mの尾瀬ヶ原とは、約550mの標高差がある。そのため雪どけや植物の開花時期にも、多少の差が生じる。とくに鳩待峠から横田代までの樹林帯、富士見峠からの長沢新道では、遅くまで残雪を見ることがある。富士見峠から見晴へ下る八木沢道も同様だ。アヤメ平でキンコウカが咲きはじめる例年7月以降、10月上旬ごろまでの秋にかけてが歩きやすい。

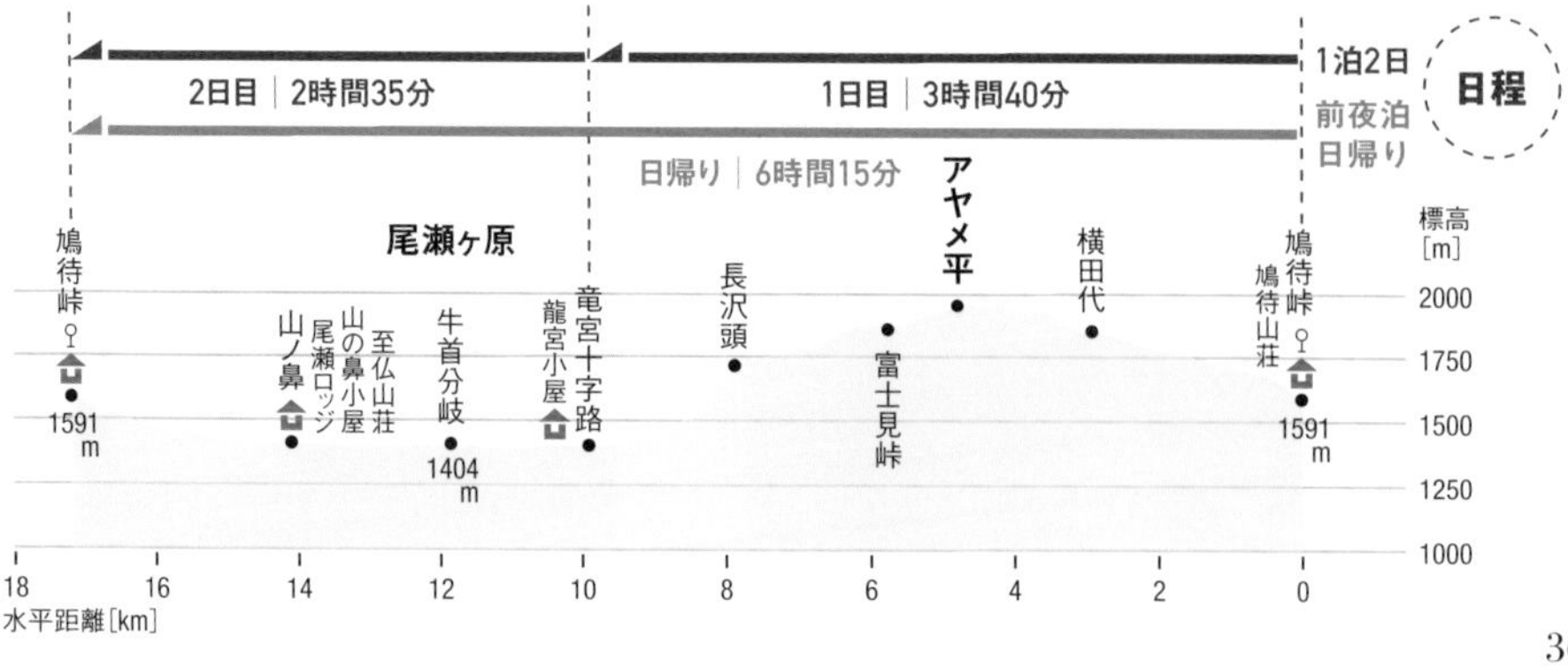

コラム1 尾瀬のビジターセンター

尾瀬には2カ所、尾瀬ヶ原の山ノ鼻《やまのはな》と尾瀬沼東岸にビジターセンターがある。「尾瀬山の鼻ビジターセンター」は、1993（平成5）年に群馬県によって設置、「尾瀬沼ビジターセンター」は、1984（昭和59）年に環境省によって設置。尾瀬の自然保護活動と情報発信の拠点となるパブリックな施設で、ともに尾瀬保護財団が管理・運営している。

館内には、尾瀬の成り立ちや歩みを紹介する資料が常時展示され、開館中は、無料で見学できる。さらに尾瀬の今の自然情報と登山情報の発信、自然観察会などのレクチャープログラムを実施している。

開設期間は5月中旬～10月下旬（期間中は休館日なし）、開館時間は尾瀬山の鼻ビジターセンターが7時～18時（窓口案内7時30分～16時）、尾瀬沼ビジターセンターが7時30分～16時（いずれも気象条件などにより変更される場合あり）。

■自然情報・登山情報

ビジターセンターでは、開設期間中、スタッフが常駐し、日々のフィールド巡回を通じて、植物の開花や登山道の状況などの情報を収集。館内での掲示をはじめ、尾瀬保護財団のホームページで発信している。もちろんビジターセンターの窓口でも、スタッフが質問に対応してくれる。

■自然観察会

ビジターセンター周辺をスタッフが一緒に歩き、その時期に咲いている花など、自然のトピックスを解説してくれる。主に土曜と休日の朝（7時15分から45分程度の予定）に開催、無料で参加できる。また時期や曜日によって、昼間の時間帯にも、スタッフが案内するミニツアーがある。

■スライドショー

ビジターセンターのある山ノ鼻と尾瀬沼東岸の宿泊者を対象に、主に金・土曜と時期により日曜の夕方（19時から40分程度の予定）に開催。館内のレクチャールームで、スタッフが撮影した写真などを上映しながら、尾瀬の自然、歴史、環境保全などを解説してくれる。これらレクチャープログラムの開催日と開催時間は、尾瀬保護財団ホームページで確認しよう。

ビジターセンターの館内展示（山の鼻）

自然や登山情報の掲示板（尾瀬沼）

館内のレクチャールーム（尾瀬沼）

サブコース

富士見下から富士見峠を経て見晴へ

富士見下↓富士見峠↓八木沢橋↓見晴　4時間30分

Map 2-4A 富士見下

Map 2-1B 富士見峠

コースグレード	中級
技術度	★★★☆☆ 3
体力度	★★★☆☆ 3

標高約1870mの富士見峠《ふじみとうげ》は、尾瀬に入る峠のうち、最も高い位置にある。富士山を遠望できることから富士見峠の名が定着している。硫黄沢《いおうざわ》の源頭にあることから、古くは硫黄沢乗越《のっこし》とも呼ばれた。

富士見峠へは、近年まで路線バスが運行されていた富士見下《ふじみした》から歩かれていた。現在はマイカーかタクシー利用に限られるが、かつては尾瀬の主要な登山口で、富士見峠を経て、アヤメ平や尾瀬ヶ原、尾瀬沼に向かう登山者でにぎわった。

富士見下のゲートから林道を歩く。富士見峠へは約7kmの道のり。未舗装だが、路面には砕石が敷かれ、歩きやすい林道だ。公衆トイレの前から、雨量観測設備まで直進する近道もある。

まずは二度三度、大きくジグザグを刻みながら、樹林帯の山腹をゆるやかに登っていく。林道沿いには、ブナやミズナラ、カエデ類など広葉樹が茂り、木漏れ日が心地よい。初夏には爽やかな新緑、秋には鮮やかな紅葉を見ながら登っていける。

林道の西側、進行方向左手に浅い谷が続くと、じきに傾斜がゆるみ、おおよそ平坦な笹原が広がる。大行山《おおなりやま》の北東中腹に開けた田代原《たしろっぱら》の一角で、ブナの並木と伸びやかな笹原が牧場のような景観を描いている。ブナの木陰が絶好の休憩ポイントだ。

田代原の少し先、再び傾斜が出てくるあたり、林道のすぐ北側に小さな沼が地形図

かつて尾瀬のメインルートだった富士見峠

牧歌的な雰囲気の田代原、木陰が絶好の休憩地

に記されている。地元の伝承によれば、平家追討の合戦に敗れた尾瀬大納言《おぜだいなごん》が乗っていた馬を洗ったところとされ、馬洗淵《うまあらいぶち》の名がある。実際の沼は、笹藪に隠れ、近くを通っても気づきにくい。

やがて、針葉樹のオオシラビソが混じってくると、東側の視界が開けてくる。硫黄沢上流の谷をへだてて、白尾山《しらおさん》から南へ延びている山稜を望める。ひときわ目立つ三角錐のピークは、２０２４・２ｍの三角点を置く荷鞍山《にくらやま》である。

さらに前方頭上に見えてくる稜線は、アヤメ平の南縁だ。尾瀬ヶ原側のなだらかな北面に対して、南面は切り立ち、非対称な山稜を形成している。

山腹を北東へ横切り、南側を広く展望できるようになると、公衆トイレのある**富士見峠**に登り着く。厳密には、約２００ｍ東側、白尾山への林道と見晴《みはらし》へ下る八木沢道《やぎさわどう》との分岐が富士見峠である。

見晴へは、この分岐へ進んで、八木沢道を下る。戸倉《とくら》から鳩待峠への車道が開通する以前は、見晴の山小屋へ荷を運ぶ道として利用されたという。

地図上では、距離の長さを感じるものの、尾根の側面をうまく巻きながら進むので、きつい急坂がほとんどない。

中腹の昼場《ひるば》は、かつて荷を運んだ人々の休憩地だったのだろう。燧ヶ岳《ひうちがたけ》を望める小さな平坦地で、湧水を得られる。

八木沢橋まで下ると、**見晴**へは湿原と山裾の際を歩く。時期によっては、ぬかるみが多いが、ブナ林の景観がすばらしい。

この八木沢橋を渡ると、見晴まで平坦に近い道が続く

プランニング&アドバイス

富士見下は、マイカー利用に向く穴場的な登山口で、時期によっては、ここから尾瀬ヶ原を往復する登山者も多い。ただし鳩待峠からのコースに比べると、距離、所要時間ともに大きな差があり、相応の体力も必要だ。富士見下は、利用価値のある登山口だが、無理のない行程で歩こう。

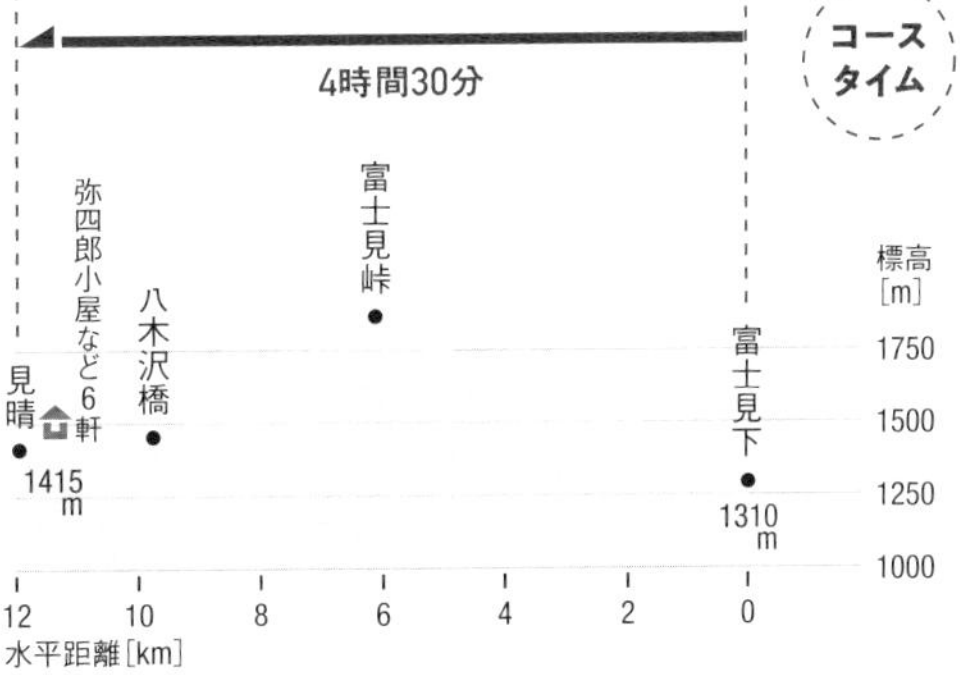

サブコース

富士見峠から白尾山・皿伏山へ

富士見峠↓白尾山↓皿伏山↓大清水平↓富士見峠分岐↓三平下　3時間20分

白尾山《しらおさん》と皿伏山《さらぶせやま》は、尾瀬の外壁ともいえる山稜に連なるピークである。濃い緑をまとい、なだらかな山容を見せているものの、太古に噴火と溶岩の流出を繰り返し、尾瀬の誕生に関わった火山群だ。

どちらも粘性の低い玄武岩《げんぶがん》質の溶岩が流れて形成された盾状火山《たてじょうかざん》だ。名のとおり皿を伏せた姿をした皿伏山は、盾状火山の特徴をよく表している。

この2峰を踏破する登山道は、富士見峠《ふじみとうげ》と尾瀬沼南岸線を結ぶコースが唯一。いずれの登山口からも遠く、見どころも限られていることから、尾瀬ヶ原や尾瀬沼に比べて訪れる登山者は格段に少ない。そのぶん、最盛期に訪れても静かな尾瀬を堪能できる健脚者向きコースである。

公衆トイレのある**富士見峠**《ふじみとうげ》から、林道を東方向へ進む。すぐに八木沢道《やぎさわどう》を分け、小さくカーブしながら、ゆるやかに登っていく。電波塔（富士見中継局）の設置された場所まで歩くと、林道終点となる。

ここから登山道に入り、低木の茂みと小湿原が交互に現れる山稜を進んでいく。とくに南側の眺めがよく、周囲の山並みのなかで、三角錐の山容をした荷鞍山《にくらやま》が際立つ。この荷鞍山を見ながら、山稜の東側へわずかに回り込むと、**白尾山**の頂上に出る。

白尾山からは、北斜面を下っていく。下

Map 2-1B 富士見峠

Map 5-4C 皿伏山

コースグレード	中級
技術度	★★★☆☆ 3
体力度	★★★★☆ 4

白尾山の頂上、すぐ手前まで展望がきく

尾瀬沼に下り立つ直前に開ける大清水平

りはじめは傾斜が強く、湿って滑りやすい石が多いので、足もとに気をつけよう。しだいに傾斜はゆるんでくるが、ササで視界がさえぎられ、長く感じる坂道だ。逆コースだと、この登りが踏んばりどころだ。

1821mの標高点が記された小ピークを巻くと、登山道脇にセン沢田代《ざわたしろ》の道標がある。地形図で判読できるセン沢田代は、もう少し先、下りきった鞍部の南側に広がっている。

鞍部からは、次の皿伏山へと、オオシラビソ林の山腹をゆるやかに登り返していく。小さな水流があるササの斜面を過ぎると、にわかに傾斜が強まる。皿伏山は、尾瀬沼側から望むと、なだらかな山容だが、南面と西面は急斜面となっている。山稜も屈曲が多く、思いのほか複雑な地形だ。

露岩が目立ってきた急斜面にジグザグを刻み、ほぼ平坦な地形になると、**皿伏山**の頂上に登り着く。オオシラビソやコメツガの森に包まれた静かな頂上だ。ベンチと頂上標識、5〜6m離れて三角点がある。

皿伏山からは、樹林帯の緩斜面を北から東へと大きくカーブしながら下っていく。見通しはわるくないが、地形が単調で、方向をつかみにくい。登山道の踏み跡と道標をよく確かめながら、慎重に下っていこう。

樹木のペンキ印や赤テープ類は、正規の道標とは異なるものだが、進路を知る手がかりとなっている。

標高1820m付近で、ぽっかりと開けた小湿原を通り、ぬかるみの目立つ樹林帯をもうしばらく進むと、**大清水平**《おおしみずだいら》に下り立つ。東西に約300m、富士見峠からのコース中では、最も大きい湿原だ。針葉樹の森に囲まれ、その外側に燧ヶ岳《ひうちがたけ》や檜高山《ひのきたかやま》が頭をのぞかせている。

大清水平の東端からオオシラビソ林に入り、わずかの間、急下降すると尾瀬沼南岸線の**富士見峠分岐**に下り立つ。燧ヶ岳の雄壮を望みながら、湖畔の木道を歩くと山小屋のある**三平下**《さんぺいした》へ到着する。

プランニング&アドバイス

富士見峠の富士見山荘は休業中のため、鳩待峠を起点に歩く場合、三平下の尾瀬沼山荘が最初の営業山小屋となる。したがって行程は、三平下を宿泊地とした1泊2日、または戸倉周辺や鳩待峠で前夜泊し、日帰りで踏破する。三平下からは、大清水もしくは尾瀬沼山峠に下山する。

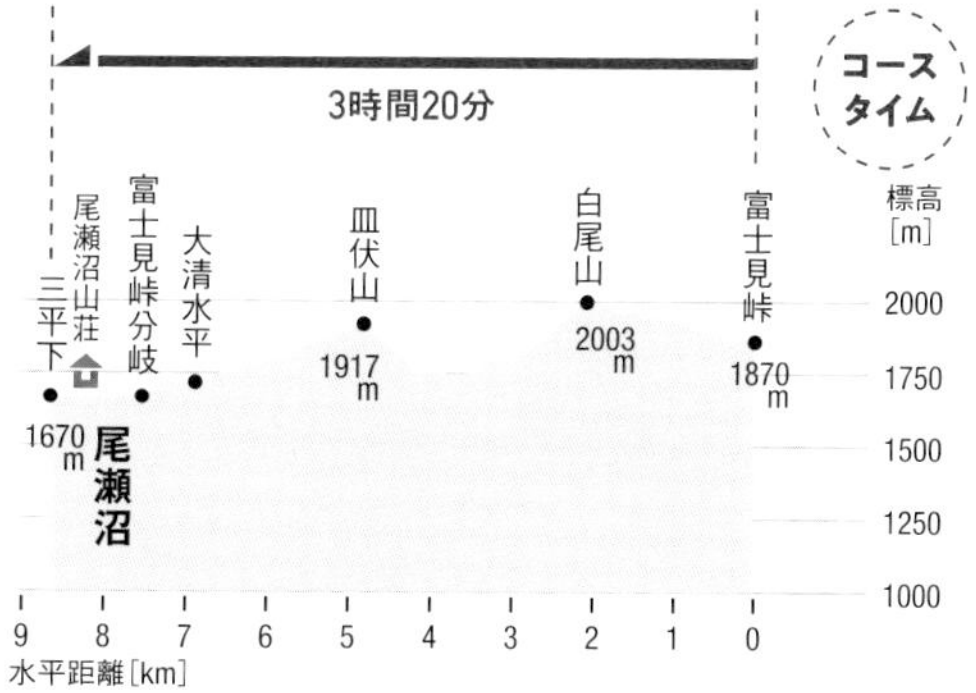

1泊2日

三条ノ滝

燧裏林道

燧ヶ岳北麓の
傾斜湿原をめぐり
尾瀬の名瀑へ

1日目	尾瀬御池→上田代→うさぎ田代→三条ノ滝展望台→平滑ノ滝展望台→赤田代　計4時間
2日目	赤田代→見晴→白砂湿原→沼尻平→尾瀬沼ビジターセンター→尾瀬沼山峠　計4時間55分

コースグレード｜中級

技術度 ★★★☆☆

体力度 ★★★☆☆

尾瀬の水を集めて一気に落とす豪快な三条ノ滝

尾瀬沼や周囲の山々に発し、尾瀬ヶ原に集まった水は、只見川《ただみがわ》となって流れ出る。その水が優雅に流れ落ちる岩床が平滑ノ滝《ひらなめのたき》、次に90m以上の高さを一気に落下する瀑布が三条ノ滝《さんじょうのたき》だ。古い地図には「三條ノ瀑」と記されている。

ミズバショウの花が咲く初夏は、雪どけで水量が増し、滝も一段と迫力を増す。紅葉の秋は、木々の彩りと相まって、美しい風景を描く。

名の由来は、高さ三十丈（一丈は約3・03m）からとも、渇水期に滝が三筋に分かれるからともいわれる。

三条ノ滝へは、多様な行程を組めるが、本稿では尾瀬御池《おぜみいけ》から燧裏《ひうちうら》林道をたどる。

燧裏林道は、燧ヶ岳《ひうちがたけ》の北から北西にかけての山麓を横切る登山道で、姫田代《ひめたしろ》や上田《うわた》代《しろ》、横田代《よこたしろ》など、大小の湿原を通る。

尾瀬ヶ原とは趣を異にする傾斜湿原で、会津駒ヶ岳《あいづこまがたけ》や平ヶ岳《ひらがたけ》など尾瀬周辺の名山を借景にした天然の庭園ともいえる美しさをもっている。

燧裏林道沿いで最も大きい傾斜湿原の上田代

1日目 尾瀬御池から燧裏林道をたどり三条ノ滝を経て赤田代へ

尾瀬御池の駐車場の西端から、広い木道へ進む。すぐに燧ヶ岳への御池登山道を分け、御池田代の東縁を通って、段々状の木道を登っていく。最初に開ける小さな湿原

天神田代から燧ヶ岳の北面を見上げる

燧ヶ岳の山肌を映す池塘が美しい横田代

が姫田代である。

姫田代から樹林帯に入り、ひと登りすると、次に**上田代**に出る。燧裏林道沿いで最も大きい湿原で、木道を歩き進むほどに、その奥行きと傾斜を実感する。自分が傾いているかのように錯覚する景観だ。

上田代の先で入深沢《いりぶかざわ》を渡り、ノメリ田代の上部を通ると、横田代が開ける。湿原のなかほどで池塘が水をたたえ、燧ヶ岳の山肌を映している。この付近の標高は約１６２０ｍ、燧裏林道の最高所となる。

横田代から続く西田代を通り、出戸深沢《でとふかざわ》の前後でアップダウンすると、天神田代《てんじんたしろ》に出る。10歩ほどで通り過ぎてしまう小湿原だが、間近にそびえる燧ヶ岳の山頂部を望めるポイントだ。ここで渋沢大滝《しぶさわおおたき》・渋沢温泉小屋跡方面へ分岐する道は、不明瞭で通行困難な状況だ。

天神田代を過ぎ、オオシラビソやクロベ、ダケカンバなどの樹林帯をゆるやかに下っていくと、**裏燧橋**《うらひうちばし》に着く。渋沢上流に架かる長さ約30ｍの大きな吊り橋だ。橋のたもとに広場があり、休憩適地となっている。吊り橋から見下ろす谷は荒々しく、尾瀬で最も新しい火山とされる燧ヶ岳の一面を見せている。

裏燧橋を渡り、しばらく樹林帯の山腹を進むと、**うさぎ田代分岐**に出る。山小屋のある赤田代へ急ぐ場合は、南へ分かれる段《だん》吉《き》新《ち》道を利用する。温泉小屋を築いた星段《ほしだん》吉《き》氏《ち》が開拓した道で、比較的、起伏がおだやかで、ブナ林が美しい。

ここでは、小沢平《こぞうだいら》からの道を合わせる南西直下の**うさぎ田代**へ下る。尾瀬御池から向かって燧裏林道最奥の湿原で、ひときわ深山の雰囲気が漂う。

うさぎ田代から、さらに**三条ノ滝分岐**へと下ると、いよいよ滝の音が響いてくる。谷沿いの断崖に設置されたハシゴ状の階段や桟橋を慎重に通過すると、**三条ノ滝展望台**に下り立つ。

豪快に水を落とす三条ノ滝の景観を堪能

荒々しい渋沢の谷に架かる裏燧橋

滝の全容を一望できる三条ノ滝展望台

したら、**三条ノ滝分岐**へ引き返し、只見川沿いをゆるやかに登っていく。大橇沢《おおそりざわ》をはじめ、只見川へ注ぐ小さな沢をいくつか渡ると、**平滑ノ滝展望台**がある。

平滑ノ滝は、全長約３００m、幅20～80m。傾斜約25度の岩盤の上を水が玉すだれのように滑り落ちている。三条ノ滝の前奏ともいえる優雅な滝である。

この先は、クサリの架かった急な階段と両側が切り立ったヤセ尾根となるので、気をつけて歩こう。

おだやかなブナ林に包まれ、先に分かれた段吉新道と合流すると、まもなく尾瀬ヶ原の北東端に位置する**赤田代**に到着する。

岩盤の上を水が滑り落ちる優雅な平滑ノ滝

2日目 赤田代から見晴、尾瀬沼を経て尾瀬沼山峠へ

2日目のコースは、時期や目的に合わせて思い思いに計画できる。

本稿では、**見晴**《みはらし》に向かい、白砂峠《しらすなとうげ》を越えて尾瀬沼をめざす（P28参照）。尾瀬沼北西岸の**沼尻平**《ぬしりだいら》に出たら、北岸線を回り、**尾瀬沼ビジターセンター**を経て、**尾瀬沼山峠**《おぜぬまやまとうげ》へと下山する（P18参照）。

プランニング&アドバイス

三条ノ滝へは、赤田代から荷を置いて往復する登山者も多い。ただし赤田代からは往復約2時間の行程だ。雨具や防寒着、飲料など必要最小限の装備を携行しよう。燧裏林道は、燧ヶ岳の北斜面にあり、樹林帯では例年6月中旬ごろまで雪が残る。三条ノ滝展望台（最奥の第1テラス）は、10月下旬～5月下旬の間、階段のクサリが取り外される。この期間は約50m手前の第2テラスまでとなる。

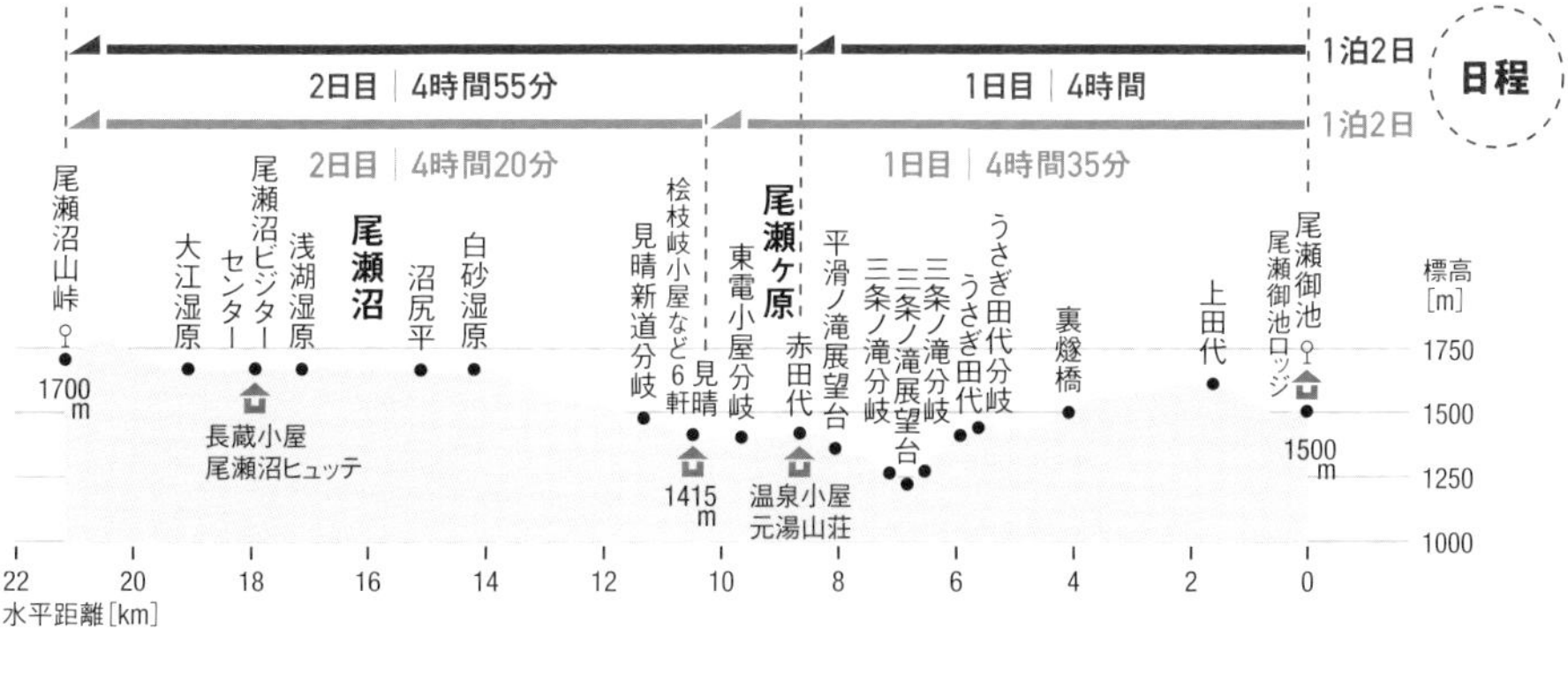

サブコース

小沢平から三条ノ滝・赤田代へ

小沢平↓渋沢温泉小屋跡↓うさぎ田代↓三条ノ滝展望台↓平滑ノ滝展望台↓赤田代

4時間30分

小沢平《こぞうだいら》は、最も北から尾瀬ヶ原に入る登山口で、古くに檜枝岐《ひのえまた》の人々が開墾した耕地である。かつて登山口には尾瀬口山荘、中腹には渋沢《しぶさわ》温泉小屋があり、長年、親しまれてきたが、近年、雪害もあって2軒とも閉館、解体された。

それにより、小沢平から尾瀬ヶ原をめざす登山者はすっかり減り、山小屋が携わってきた登山道の手入れも、以前のようには期待できなくなった。とくに渋沢温泉小屋跡までの間、3本の沢に架かる橋が未整備の場合、いずれも水流に踏み込んで渡る徒渉となる。したがって、的確に状況を判断できる技量が問われる。一方、山慣れた経験者にとっては、静かで奥深い尾瀬を味わえるコースといえる。

国道352号沿いの**小沢平**からスタートする。バス停前に駐車場とトイレ、周辺案内図が設けられ、「尾瀬・小沢平ルート入口」の標識がある。渓流釣りをする人にもよく利用されている登山口である。

駐車場の奥から登山道に入り、南西側を流れる只見川《ただみがわ》の方向へ進むと、さっそく1本目の沢、トクサ沢に出合う。橋が架かっていない場合、流れをよく見きわめて徒渉する。徒渉できる水量は、足首が浸かる程度か、せいぜい膝下まで。さらに水量が増している場合は危険だ。慎重に判断しよう。

Map 7-1A 小沢平

Map 7-3B 三条ノ滝展望台

コースグレード	上級
技術度	★★★★☆ 4
体力度	★★★☆☆ 3

最初に徒渉するトクサ沢

登山道は美しいブナ林に続く

トクサ沢を渡ると、おだやかなブナ林に入る。只見川の瀬音と木漏れ日が心地よい。それも束の間、鉄パイプで組まれた急な階段を下ると、次の高石沢《たかいしざわ》に出合う。ブナ林を流れる美しい渓流だ。

充分注意を払って高石沢を徒渉したら、再びブナ林に入り、只見川沿いの緩斜面を登っていく。やがて瀬音がいっそう響いてくると、只見川に懸かる不動大滝の上を通る。地形図には記載のない滝で、樹間をのぞくと、清冽な水しぶきが見える。

この先、只見川沿いの急斜面を横切ると、3本目の沢、渋沢に出合う。燧ヶ岳の北西面を刻む急峻な谷で、雨天時に鉄砲水発生の注意を呼びかける看板がある。かつての渋沢温泉小屋の源泉は、まさに柿渋のような赤茶色をしているが、渋沢の水流は、硫黄分が反応したせいか白濁している。

この渋沢を徒渉して、対岸をわずかに急登すると、**渋沢温泉小屋跡**に着く。天神田《てんじんた》代《しろ》・渋沢大滝への分岐にあたる地点で、ここから30mほど東側に小屋が立っていた。

渋沢温泉小屋跡からは、標高差にして約150m、急斜面をジグザグに登る。土砂や落ち葉の堆積で、道が不明瞭になっている部分があるので、踏み跡をよく確かめながら登っていこう。

傾斜が落ち着き、笹薮の深い斜面を着々と登ると、燧裏林道《ひうちうらりんどう》に合わさり、**うさぎ田《た》代《しろ》**に出る。うさぎ田代から**三条ノ滝《さんじょうのたき》展望台**、さらに**赤田代《あかたしろ》**へは、尾瀬御池《おぜみいけ》からの三条ノ滝・燧裏林道（P42参照）と同じ経路をたどる。

燧ヶ岳北面に発する渋沢、水流が白濁している

プランニング&アドバイス

雪どけ時期や大雨後など、沢の増水が予想されるときは、徒渉が困難となるため、入山を避けたい。事前にコース状況を知る手段が少ないため、登山者各自が判断することになる。渋沢温泉小屋跡から天神田代・渋沢大滝方面へは、道が不明瞭となっており、通行禁止の掲示がある。

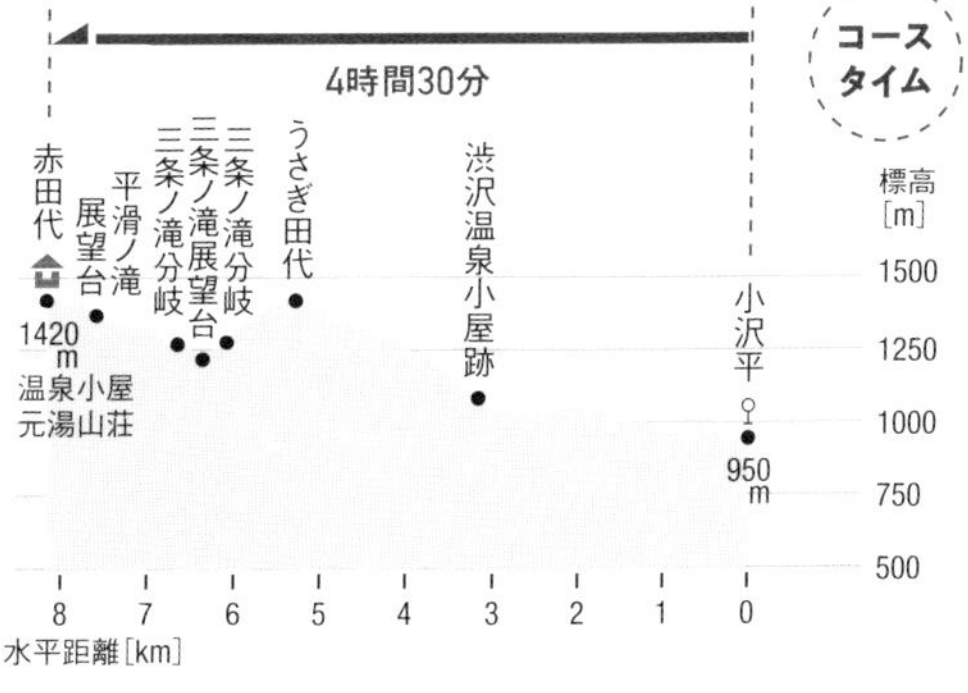

コラム2

尾瀬に咲く花

尾瀬ヶ原や尾瀬沼、
そして至仏山や会津駒ヶ岳、
田代山を訪れると、
初夏から初秋にかけて、
可憐な花々が
微笑むように迎えてくれる。
そんな花たちのこと知っておくと、
尾瀬を歩く楽しみがいっそう広がる。
尾瀬を訪れたら、
季節を彩る美しい花々を
ぜひ観察してみよう。

初夏の湿原に咲く花

サワラン

ラン科　草丈は15～20cm、ミズゴケのある湿原で、低く点在して咲く。姿はトキソウに似るが、花は濃い紅紫色。うつむき加減にあまり開かずに咲く。別名アサヒラン。
花期：6月下旬～7月上旬

トキソウ

ラン科　草丈は15～20cm、花色が淡紅色でトキの翼の色に似ることからこの名。尾瀬ヶ原ではサワランと同じ場所に咲く。花のすぐ下に葉（苞葉）があり見分けられる。
花期：6月下旬～7月上旬

ミズバショウ

サトイモ科　雪どけ後、水流のある湿原一面に咲く。黄色い棒状の部分が花穂。白い部分は花を守る仏炎苞。花が終わると、葉は盛夏にかけて80cmほどに生長する。
花期：5月下旬～6月上旬

ショウジョウバカマ

シュロソウ科　雪どけ後の枯草色の湿原に点々と淡紅色の花を咲かせる。根もとの葉を袴に、花茎の先に数輪の花を広げた姿を能の演目に登場する「猩々」の赤い毛に見立てた名。
花期：5月下旬～7月上旬

リュウキンカ

キンポウゲ科　漢字で立金花の名のとおり、黄色い無数の花を立ち上げるように咲かせ、曇天でもそこだけ日が差したような風景をつくる。水流沿いに群れて咲くことも多い。
花期：5月下旬～6月上旬

ザゼンソウ

サトイモ科　ミズバショウの生育環境よりもやや乾燥した場所で、湿原から顔をだすように咲く。赤茶色の仏炎苞のなかの花穂が座禅を組んだ僧に見えることからこの名。
花期：5月下旬～6月上旬

タテヤマリンドウ

リンドウ科　草丈10cmほど、雪どけ後の日当たりのよい湿原で点々と青い星形の花を開く。日が陰ると花を閉じる。アヤメ平や田代山などの山上湿原では、群生が見られる。
花期：6月上旬～7月上旬

初夏の湿原に咲く花

ナガバノモウセンゴケ

モウセンゴケ科　日本では尾瀬ヶ原と北海道にのみ自生する食虫植物。へら形の葉の先に粘着物質をだす腺毛があり昆虫をとらえる。花茎の先に白い五弁花を数個つける。
花期：7月中旬〜8月上旬

ヒオウギアヤメ

アヤメ科　枝分かれした茎先に数輪同時に咲く。外花被片のつけ根に虎班（とらふ）という網目模様があることでカキツバタと見分けられる。内花被片は極小で目立たない。
花期：7月上旬〜中旬

ワタスゲ

カヤツリグサ科　約30cmに伸びた花茎の先に果穂をつける。羽毛のボンテンがついた耳かき棒を連想させる姿には趣がある。花は春に咲くが、雑草のような姿で目立たない。
果穂：6月下旬〜7月下旬

ヒメシャクナゲ

ツツジ科　高さ10cmほどの常緑の小低木。尾瀬ヶ原や田代山の湿原などでミズゴケに混じって生える。枝先に淡桃色のぼんぼり形の小花を下向きに数個つける。
花期：6月中旬〜7月上旬

ヒツジグサ

スイレン科　池塘の底にある根茎から柄を伸ばし、水面に葉と花を浮かべる。花径は3〜5cmと小さく、朝から夕にかけて開閉し、昼から未の刻（14時頃）に大きく開く。
花期：7月下旬〜8月中旬

カキツバタ

アヤメ科　幅広の3枚の外花被片が反り返って下垂し、青みを帯びた紫色のつけ根に白いスジがある。5cmほどの内花被片が直立するのでヒオウギアヤメと見分けられる。
花期：7月上旬〜中旬

イワカガミ

イワウメ科　岩場や湿原に多く、丸い葉には光沢がある。これを鏡に見立てた名。尾瀬ヶ原、至仏山、田代山の湿原でよく見られる。花弁は5裂し、ふさのような形。
花期：6月上旬〜7月上旬

田代山の山頂湿原で小さな花を咲かせるヒメシャクナゲ

ニッコウキスゲ

ワスレグサ科　別名ゼンテイカ。ニッコウキスゲが群れ咲く風景は尾瀬の夏の風物詩。とくに大江湿原の群落がみごと。花は1日花。日ごと新しい花を次々に咲かせていく。
花期：7月中旬〜下旬

キンコウカ

キンコウカ科　葉はアヤメのような剣状線形で、根もとは中央で２つに畳まり内側の葉をはさんでいる。花は総状についている。1つの花は花被片6枚で黄色の星形。
花期：7月中旬〜8月中旬

コバギボウシ

クサスギカズラ科　花柄の伸びはじめの蕾を擁した球状の花芽をギボシ（擬宝珠）に見立てた名。擬宝珠とは、橋の欄干などにある飾り。湿原で淡青紫色の花を咲かせる。
花期：7月下旬〜8月中旬

カラマツソウ

キンポウゲ科　白い針状の花弁が花火のように半球状に開く。樹木のカラマツの芽吹きに似ていることからついた名。湿原の縁の林や山腹の登山道沿いでよく見られる。
花期：7月中旬〜8月中旬

ノアザミ

キク科　緑が濃くなってきた湿原で、ほかの種類の花や葉に混じって咲く。高く花茎を伸ばし、紫色の頭花をつける。チョウやハチなどの昆虫を受粉に利用する虫媒花。
花期：7月中旬〜8月下旬

イワショウブ

チシマゼキショウ科　葉は剣状線形で長さ10〜30㎝、幅5㎜ほどで細い。葉より長く伸びた花茎の先に白い花を穂のようにつける。咲き終わると紅色の実となる。
花期：8月中旬〜9月中旬

クガイソウ

オオバコ科　漢字では九階草と書く。4〜7枚ほどの葉が茎に輪生し、和名のとおり、何段もつく。花は淡青紫色の鐘形で動物のしっぽのようにまとまって総状につく。
花期：7月中旬〜8月下旬

尾瀬沼東岸の大江湿原で咲き競うニッコウキスゲ

盛夏から初秋の湿原に咲く花

サワギキョウ

キキョウ科　湿原の晩夏を彩る紫色の花。花弁は5裂し、左右の2裂が反り上がり、中央の3列は舌状に下がる。花柱は花弁の上側にあり、蜜を吸う昆虫の背中に花粉がつく。
花期：8月上旬〜中旬

オニシモツケ

バラ科　葉は大きく、長さ10〜25cmの掌形。枝分かれした茎先に丸い蕾を無数につける。花はかすかに紅を帯びた白色。おしべが目立ち、綿菓子のような風情がある。
花期：7月下旬〜8月上旬

ミズギク

キク科　直立した茎の先に黄色の花をつける。中心の筒状花を囲むよう舌状花がある。茎は紫褐色で細く粗い毛がある。秋の気配が漂う湿原に彩りを添えるように咲く。
花期：8月上旬〜下旬

ワレモコウ

バラ科　枝分かれした茎の先に小さな花を穂のようにつける。花穂の上から下方向に咲いていく。紅褐色の部分は萼で花弁はない。葉は長さ20cmほどで、株もとにある。
花期：7月下旬〜9月中旬

大江湿原の大江川沿いでニッコウキスゲとともに咲くノアザミ

ヤナギラン

アカバナ科　晩夏に咲く花。開花時、おしべだけが立ち上がって花粉をだし、数日後、垂れ下がる。次に先がくるりと十字に割れためしべが突きだし、別の花の花粉を得る。
花期：8月中旬〜下旬

オオウバユリ

ユリ科　沼の縁など湿り気のある場所を好む。人の背丈を越え、塔のような迫力。数年かけて地下茎に養分を蓄え、一度きりの開花と結実をする。根もとには子株が育つ。
花期：7月下旬〜8月中旬

コオニユリ

ユリ科　草丈1〜1.5m。朱橙色の花を数個つける。花弁が反り返るように咲き、暗褐色の斑点がある。オニユリよりも花がやや小さく、茎と葉の接点にムカゴがつかない。
花期：7月下旬〜8月上旬

オサバグサ

ケシ科　葉は切れ込み、シダのような印象で根生。その中心から花茎が伸び、白い4弁花を鈴のように多数つける。光量の少ない針葉樹林内に生え、帝釈山で群生が見られる。
花期：6月上旬〜下旬

タムシバ

モクレン科　尾瀬の春、残雪期に咲く樹木の花。姿が似ているコブシは花の下に1枚葉をつけるが、タムシバは花のみ。枝先に白い6弁花を無数にまとい、青空に映える。
花期：5月中旬〜6月上旬

ミネザクラ

バラ科　尾瀬にはミネザクラやチシマザクラなど、亜高山帯〜高山帯で見られる野生のサクラが混在している。樹木ごとに花弁の形や色合いなどの印象も異なっている。
花期：5月下旬〜6月上旬

サンカヨウ

メギ科　葉は2枚。芽吹き時は蕾と一緒に握られたような姿。下の葉は傘のように大きく展開し、枝分かれして上部に開く葉はやや小さく、白い花をかんざしのように掲げる。
花期：5月中旬〜下旬

一ノ瀬から三平峠にかけて、新緑のブナ林に映えるムラサキヤシオ

シラネアオイ

キンポウゲ科　葉は切れ込みのある掌形。花は淡紅紫色で花径5〜10㎝と大きく華やか。林内の湿った場所に生える。日本特産種で日光白根山に多いことから名づけられた。
花期：5月中旬〜下旬

キクザキイチゲ

キンポウゲ科　芽吹きはじめた明るい林に咲く。草丈5〜10㎝、1輪の白い花をつける。夏には地上部を枯らして休眠する。「春の妖精」ともいわれる春植物のひとつ。
花期：5月中旬〜下旬

ムラサキヤシオ

ツツジ科　芽吹きのブナ林のなかで、紅紫色の花をつける。花はトウゴクミツバツツジにも似るが、枝先の葉が3枚ではなく、5枚が互生することなどで見分けられる。
花期：5月下旬〜6月上旬

樹林帯に咲く花

オヤマリンドウ

リンドウ科　葉は対になって互生し、上から見る姿は十文字になっている。花は小ぶりで青紫色、上部の葉脇に数輪づつつく。尾瀬ヶ原にはエゾリンドウもある。
花期：8月中旬〜9月下旬

ベニサラサドウダン

ツツジ科　サラサドウダンの変種で、花が濃い紅色のもの。花は鐘形で枝先に数個づつ吊り下がる。花弁は浅く5裂する。花弁の先が丸みを帯びるものもある。
花期：7月中旬〜8月上旬

アズマシャクナゲ

ツツジ科　亜高山帯に生える常緑低木で樹高は2〜3m。蕾は鮮やかな紅色で開花すると淡紅色となる。花は枝先に横向きに多数つく。台倉高山付近の樹林帯で見られる。
花期：6月上旬〜中旬

トリカブト

キンポウゲ科　青紫色の烏帽子のような形の花をつける。トリカブトは種類が多く、雑種を作りやすいともいわれ、見分けがむずかしい。猛毒植物としてよく知られる。
花期：7月中旬〜9月中旬

マルバダケブキ

キク科　林の縁や開けた草地に生え、草丈150cm前後。フキのような丸い葉で、伸びた花茎の先に黄色の花をつける。ニホンジカが嫌うので、食害を免れ、数が増えている。
花期：8月中旬〜下旬

ウラジロヨウラク

ツツジ科　葉は裏面が白っぽい。淡紅色の鐘形の花も白みがかっている。花弁のすぼまった先が5裂し水平に開く。山地帯の稜線や樹林内で他の植物に混じって生える。
花期：7月中旬〜8月上旬

タニウツギ

スイカズラ科　淡桃色の漏斗形の花を無数につける。戸倉から富士見峠への林道脇などで見られる。日本特産で昔から庭木としても植栽され「田植え花」などの異名がある。
花期：7月上旬〜中旬

会津駒ヶ岳山麓のブナ林で清楚な風景をつくるタムシバ

エゾウサギギク

キク科　全体に軟毛が密生し、根もと近くの対になったヘラ形の葉をウサギの耳に見立てた名。外見はウサギギクと同じだが、花を構成する筒状花のつけ根に毛がない。
花期：7月中旬〜8月中旬

ジョウシュウアズマギク

キク科　ミヤマアズマギクの変種。上州（群馬県）の名のとおり至仏山と谷川岳に特産する。蛇紋岩のやせた土壌に適応して葉が細い。花茎をひょろりと伸ばし群れ咲く。
花期：7月中旬〜下旬

ホソバヒナウスユキソウ

キク科　映画の挿入歌で歌われた花「エーデルワイス」の仲間。至仏山の蛇紋岩地に生えるミヤマウスユキソウの変種。やせた土壌に適応し、名のとおり葉が細く全体が華奢。
花期：7月上旬〜下旬

チングルマ

バラ科　やや乾燥した湿原や砂礫の多い草地などに生える。草丈10㎝で草のように見えるが落葉小低木。花が終わると羽毛が伸び､風車（稚児車）のような姿になる。
花期：6月中旬〜7月中旬

ホソバツメクサ

ナデシコ科　岩の隙間のわずかな土壌に根を張り、茎は細かく枝分かれする。葉はごく細く、花は白い5弁花で茎先に無数に開く。その姿は満天の星空を彷彿させる。
花期：7月中旬〜8月中旬

タカネバラ

バラ科　至仏山の稜線でハイマツやハクサンシャクナゲなどの低木に混じって生える野生のバラ。花はピンク色の一重咲きで、花径は4〜5㎝。ほんのり甘い香りを放つ。
花期：7月中旬〜8月上旬

タカネナデシコ

ナデシコ科　花径4〜5㎝、花弁は紅紫色で5枚、それぞれ3分の2ぐらいまで細かく切れ込む。葉や茎は、全体に白っぽい緑色で、花茎は15〜40㎝になる。
花期：7月下旬〜8月中旬

オゼソウ

サクライソウ科　名は至仏山で発見されたことにちなむ。蛇紋岩地に生える氷河期の残存植物で日本固有。花は黄緑色で5㎜ほど、星形で10〜20㎝の花茎に無数につく。
花期：7月上旬〜下旬

ハクサンシャクナゲ

ツツジ科　至仏山や燧ヶ岳の頂上付近でハイマツなどに混じって生える。花弁は白からわずかに紅色が感じられるものまで個体差がある。花の内側の緑褐色の斑点も特徴。
花期：7月中旬〜8月上旬

高山帯に咲く花

ハクサンイチゲ

キンポウゲ科　風衝地や砂礫地でしばしば大きな群落をつくる。2対4枚の葉を輪状につけ、そのうえに花束のように純白の花を数輪開花する。至仏山で見られる。
花期：7月中旬〜8月上旬

シブツアサツキ

ヒガンバナ科　至仏山と谷川岳の蛇紋岩地に特産する。シロウマアサツキの仲間で北半球の温帯から寒帯に広く分布するエゾネギ（チャイブ、セイヨウアサツキ）の変種。
花期：7月下旬〜8月中旬

イワイチョウ

ミツガシワ科　雪渓が消えたあとの湿地などで大きな群落をつくる。花は白、葉は秋にイチョウのように黄に色づく。至仏山や会津駒ヶ岳、平ヶ岳の山頂付近で見られる。
花期：7月下旬〜8月中旬

至仏山東面の登山道沿いで群生して咲くジョウシュウアズマギク

イブキジャコウソウ

シソ科　日当たりのよい草地や岩礫地を好む小低木。至仏山では岩の隙間を這うように広がり、淡紅紫色の花をつける。ハーブのタイムの仲間で、葉に香りがある。
花期：7月中旬〜8月中旬

タカネシオガマ

ハマウツボ科　至仏山の高天ヶ原付近の岩礫地で多く見られる。草丈は10〜15㎝、赤紫色の花を多数つける。至仏山東面登山道の中腹には背の高いヨツバシオガマが多い。
花期：7月中旬〜8月上旬

シナノキンバイ

キンポウゲ科　雪どけ後の湿り気のある草地などで群生する。花径は3〜4㎝。花弁のように見える萼片は5枚で、やや橙がかった黄色。葉はギザギザと深く切れ込み掌状。
花期：7月下旬〜8月中旬

ハクサンコザクラ

サクラソウ科　至仏山のオヤマ沢田代から小至仏山までの間、雪どけ後の湿った草地で群落が見られる。会津駒ヶ岳ではイワイチョウの葉に混じって花を咲かせている。
花期：6月下旬〜7月下旬

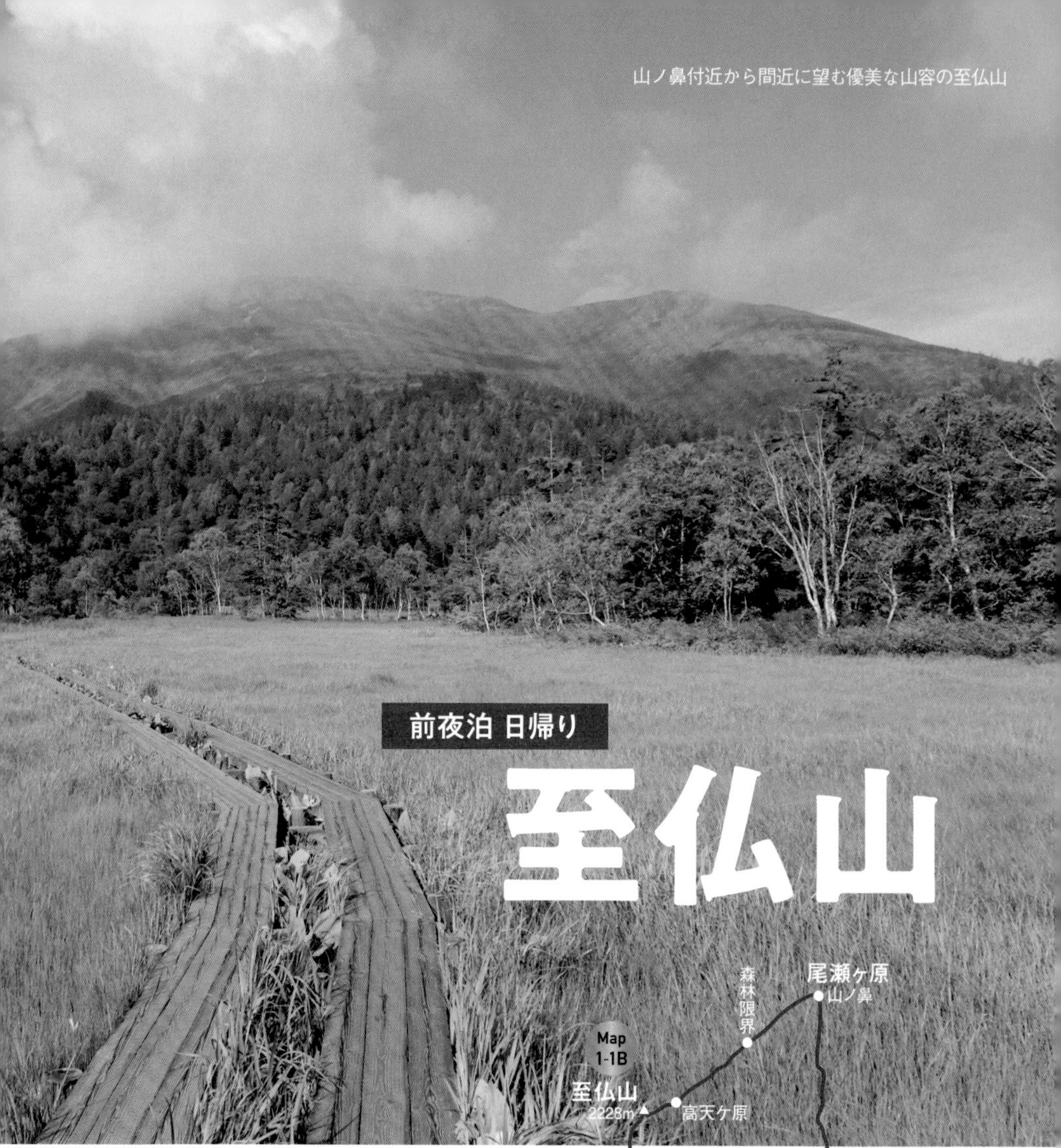

山ノ鼻付近から間近に望む優美な山容の至仏山

前夜泊 日帰り

至仏山

太古に誕生した
尾瀬のシンボル
高山植物の宝庫

前夜泊 日帰り

鳩待峠→山ノ鼻→森林限界→至仏山→小至仏山→
笠ヶ岳分岐→鳩待峠　計5時間40分

コースグレード	中級
技術度	★★★☆☆ 3
体力度	★★★☆☆ 3

至《し》仏山《ぶつさん》は、尾瀬ヶ原の南西に位置し、北東に向き合う燧ヶ岳《ひうちがたけ》とともに、尾瀬のシンボルとしてそびえる。勇ましく天空を突く燧ヶ岳の山容を「秀麗」と表現すれば、ゆったりとした至仏山の姿は「優美」で、その山容は対照的である。

　成因も大きく違い、約35万年前にはじまった火山活動により形成された燧ヶ岳に対して、至仏山の誕生は、はるかに古く、2億3千万年前の隆起と考えられている。

　ゆえに至仏山は、地球の氷河期から生き残る高山植物の宝庫で、夏には多種多様な花が咲き、登山者を魅了する。とりわけ至仏山の中腹以上には、特有の植物種を育む蛇紋岩《じゃもんがん》が多く、ホソバヒナウスユキソウやオゼソウなどの希少種が自生している。

　この唯一無二の自然を守るため、至仏山では、多くの植物が芽吹く残雪期、5月連休の翌日から6月30日まで、登山禁止期間を設けている。また、蛇紋岩は非常に滑りやすいため、至仏山東面の登山道は、山ノ《やまの》鼻《はな》から登りの一方通行とし、滑落事故防止

この階段から至仏山への急登がはじまる

夏の尾瀬ヶ原・上田代、池塘にヒツジグサが浮かぶ

と植生保護を図っている。

山名も蛇紋岩に関係している。蛇紋岩はもともと緑色を呈しているが、至仏山では岩に含まれる鉄分が酸化して、赤渋色を帯びている。東面のムジナ沢の別名、至仏沢は渋ッ沢が語源で、これが至仏山の由来とされる。ほかに山頂に地蔵菩薩を思わせる形の岩があることから、という説もある。

頂上からは、相対する燧ヶ岳とともに尾瀬ヶ原のほぼ全景を見晴らし、湿原に流れる川や拠水林、池塘のある様子を空中遊覧のように眺めることができる。

日帰り 鳩待峠から山ノ鼻を経て至仏山に登り、鳩待峠へ周回

至仏山へは、鳩待峠《はとまちとうげ》から小至仏山《こしぶつさん》を経て登るコースと、尾瀬ヶ原西端の山ノ鼻から東面を登るコースとがあり、両者を結ぶと周回コースとなる。山ノ鼻から至仏山へは登りの一方通行のため、周回コースの場合、必ず反時計回りで歩く。

鳩待峠から最初に山ノ鼻へ向かう（P12参照）。川上川《かわかみがわ》沿いを下って**山ノ鼻**に出たら、ビジターセンターで高山植物の開花や残雪などの状況を確認しよう。

また至仏山に登る前に、尾瀬ヶ原を散策する時間をぜひ確保したい。池塘の多い牛首近くまでなら往復1時間ほど。至仏山の登山が可能となる7月以降、盛夏から秋にかけては、ヒツジグサが池塘に浮かび、尾瀬ヶ原の風景を引き立てている。

山ノ鼻から至仏山へは、小さな拠水林を抜け、至仏山の山裾へまっすぐ延びている木道を進む。研究見本園を一周する木道を見送って、山裾の樹林に入ると、木の階段から登りがはじまる。

まずは、ヒノキ科のクロベやマツ科のキタゴヨウなどの常緑針葉樹におおわれた山裾を登っていく。登山道には木段や石畳など一定の整備がされているが、思いのほか急坂できつい登りだ。尾瀬ヶ原の平坦な木

クサリの設置された蛇紋岩の岩盤

この赤茶色の岩が蛇紋岩、滑りやすい

道とはだいぶ違う。登山道に体を慣らすつもりで、ゆっくり登っていこう。

ニッコウキスゲやヒオウギアヤメが見られる小さな草地を過ぎると、**森林限界**を示すプレートがある。この地点の標高は約1650m。日本アルプスなど本州中部山岳では、標高2500m前後が森林限界となるので、至仏山では約860mも低い。

登山道沿いには、背丈ほどの低木が茂っているが、これより上部はオオシラビソなどの高木が生育できない高山帯となる。

登るほどに視界が開けてきて、振り返れば、尾瀬ヶ原と燧ヶ岳が一望のもと。広大な湿原を貫く木道をはじめ、点在する池塘や蛇行して流れる川と拠水林がよくわかる。爽快な眺めだ。

ただし、足もとには赤茶色の蛇紋岩が目立ってくる。乾いていても滑りやすいので、足運びに気を配ろう。さらに至仏山までの中間地点付近には、クサリの設置された急な岩盤も現れる。前のめりの姿勢にならな

至仏山東面の登山道の中間地点付近から燧ヶ岳と尾瀬ヶ原を眺める

いよう体を起こし、手がかりと足場をよく選んで登っていこう。しばらく蛇紋岩の急斜面が続くが、登山道沿いには数カ所、板敷きの休憩スペースがあるので助かる。

　木製の階段を登るようになると、いよいよ花の至仏山らしい光景が広がってくる。ヨツバシオガマ、エゾウサギギク、シブツアサツキ、ダイモンジソウ、タカネナデシコなど、夏の開花時期なら次々と高山植物の花が目にとまる。

　標高約2100mに達すると、**高天ヶ原**《たかまがはら》に登り着く。至仏山の肩ともいえる緩斜面で、まさに高山植物の宝庫。蛇紋岩地特有のホソバヒナウスユキソウをはじめ、タカネシオガマ、ジョウシュウアズマギク、イブキジャコソウなどが雲上の花園を彩る。

　高天ヶ原からハイマツと草地の斜面をゆるやかに登れば、**至仏山**の頂上に立つ。展望はまぎれもなく全方位。尾瀬ヶ原と燧ヶ岳をはじめ、会津駒ヶ岳《あいづこまがたけ》や平ヶ岳《ひらがたけ》、越後駒《えちごこま》ヶ岳《がたけ》、巻機山《まきはたやま》、谷川岳《たにがわだけ》、武尊山《ほたかやま》、赤城山《あかぎやま》、皇海山《すかいさん》、日光白根山《にっこうしらねさん》、男体山《なんたいさん》など、名だたる山々が視界に入る。

　至仏山からは、ハイマツと蛇紋岩の稜線を南下する。岩塊の間を縫って、ひとつ起伏を越え、小至仏山との鞍部へ下っていく。この間も高山植物が豊富で、ホソバヒナウスユキソウやタカネシオガマをはじめ、ハイマツ帯でハクサンシャクナゲやタカネバラが見られる。

蛇紋岩地特有の高山植物が多い高天ヶ原

高天ケ原に咲くホソバヒナウスユキソウ

快晴時には雄大な展望を満喫できる至仏山頂上

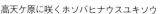

鞍部から岩礫の稜線を登り返すと、**小至仏山**の頂上に出る。数人が立てるほどの狭い頂上だ。小至仏山を越えたら、稜線の東側へ移って長い階段を下っていく。この階段沿いは草地の斜面で、雪渓が消えると、尾瀬の名を冠したオゼソウをはじめ、シナノキンバイやハクサンイチゲ、ハクサンコザクラが夏も早い時期に咲き競う。

　この先、蛇紋岩の岩壁を横切り、木道をゆるやかに下っていく斜面にも高山植物が多い。鳩待峠から登ってくると、最初に至仏山に咲く花々と対面する場所だ。

至仏山から小至仏山（前方）にかけての稜線

　じきにオオシラビソ林に入ると、**笠ヶ岳**《かさがたけ》**分岐**《ぶんき》に出で、すぐにオヤマ沢田代に入る。夏はワタスゲの白い果穂が見られ、展望もよい山上湿原だ。至仏山の多彩な表情は、飽きることがない。

　湿原の下で、オヤマ沢の源流を見送ると、尾瀬ヶ原を斜めに見下ろす小湿原に出る。登山道の脇に平たい大岩があり、原見岩《はらみいわ》ともトカゲ岩とも呼ばれている。

　原見岩を過ぎ、尾根の南側を巻くと、しばらく樹林帯の下りが続き、やがて**鳩待峠**に戻り着く。

プランニング&アドバイス

先述したとおり、至仏山は5月連休の翌日から6月30日まで登山禁止で、7月1日から登山可能。および東面の登山道は、山ノ鼻から登りの一方通行となっている。必ずルールを守り、至仏山の貴重な自然を次代へ受け継いでいこう。至仏山の高山植物は7月に開花する種類が多いが、梅雨明け前は、一時的に晴れても天候の急変に注意しよう。時間や体力面を考え、鳩待峠から往復する登山者も多い。

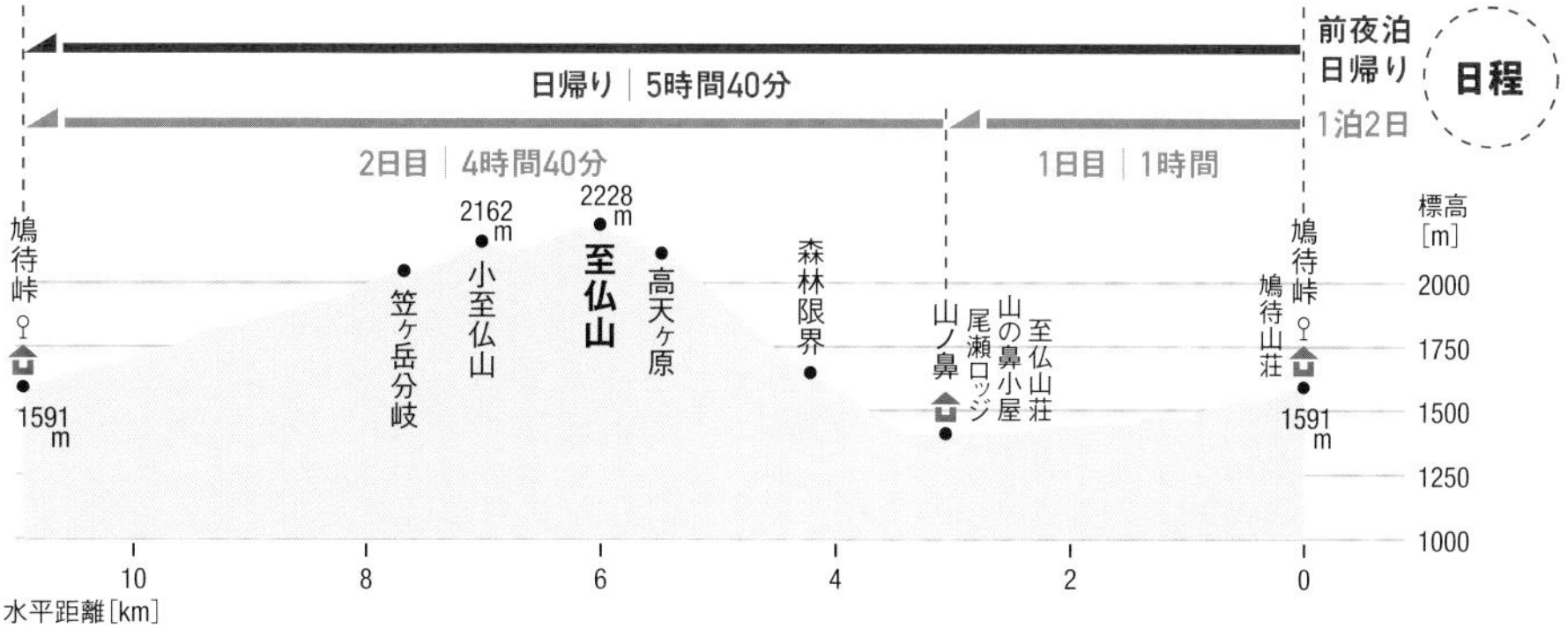

前夜泊 日帰り

笠ヶ岳

大展望に恵まれた尾瀬の隠れた名峰

小笠を連ねた笠ヶ岳へ向かって、悪沢岳から稜線を進む

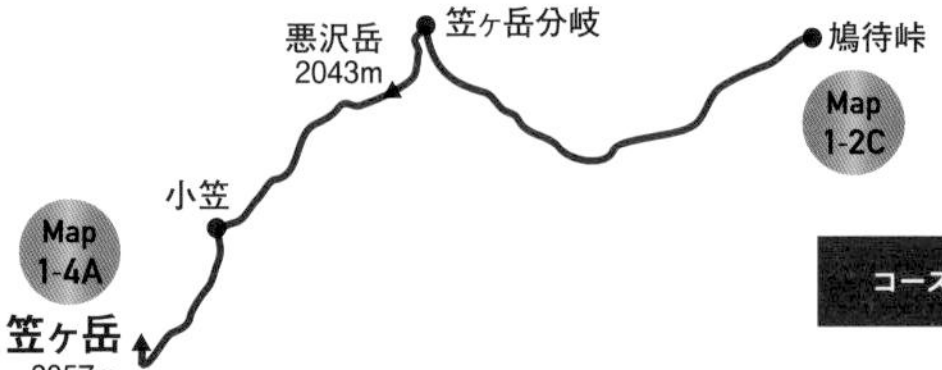

前夜泊 日帰り

鳩待峠→笠ヶ岳分岐→悪沢岳→小笠→笠ヶ岳（往復） 計6時間

コースグレード	中級
技術度	★★★☆☆ 3
体力度	★★★☆☆ 3

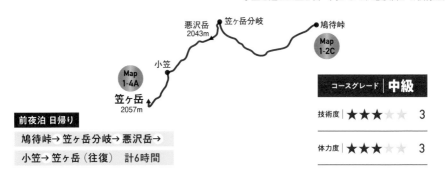

笠《かさ》ヶ岳《がたけ》は、悪沢岳《わるさわだけ》をはさんで、至仏山《しぶつさん》の南西に連なる。名のとおり菅笠を思わせる円錐形の山容が特徴で、一度、その姿を知ると、周囲の山から見つけやすいピークだ。すぐ北東には、約１００m標高の低い小笠《こがさ》が寄り添っている。

笠ヶ岳を水源として、東面には笠科川《かさしながわ》が流れ、山麓の戸倉《とくら》で片品川《かたしながわ》に合わさる。村名でもある片品とは一説に、笠科が語源とされ、笠ヶ岳は笠科山とも呼ばれた。

笠ヶ岳へは、鳩待峠《はとまちとうげ》から登るコースが一般的。稜線の笠ヶ岳分岐で至仏山へ向かう登山者を見送ると、以降は静かな山稜歩きと雄大な眺めを楽しめる。

日帰り 鳩待峠から小笠を経て笠ヶ岳を往復

鳩待峠の広場の西縁から登山道に入り、ブナやダケカンバの樹林帯をゆるやかに登っていく。ほどなく最初の道標を見送り、広葉樹のブナに変わって、針葉樹のオオシ

笠ヶ岳を正面に見ながら小笠の直下を横切る

尾瀬ヶ原を斜めに見下ろす原見岩

ラビソ林に入ると、傾斜が増してくる。

木の階段をいくつか登り、三角点付近で尾根の南側へ回り込むと、視界が大きく開ける。南西方向に武尊山《ほたかやま》の山塊を大きく望み、その前景に笠ヶ岳が見えてくる。

歩きやすい木道が続き、北側の視界が開けると、通称、原見岩《はらみいわ》（トカゲ岩）に出る。低い角度ながら尾瀬ヶ原を俯瞰できるビューポイントだ。

原見岩からさらに登り、オヤマ沢の源流を過ぎると、オヤマ沢田代が広がる。日光《にっこう》白根山《しらねさん》や皇海山《すかいさん》の眺めがよい山上湿原だ。

オヤマ沢田代の北端から針葉樹林に入ると、すぐに**笠ヶ岳分岐**に出る。地図によっては、この地点をオヤマ沢田代としている。

南へ折り返すようにして笠ヶ岳方面へ進み、ゆるくアップダウンすると、**悪沢岳**の山頂部に出る。はっきりとしたピークではなく、なだらかな頂稜といった地形だ。

もし悪沢岳付近で、ぬかるみがひどい場合、スパッツの装着など、泥はね対策をし

尾瀬周辺の名山を一望に収める笠ヶ岳頂上

ておこう。時期や天候にもよるが、この先はぬかるみが多く、足もとに気を使う。

悪沢岳を越えると、伸びやかなササの斜面が広がり、前方に笠ヶ岳と小笠が並んで姿を見せる。しばらく気持ちのよい稜線の下りが続く。

途中、高さ3mほどの小規模な岩場を下降し、樹林帯に入ると、ぬかるみの多い道となる。下りきった鞍部から、じわじわと登り返していき、明るい草原が開けると、**小笠**の直下に出る。

その先の鞍部へ下ると、笠ヶ岳はもう目前だが、東側の稜線は険しく直登できない。

笠ヶ岳頂上へは南面へ回り込み、この急斜面を登る

そこで南東斜面を横切っていく。この斜面は高山帯の植生で、夏は、ホソバヒナウスユキソウをはじめ、ジョウシュウアズマギクやイブキジャコウソウが咲く。

南面の湯ノ小屋方面への分岐まで来たら頂上側へ切り返し、ハイマツと岩礫の急斜面を登ると、**笠ヶ岳**の頂上に立つ。

展望はまさしく360度。尾瀬周辺の名峰をぐるりと見渡せる。とりわけ、燧ヶ岳《ひうちがたけ》、会津駒ヶ岳《あいづこまがたけ》、至仏山、平ヶ岳《ひらがたけ》が一群となって視野に収まる。すばらしい眺めだ。

笠ヶ岳からは、登ってきた道をそのまま戻り、**鳩待峠**へと下山する。

プランニング&アドバイス

至仏山に比べると、登山道の整備は最小限で、ぬかるみや倒木が目立つ。そのため距離と所要時間のわりに体力を使うコースだ。ぬかるみ対策として、できれば防水性の高いトレッキングシューズを履き、スパッツ（ゲイター）を用意したい。戸倉周辺や鳩待峠で前夜泊し、早朝から歩きはじめれば、日帰りで笠ヶ岳と至仏山の2座を往復する計画も立てられるが、相応の体力が求められる。

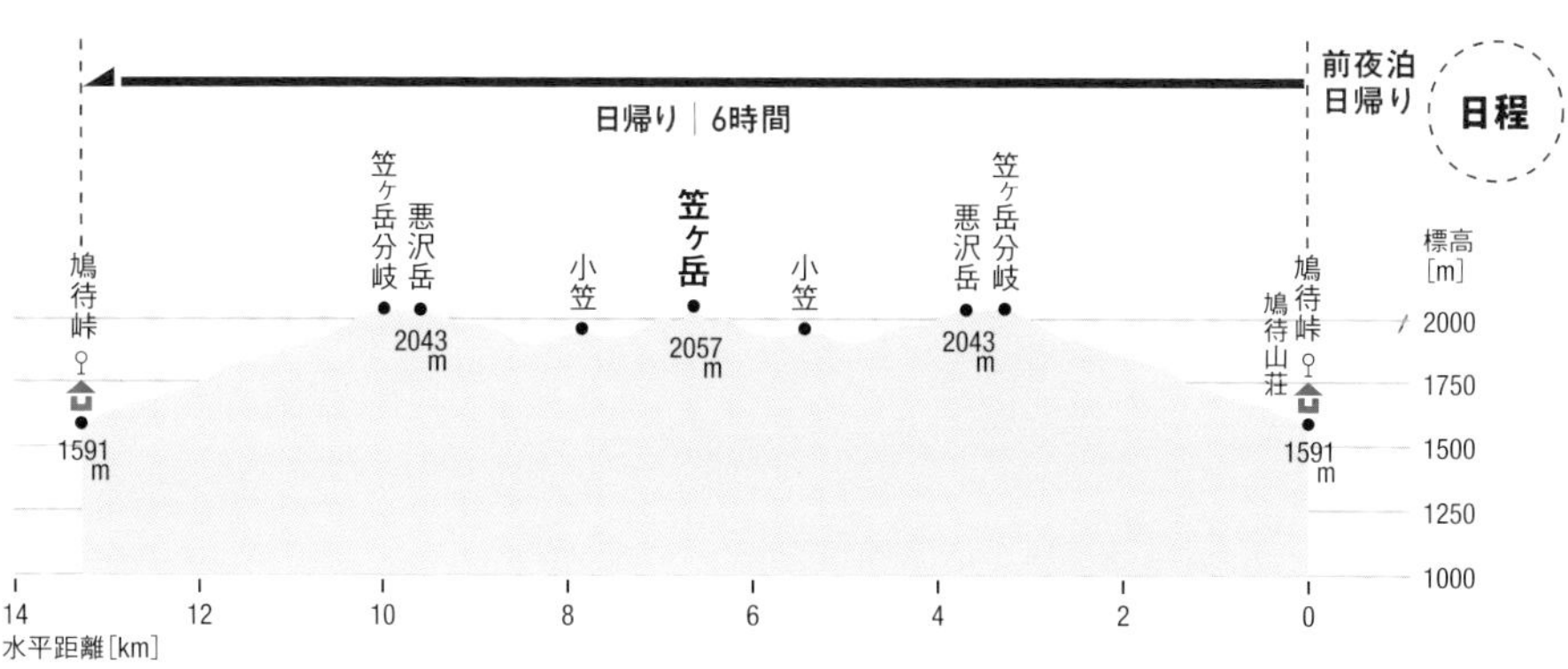

燧ヶ岳 御池登山道 見晴新道

1泊2日

御池登山道のハイライト、熊沢田代と燧ヶ岳

1日目

尾瀬御池→熊沢田代→俎嵓→
燧ヶ岳（柴安嵓）→見晴新道分岐→見晴　計5時間35分

2日目

見晴→竜宮十字路→
牛首分岐→山ノ鼻→鳩待峠　計3時間10分

コースグレード	中級
技術度	★★★☆☆ 3
体力度	★★★★☆ 4

尾瀬のシンボルにして東北の最高峰

尾瀬ヶ原の北東にそびえる燧ヶ岳《ひうちがたけ》は、至仏山《しぶつさん》とともに尾瀬のシンボルにして、福島県以北の東北地方の最高峰を誇る。尾瀬では最も新しいと考えられている火山峰だ。その山頂部は、標高2356mの柴安嵓《しばやすぐら》を最高点として、大小5つの峰からなる。柴安嵓の東隣には、三角点と小祠を置く俎嵓《まないたぐら》が連なり、どちらを主峰と決めがたい双璧をなしている。

柴安嵓、俎嵓の南側にはミノブチ岳と赤《あか》ナグレ岳が並び、これら4峰に囲まれて中央火口丘の御池岳《みいけだけ》が位置する。

燧ヶ岳を美しく望めるビューポイントは、尾瀬沼南岸と尾瀬ヶ原の中田代《なかたしろ》である。尾瀬沼南岸からは、右に俎嵓が堂々とそびえ、左の御池岳の奥に柴安嵓が頂をのぞかせる。尾瀬ヶ原からは、左に柴安嵓が高くそびえ、その右肩に俎嵓が寄り添う。

山名は「火打ちばさみ」に見える雪形に由来し、残雪期の北面に現れる。また柴安嵓、俎嵓の「嵓」は、岩を意味する方言で、岩峰や岩壁の名につけられる。

熊沢田代の上部は涸れ沢を登る、進路に注意

尾瀬御池から登って最初に開ける広沢田代

1日目

尾瀬御池から熊沢田代を経て燧ヶ岳へ登り見晴新道を下る

燧ヶ岳への登山道は、現在4つ。本稿では御池《みいけ》登山道を登り、見晴《みはらし》新道を下るコースを紹介しよう。

御池登山道は、北麓の尾瀬御池《おぜみいけ》から俎嵓に達する登山道で、中腹に開けた広沢田代《ひろさわたしろ》と熊沢田代《くまざわたしろ》がコースを特徴づけている。尾瀬御池から直接登りはじめるので、アプローチが最も短いコースだ。御池口、御池新道とも呼ばれる。

見晴新道は、尾瀬ヶ原東端の見晴から燧ヶ岳西面の樹林帯を登り、柴安嵓に達する。尾瀬ヶ原側からはもうひとつ、温泉小屋を築いた星段吉《ほしだんきち》氏が開拓した温泉小屋道があったが、現在は閉鎖され、見晴新道に集約されている。

燧裏《ひうちうら》林道と同じく**尾瀬御池**の駐車場の西端から登山道へ入る。少し下って、広い木道を歩きはじめると、すぐに分岐がある。

御池登山道の標高2100m付近から熊沢田代と会津駒ヶ岳を望む

直進する燧裏林道を見送り、真南に折れて、燧ヶ岳の山裾に取り付く。

まずは木道中心の緩斜面を登っていくが、木道のないところでは、ぬかるみが目立つ。じきに傾斜が強まると、湿って滑りやすい岩が積み重なり、足もとに気を使う。

燧ヶ岳の登山道は、木道と自然地形とで、様子がかなり違う。しばらくは、一歩一歩、地面の感触をつかみながら登っていこう。

また、ナデッ窪《くぼ》を除き、燧ヶ岳の登山道には、随所に合目を示すプレートが設置され、目印になっている。

傾斜がゆるみ、思いがけず開ける湿原が**広沢田代**《ひろさわたしろ》である。標高１７７０ｍ前後に開けた湿原で、南北に奥行きがあり、中央部に池塘が集まっている。

広沢田代の南端から樹林に入って、再び岩の多い道を急登し、後方に会津駒ヶ岳《あいづこまがたけ》が望めるようになると、丘のような地形に出る。段々状の木道を歩いて、ヒノキ科のクロベやゴヨウマツの茂みを抜けると、伸びやかな熊沢田代の湿原と、めざす燧ヶ岳の山頂が目前に現れる。御池登山道のハイライトといえる美しい風景だ。夏はキンコウカやイワカガミなどの可憐な花が咲き、秋は草もみじで黄金色に染まる。

大きな池塘が２つ並ぶ湿原の中央まで来ると、**熊沢田代**の道標と板敷きの休憩スペースがある。

間近となった燧ヶ岳を見上げると、斜面には小さな谷が何列も刻まれている。熊沢田代の湿原の最上部まで登ったら、低木の斜面を急登し、この谷を数本、横切りながら登っていく。さらに標高２１２０ｍ付近からは、岩のペンキ印に導かれて、ひとつの谷に入り、まっすぐ登り詰めていく。谷は涸れ沢状で、石がゴロゴロとしているので、転倒や落石に注意しよう。盛夏まで雪渓が残ることもある。

標高２２２０ｍ付近で谷からそれると、登山道の概念図を示した看板がある。その先、赤土の斜面を横切ると、もうひとつ看

近年付け替えられた見晴新道の中間部

祠がある俎嵓の頂上、すぐ前方に柴安嵓

板がある。登山道がクランク状に屈曲する区間で、とくに御池登山道を下るときは、進路を誤らないよう要注意の場所である。

2つの看板を過ぎ、ハイマツやシャクナゲの急斜面を登りきると、岩石帯に出て、**俎嵓**の頂上に立つ。標高2346・2mの三角点のある頂上では、1889（明治22）年に平野《ひらの》長蔵《ちょうぞう》氏が祭祀したという石の祠がかろうじて風化に耐えている。

柴安嵓へは、南下するナデッ窪と長英《ちょうえい》新道へ進まないよう方向を確かめ、西側の鞍部へ急下降する。鞍部からハイマツと岩塊の斜面を急登すれば、燧ヶ岳の最高点、**柴安嵓**の広々とした頂上に出る。

独立した山容だけに、展望は雄大だ。とくに俎嵓からは尾瀬沼、柴安嵓からは尾瀬ヶ原を広く見下ろし、どちらの頂上からも至仏山や会津駒ヶ岳、平ヶ岳《ひらがたけ》など尾瀬周辺の山々を眺望できる。

柴安嵓からは見晴新道を下る。最上部は、南南西へ張りだした尾根を急下降する。尾

燧ヶ岳の最高点、柴安嵓から尾瀬ヶ原と至仏山を一望

瀬ヶ原が眼下に広がり、空中遊覧をしているような爽快な眺めだ。

足もとに岩礫が目立ってくると、旧温泉小屋道の分岐に出る。展望はここまで、逆に見晴新道を登ってくると、劇的に視界が開ける地点だ。

分岐を過ぎたら前方の赤ナグレ岳との間の谷へ入り、岩のゴロゴロとした谷筋を下っていく。ほどなく道標にしたがって谷筋を少し離れ、オオシラビソの原生林に包まれた山腹を下っていく。

以前の見晴新道は、谷筋に続いていたが、通行禁止期間を経て、近年、やや南側の斜面に付け替えられている。登山道は年々安定してきているが、木の根や岩による凹凸が多く、湿気で滑りやすい部分もある。

しばらく下降を続け、焦げ茶色の粗い樹皮をしたコメツガの高木が見られるようになると、標高約1800mを割り込み、傾斜がゆるんでくる。

さらに標高約1580mまで下れば、よく踏まれた従来の見晴新道に下り立つ。ブナ林のなだらかな山裾を下り、**見晴新道分岐**から木道を南西へたどると、6軒の山小屋が立ち並ぶ**見晴**に着く。

2日目　見晴から尾瀬ヶ原を歩き鳩待峠に向かう

柴安嵓から見下ろした尾瀬ヶ原を**山ノ鼻**《やまのはな》へと歩き、**鳩待峠**《はとまちとうげ》に向かう（P12参照）。体力に不安がなければ、見晴を早朝に発ち、山ノ鼻から至仏山に登って、鳩待峠へ下山する行程も計画できる。

プランニング&アドバイス

御池登山道の最上部の谷筋には、例年6月中旬〜下旬ころまで、遅い年では7月上旬まで雪渓が残ることがある。滑落と進路に注意が必要だ。また柴安嵓の東側直下にも、かなり傾斜の強い雪渓が残ることがある。この雪渓を迂回できない場合、登下降にはアイゼン、ピッケルなどの雪山装備と技術が必要となる。雪渓の通過に不安があれば、おおむね7月中旬以降の盛夏から秋にかけて計画しよう。

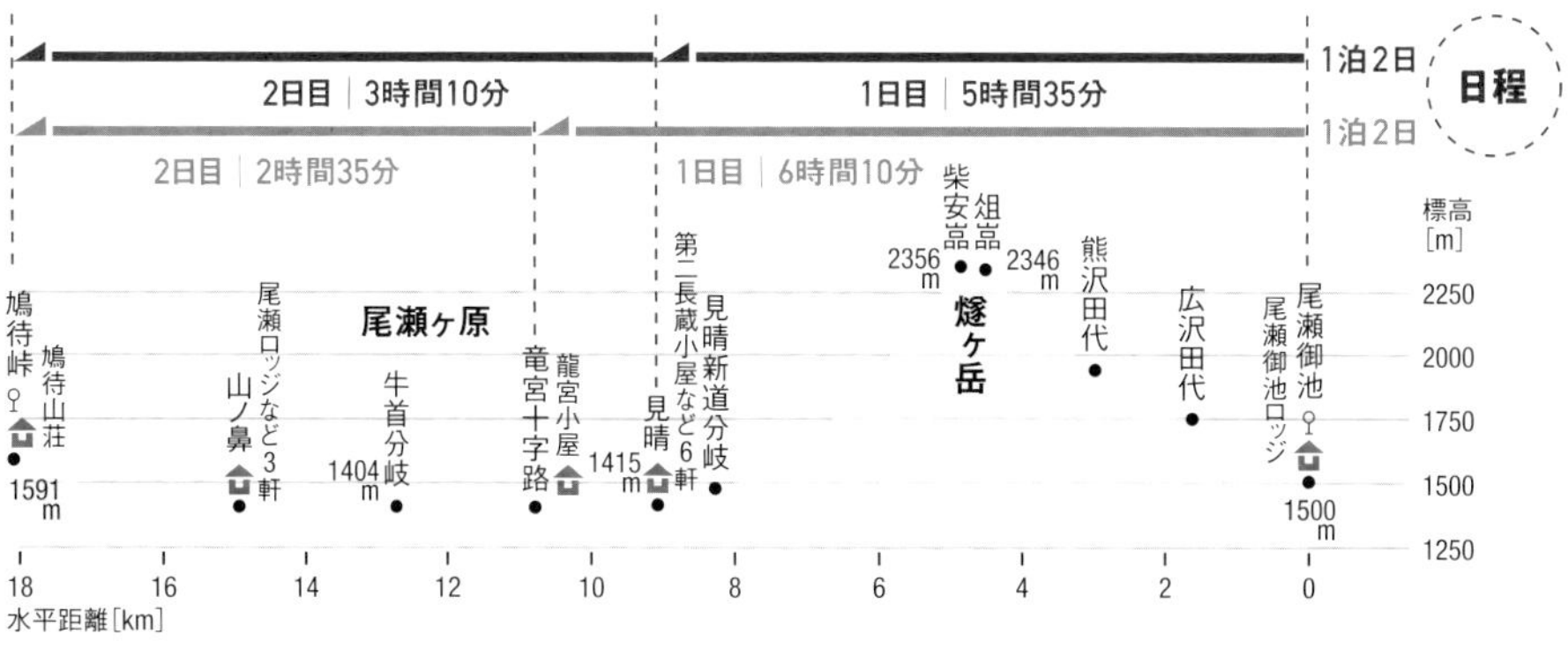

1泊2日

燧ヶ岳

ナデッ窪
長英新道

尾瀬沼から開拓の道を登る

俎嵓直下から間近に見る柴安嵓、左奥に尾瀬ヶ原と至仏山

1日目

大清水→一ノ瀬→三平峠→三平下→
沼尻平→俎嵓→燧ヶ岳（柴安嵓）→俎嵓→
浅湖湿原→尾瀬沼ビジターセンター　計8時間35分

2日目

尾瀬沼ビジターセンター→三平下→
三平峠→一ノ瀬→大清水　計2時間35分

コースグレード	中級
技術度	★★★☆☆ 3
体力度	★★★★☆ 4

燧《ひうち》ヶ岳《がたけ》をめざす登山道のうち、尾瀬沼からは、ナデッ窪《くぼ》と長英《ちょうえい》新道の２つの登山道がある。

ナデッ窪は、尾瀬沼北西岸の沼尻平《ぬしりだいら》からまっすぐ突き上げる谷地形で、雪崩ッ窪とも書く。この谷に道をひらいたのは、長蔵《ちょうぞう》小屋を築いた平野長蔵《ひらのちょうぞう》氏で、燧ヶ岳で最初の登山道とされる。ひたすら急登が続くが、尾瀬沼から最短で燧ヶ岳に達することができる登山道だ。

ただし、滑りやすい岩が多く、安全な歩行を考えると、下りには向かない。また、例年6月下旬ごろまで、年によっては7月に入ってからも雪渓が残る。雪崩と滑落の危険を避けるため、雪渓が消える盛夏から秋にかけてがナデッ窪の登山適期となる。

長英新道は、長蔵小屋を継いだ二代目・平野長英《ひらのちょうえい》氏がひらいた。尾瀬沼北岸の浅湖《あざみ》湿原《しつげん》から針葉樹林帯を登り、ミノブチ岳を経て、俎嵓《まないたぐら》に登り着く。

ナデッ窪と長英新道、尾瀬に尽くした親子二代にわたる開拓である。

尾瀬沼を背に急峻なナデッ窪を登る

休憩所の立つ沼尻平と燧ヶ岳（左上）

1日目
大清水から沼尻平を経て燧ヶ岳へ登り長英新道を下る

大清水《おおしみず》から**一ノ瀬**《いちのせ》へ向かい、**三平峠**《さんぺいとうげ》を越えて尾瀬沼へと歩く（P28参照）。**三平下**《さんぺいした》に下り立ったら、尾瀬沼を時計回りに進もう（P18参照）。

静かな小沼湿原《こぬましつげん》を通り、尾瀬沼北西岸の**沼尻平**に出ると、燧ヶ岳に向かって直線的に木道が延びている。木道の先からせり上がるナデッ窪は、見るからに急傾斜だ。

約8千年前、燧ヶ岳の南斜面で馬蹄形の大規模な山崩れが起き、その崩壊部分の縁がナデッ窪であるという。

盛夏にミズギクやサワギキョウが咲く沼尻平の湿原を北へ進み、山際の針葉樹林に入ると、ナデッ窪の登りがはじまる。

序盤は、さほど急ではないが、ところどころで岩や木の根が段差をつくっている。樹林がダケカンバやミヤマハンノキなどカバノキ科の広葉樹に移り変わると、いよい

尾瀬沼南岸の三平下付近から望む燧ヶ岳

よ傾斜が強まる。

道は岩のゴロゴロとした涸れ沢状で、水流はないが湿った岩が多く、滑りやすい。とくにコケにおおわれた岩は要注意だ。足場をよく選び、ゆっくり登っていこう。

左前方にササの斜面が広がると、少し視界が開けてくる。このあたりが森林限界で、これより上は、背丈ほどの低木とササが山腹をおおっている。振り返ると、眼下に尾瀬沼の水面が広がる。沼尻平の木道や休憩所が箱庭のようだ。

なおも急登を続けると、右頭上に燧ヶ岳の山頂部の一角、ミノブチ岳がせまってくる。このミノブチ岳とほぼ同じ高さまで登り詰めると、ナデッ窪分岐で長英新道を合わせる。分岐の道標には「長英新道8合目」のプレートがつけられている。

付近では、アザミやアキノキリンソウ、ヤマハハコ、オヤマリンドウなどが群生し、盛夏から初秋にかけて花盛りとなる。ただ、アザミは葉にトゲがある。素肌を隠せるようにしておこう。

ナデッ窪分岐からは、目前にそびえる俎嵓をめざす。ハイマツとシャクナゲにおおわれた急な尾根に取り付き、直下の岩石帯を登りきれば、三角点と石の祠が置かれた**俎嵓**の頂上に立つ。

呼吸が落ち着いたら、燧ヶ岳の最高点、**柴安嵓**を往復しよう。どちらの頂上からも尾瀬と周辺の山々の大展望を満喫できる。

下山は、長英新道を利用する。**俎嵓**に戻り、ナデッ窪分岐へ下ったら、道標を確かめ南東へ。ハイマツの間の道を進んで、ぽっかりと赤土の平坦地が開けたところがミノブチ岳の頂上だ。尾瀬沼の眺めがよく、急登してきたナデッ窪を見下ろせる。

長英新道は、ここで東へ直角に折れ、まず木製の階段を下る。アザミやマルバダケブキの見られる尾根を下ると、バイケイソウが群生する湿地に出る。

この間、北側の斜面には、枝をくねらせたダケカンバが目立つ。主に冬の強い偏西

花の多いナデッ窪分岐付近、前方は俎嵓

尾瀬沼を見下ろす俎嵓頂上

風と豪雪によるもので、気候のきびしさを物語っている。

湿地を過ぎると、標高差にして150mほど急下降が続く。登山道沿いは深いササで、視界がさえぎられるが、急坂の途中、尾瀬沼を望める休憩適地がある。長英新道を登ってくると、ここでようやく視界が開け、標高を実感する場所だ。

オオシラビソ林に入ると、傾斜がゆるみ、なだらかな下り坂が続く。道はおおむね歩きやすいが、地面が浸食され、滑りやすくなっているところもある。

長英新道は、登りにも下りにも向く歩きやすい道ながら、樹林帯の緩斜面が意外と長い。適度に休憩を取りながら、無理のないペースで下っていこう。

オオシラビソやコメツガの森が深まり、道がほぼ平坦になると、**浅湖湿原**の東縁に下り立ち、尾瀬沼北岸線の木道に合わさる。南東へ進んで、大江湿原を横切ると、**尾瀬沼ビジターセンター**に着く。

2日目

尾瀬沼ビジターセンターから三平峠を経て大清水へ下山

尾瀬沼南岸の**三平下**へ向かい、**三平峠**を越えて、**大清水**へと下山する。

帰りの時間に余裕があれば、小淵沢《こぶちさわ》田代《たしろ》（P24参照）へ足を延ばし、静かな山上湿原を堪能してから三平下へ向かうコースも計画できる。

また一ノ瀬《いちのせ》から大清水の区間、沼田《ぬまた》街道の旧道をたどることもできる。やや遠回りとなるが、登りよりは、下りで利用しやすい道である。

プランニング&アドバイス

急峻な地形のナデッ窪は、残雪の有無を確認してから登りたいコースである。三平下付近から燧ヶ岳を望み、ナデッ窪に残雪が見られる場合、長英新道の往復に行程を変更するといった判断も必要だ。長英新道なら登り下りとも歩きやすい。本稿では大清水を起点としたが、一ノ瀬までは、例年6月中旬〜10月中旬運行のシャトルバスを利用できる。もちろん尾瀬沼山峠を起点にも計画できる。

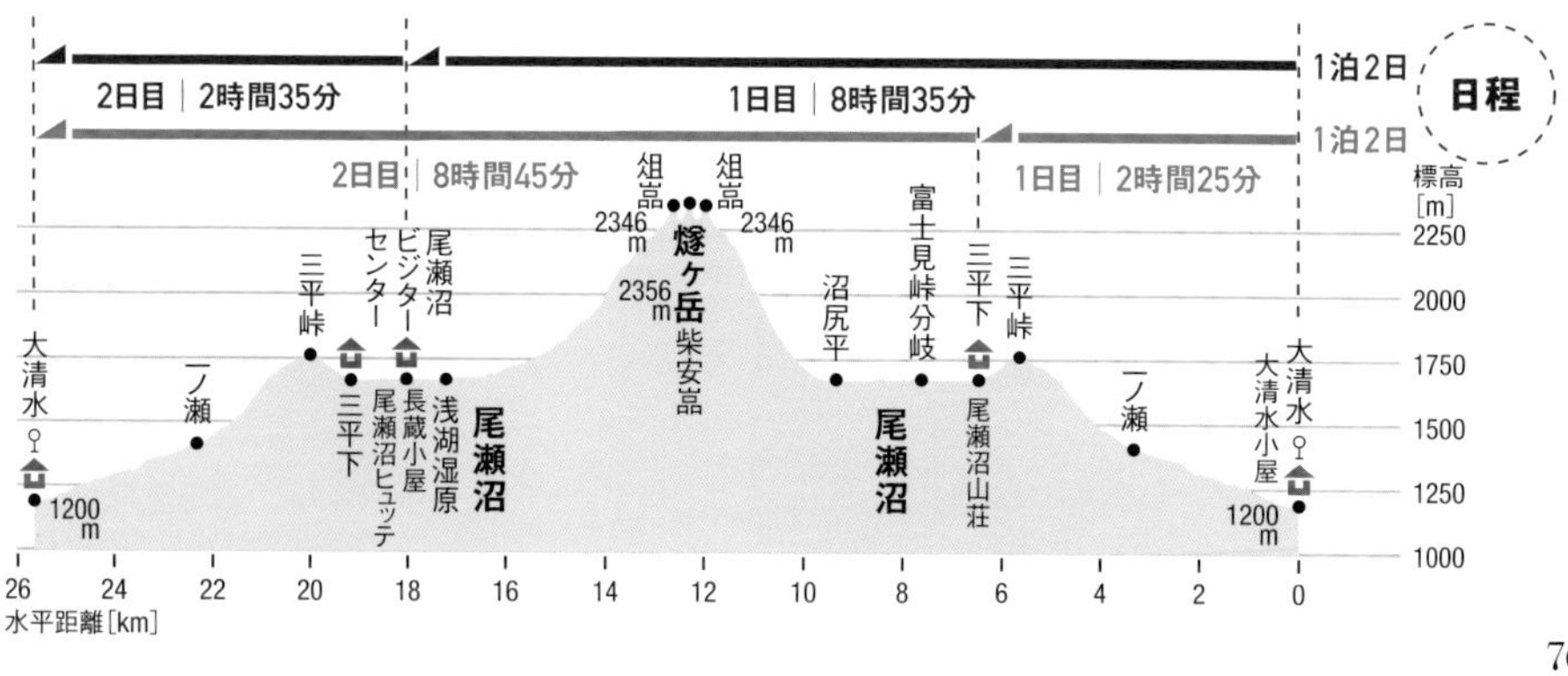

コラム3

テント泊で歩く尾瀬

尾瀬ヶ原・尾瀬沼周辺には、山ノ鼻《やまのはな》、見《み》晴《はらし》、尾瀬沼東岸の3カ所にキャンプ場（キャンプ指定地）があり、テント泊で尾瀬を楽しむ登山者も多い。

幻想的な朝焼けや夕焼け、星降る澄んだ夜空など、昼間とは違った美しい光景に出会えることが、尾瀬に泊まる醍醐味。山小屋泊と同様、テント泊でも1日を通じた尾瀬を体験できる。

3カ所のキャンプ場もそれぞれ好立地。尾瀬ヶ原と尾瀬沼周辺の散策をはじめ、燧《ひうち》ヶ岳《がたけ》や至仏山《しぶつさん》へ登るベースキャンプにもなる。キャンプ場にテントを張ったら、そこから日帰りで、目的のピークをめざすスタイルだ。荷の多くなるテント泊でも、ベースキャンプからは必要な装備だけで軽快に行動できる。

至仏山へのベースとなる山ノ鼻キャンプ場

尾瀬で最も広い見晴キャンプ場

完全予約制の尾瀬沼キャンプ場

■山ノ鼻キャンプ場

尾瀬ヶ原の山ノ鼻にあり、尾瀬ヶ原散策をはじめ、至仏山へ登る絶好のベースキャンプとなる。尾瀬山の鼻ビジターセンター前の林間の平坦地がテントサイトで、収容は50張。事前の予約は必要ないが、先着順の受付となっている。場内に自炊場と水場、ビジターセンターの裏手に公衆トイレがある。利用料800円（1人1日あたり）、至仏山荘（P135参照）で受付。

■見晴キャンプ場

見晴の南東側の一角、木立に囲まれたキャンプ場。燧ヶ岳へのベースキャンプとなるほか、尾瀬ヶ原と尾瀬沼を結ぶ縦走の拠点にもできる。尾瀬で最も広く、100張を収容、先着順の受付となっている。自炊場・水場を併設した見晴休憩所と公衆トイレが隣接。利用料800円（1人1日あたり）、燧小屋（P137参照）で受付。

■尾瀬沼キャンプ場

尾瀬沼東岸のやや奥まった位置にある林間のキャンプ場。尾瀬沼周辺の散策や燧ヶ岳へのベースキャンプとなる。小淵沢田代《こぶちざわたしろ》への登山道沿いにウッドデッキのテントサイトが設けられ、完全予約制で28張収容。尾瀬沼ビジターセンター近くに公衆トイレがあり、水場を併設。利用料800円（1人1日あたり）、尾瀬沼ヒュッテ（P138参照）で予約・受付。

池塘きらめく
山上の湿原を育む
麗しき山々

尾瀬
周辺の山

ゆったりとした会津駒ヶ岳と空を映した駒大池。ほとりの湿原では夏に可憐な高山植物の花々が咲く

「山上の庭園」とも賛嘆される美しい湿原が続く中門岳付近

1泊2日

会津駒ヶ岳

登山者を魅了する「山上の庭園」を抱く郷土の名山

コースグレード	中級
技術度	★★☆☆☆ 2
体力度	★★★☆☆ 3

1日目	駒ヶ岳登山口→駒ノ小屋　計3時間45分
2日目	駒ノ小屋→会津駒ヶ岳→中門岳→駒ノ小屋→駒ヶ岳登山口　計5時間15分

尾瀬国立公園に属する会津駒ヶ岳《あいづこまがたけ》は、福島県南会津郡檜枝岐村《ひのえまたむら》に位置する標高2133mの山。「日本百名山」のひとつであるとともに、檜枝岐の人々が誇りとしてきた郷土の名山である。

山稜上には、池塘の点在する湿原が広がり、その美しい景観は「山上の庭園」とも賛嘆され、訪れる登山者を魅了している。

とりわけ会津駒ヶ岳から北の中門岳《ちゅうもんだけ》へと連なる山稜は、花と展望に恵まれた快適なプロムナード。上越国境や南会津の山々を見晴らしながら、夏はハクサンコザクラやチングルマなど可憐な高山植物、秋は黄金色に輝く草もみじの風景を満喫できる。

山名は、残雪期に現れる駒（馬）の雪形に由来するとされ、江戸時代に編纂された『新編会津風土記《しんぺんあいづふどき》』にも、その記述がある。

会津駒ヶ岳へは、檜枝岐村の中心街の入口、駒ヶ岳登山口（滝沢《たきざわ》登山口）からのコースが最も歩かれている。行程は駒ノ小屋（素泊まり）を利用した1泊2日か、檜枝岐の宿で前夜泊し、日帰りで往復する。

空を映した駒大池と駒ノ小屋

ブナ林に包まれた尾根を登る

1日目

駒ヶ岳登山口から駒大池のほとりに立つ駒ノ小屋へ

国道352号沿いの**駒ヶ岳登山口**バス停に降り立ったら、檜枝岐川支流の滝沢に沿って西へ上がっていく舗装の林道へ進む。すぐに公衆トイレを見送って、2つ目の橋を渡ると、近道の道標がある。近道を利用して林道の上部に出ると、ほどなく**登山道入口**に着く。マイカーの場合、ゲート前の駐車スペースまでアプローチできる。

登山道入口に設けられた40段の木製階段を上がって、尾根に取り付き、小さくジグザグを刻みながら登っていく。体が慣れるまでは、ややきつい急坂だ。

国有林の看板が立つ休憩適地を過ぎると、登山道沿いに灰白色の幹をした樹木が目立ってくる。豊かな森の象徴ともいえる落葉広葉樹のブナである。尾瀬周辺では、標高約1300～1700mの山地帯で見られる代表的な植生だ。

会津駒ヶ岳から尾瀬のシンボル燧ヶ岳と至仏山を展望

初夏の新緑、秋の黄葉が美しいブナ林に包まれた尾根を着々と登り、山頂までの距離が表示された道標をいくつか見送ると、**水場入口**に着く。平坦な広場にベンチが並び、絶好の休憩地となっている。水場へは往復7～8分、西側の沢の源流で冷たい湧水を得られる。

水場入口からは、ブナに変わって針葉樹のオオシラビソにおおわれた尾根を登っていく。亜高山帯の植生である。途中、ところどころで視界が開け、会津駒ヶ岳から東へ延びる稜線や燧《ひうち》ヶ《が》岳《たけ》を望める。

オオシラビソの樹高が低まると、稜線から続く傾斜湿原の南端に出る。同時に視界が一気に開け、めざす会津駒ヶ岳が大きく姿を現わす。馬の背を連想させる、ゆったりとした山容だ。

湿原に敷かれた木道を快適に登っていくと、大きな池塘のほとりに出て、**駒ノ小屋**に着く。この池塘は、駒大池や駒ノ池の名で知られ、会津駒ヶ岳を映す風景がことのほか美しい。池ノ平とも呼ばれる周辺の湿原では、夏にチングルマやハクサンコザクラ、キンコウカが咲き競う。

2日目 駒ノ小屋から会津駒ヶ岳へ登り中門岳を往復して下山

目前となった会津駒ヶ岳へは、木道を北へたどり、頂上西側を巻く側道へ進む。側道の途中の分岐を頂上側へ折れ、木段を急登して、ササとシャクナゲの茂みを抜けると、**会津駒ヶ岳**の頂上に立つ。

別天地の趣がある中門池

とくに南側の眺望がよく、まず視界に飛び込んでくるのは、大きく裾を広げた燧ヶ岳だ。山頂部は、柴安嵓《しばやすぐら》と俎嵓《まないたぐら》が際立ち、双耳峰《そうじほう》の山容を見せる。

さらに平ヶ岳《ひらがたけ》や至仏山《しぶつさん》、武尊山《ほたかやま》、日光白《にっこうしら》根山《ねさん》、男体山《なんたいさん》、田代山《たしろやま》など、尾瀬と日光周辺の名峰を見晴らし、快晴時には富士山まで遠望できる。

会津駒ヶ岳からは、さらに北の中門岳へ足を延ばそう。北西へ下って側道と合流したら、伸びやかな山稜に続く木道を歩く。これまで隠れていた北側の展望も開け、越《えち》後駒ヶ岳《ごこまがたけ》や守門岳《すもんだけ》、浅草岳《あさくさだけ》など、越後と会津の奥深い山並みが広がる。

木道沿いの湿原では、夏にハクサンコザクラやイワイチョウ、キンコウカ、イワショウブなどが咲き競う。

やがて、豊かに水をたたえた中門池のほとりに出る。山上湿原と空を映す池塘が織りなす風景は、別天地の趣だ。木道は、この先の小高い丘を一周して終点となる。はっきりとしたピークではないが、この一帯が**中門岳**である。

中門岳からは、歩いてきた木道を引き返す。会津駒ヶ岳の西側直下を巻いて**駒ノ小屋**に戻ったら、往路を下山する。

名残惜しい風景が続く中門岳付近の道

プランニング&アドバイス

美しい風景を堪能するには、会津駒ヶ岳の往復にとどまらず、時間に余裕のある行程を組み、ぜひ中門岳へと足を延ばそう。駒ノ小屋は素泊まりの山小屋で、食料と自炊具を持参して利用するが、インスタント食品などの購入もできる。また宿泊にあたっては事前に予約が必要。前夜泊の場合、檜枝岐の民宿・旅館が便利。宿が立ち並ぶ檜枝岐の中心街から駒ヶ岳登山口へは、徒歩5〜10分の距離。

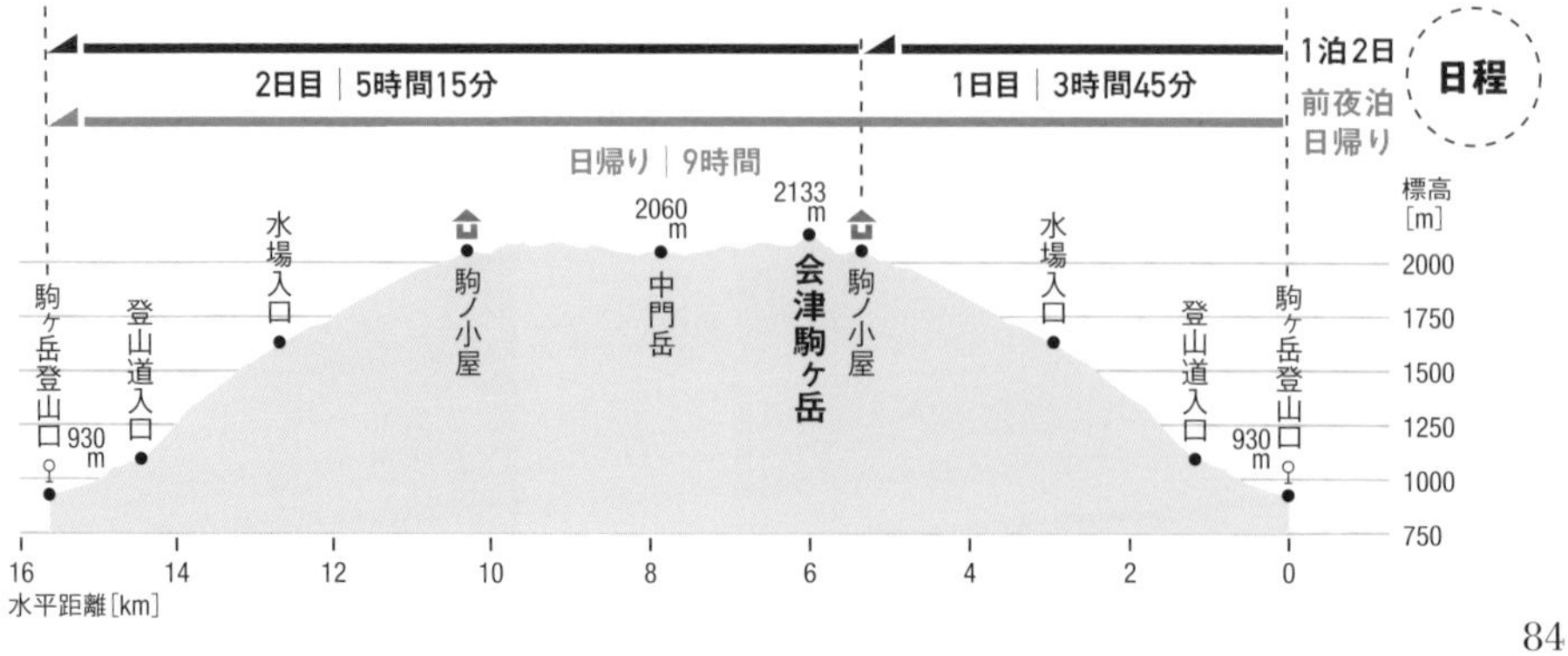

サブコース

会津駒ヶ岳から大杉岳を経て尾瀬御池へ

会津駒ヶ岳↓駒ノ小屋↓大津岐峠↓大杉岳↓尾瀬御池 5時間40分

Map 10-2B 会津駒ヶ岳

Map 9-4D 尾瀬御池

コースグレード	中級
技術度	★★★ 3
体力度	★★★ 3

会津駒《あいづこま》ヶ岳《がたけ》へは、燧《ひうち》ヶ岳《がたけ》の御池《みいけ》登山道の起点である尾瀬御池《おぜみいけ》からも登山道がひらかれている。会津駒ヶ岳から南南西に延びる長大な山稜をたどるコースだ。これを下山時のサブコースとして紹介しよう。

会津駒ヶ岳から大津岐峠《おおつまたとうげ》までを富士見《ふじみ》林道、大津岐峠から大杉岳《おおすぎだけ》を経て尾瀬御池までを大杉林道という。古くにはオシノ林道と呼ぶ区間もあったようだ。林道の名はあるが、いずれも登山道である。

山稜上には明るい湿原が点在し、長い道のりのアクセントとなっている。たえず正面にある燧ヶ岳は、姿を現わすたび、高くそびえ、間近にせまってくる。

尾瀬御池を宿泊地とすれば、会津駒ヶ岳と燧ヶ岳を結ぶ縦走登山も可能だ。

会津駒ヶ岳から**駒ノ小屋**へ下ったら、小屋の玄関横にある「キリンテ・御池」の道標を確認しよう。やや急下降して、低木やササの茂みを抜けると、前方に視界の開けた山稜が延びる。

すぐ前に見えていた小ピークに差しかかると、尾根の両側が切り立ってくる。難所ではないが、意外と険しい地形だ。

数段のハシゴが設けられた岩稜を通過し、小ピークを越えると、気持ちのよい草原の山稜が続く。富士見林道の名のとおり、空気が澄むと、南に富士山を遠望できる。花

両側が急斜面となった岩稜を通過する

視界が開け、気持ちのよい山稜が続く富士見林道

会津と越後を結んだ古い峠路のひとつ、大津岐峠

も多く、夏にはハクサンフウロやオヤマリンドウ、アキノキリンソウ、ツリガネニンジンなどが緑の山稜を彩る。

小さくアップダウンしながら山稜を進み、池塘のある湿原や針葉樹林を抜けると、**大津岐峠**に着く。峠には、人の背丈の2、3倍もありそうな角材の道標が立っている。冬の豪雪と強風に耐えるには、これだけ高く、頑丈な道標が必要となるわけだ。

峠の多くは、地形的に低くなった鞍部を越えているが、大津岐峠は小高いピークを越えている。峠のすぐ西側には、大津岐山とも呼ばれる標高1944・9mの三角点を置くピークがある。ただし、現在の登山道は、直下を巻いている。

尾瀬御池へはまだ長丁場だ。もし時間や天候、体調に不安があれば、大津岐峠からキリンテに下山することもできる（P88参照）。古い峠路で、歩きやすい道だ。

とくに不安がなければ、尾瀬御池へ向かって、さらに山稜を進んでいこう。緩急のある山稜を下っていくと、前方に送電線の鉄塔と建造物が見えてくる。

いったん下りきった鞍部付近は、ササが深く、見通しがあまりよくないが、前方の鉄塔が格好のランドマークだ。

小湿原を通り、鞍部から針葉樹林の斜面を着々と登り返していくと、巡視道に合わさり、見えていた鉄塔の下に出る。すぐ先

目印となる巡視小屋と送電線鉄塔

コース最後となる湿原から会津駒ヶ岳を望む

に床下の高い**巡視小屋**（一般使用不可）が立っている。

尾瀬御池へは、送電線の鉄塔と巡視小屋を進行方向のすぐ左手（東側）に見て、起伏のほとんどない山稜上を南へ進む。北西および南東に下っていく踏み跡は、登山道とは異なる巡視道である。

平坦に近い道が下り坂に変わると、針葉樹林に包まれた大杉岳が近づいてくる。しかし、ここからが長く感じるところだ。

ほどなく鞍部に下り立って、視界のきかない樹林帯をじわじわと登っていく。

大杉岳かと間違えそうな小ピークをひとつ越えると、長さ50mくらいの湿原が開ける。コース最後の湿原だ。

後方の会津駒ヶ岳を見納め、湿原から樹林帯に入ると、**大杉岳**の頂上に出る。展望はきかないが、平坦な頂上で休憩に向く。

大杉岳からは、背の高いオオシラビソやコメツガにおおわれた斜面を下っていく。傾斜が強まるあたりで、正面の視界が開け、燧ヶ岳が間近にそびえ立つ。

中腹からブナ林に入り、直線的な道が続くと、国道352号沿いの会津駒ヶ岳御池登山口に下り立つ。国道を東へたどれば、ほどなく**尾瀬御池**に到着する。

大杉岳からの下り、燧ヶ岳が間近にせまる

プランニング&アドバイス

樹林帯の残雪がほぼ消える7月中旬以降の盛夏から、秋にかけてが歩きやすい。行程は1泊2日が一般的で、1日目に駒ノ小屋（素泊まり）に泊まり、2日目に尾瀬御池まで歩く。檜枝岐の宿を利用した前夜泊日帰りでも無理ではないが、長時間行動となるため、相当な健脚者向きとなる。

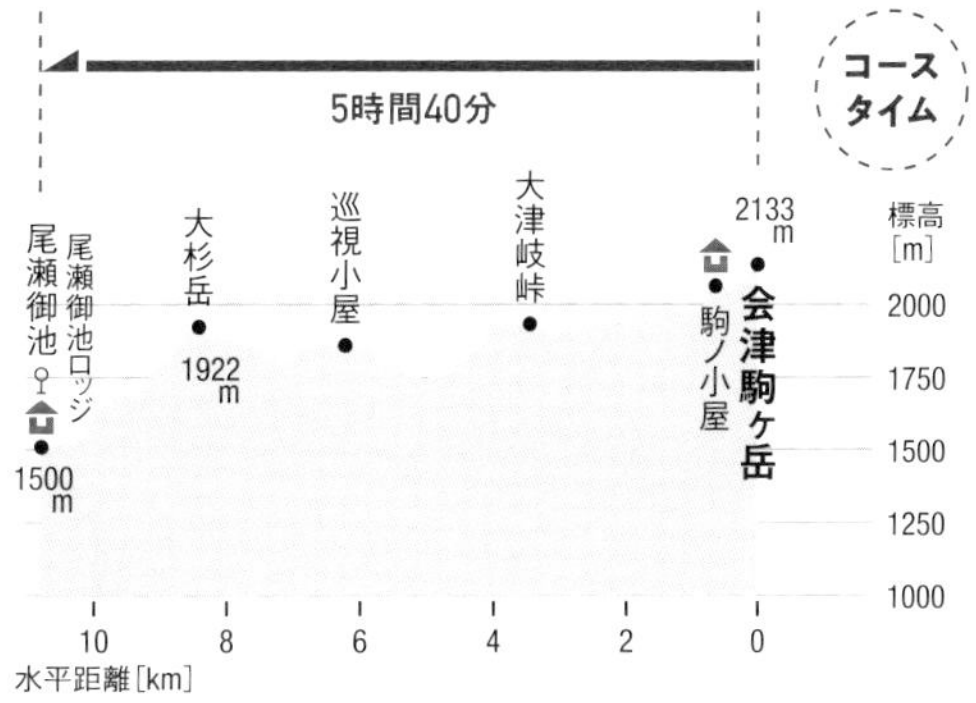

サブコース

会津駒ヶ岳から キリンテへ

会津駒ヶ岳↓駒ノ小屋↓大津岐峠↓キリンテ　4時間10分

会津駒ヶ岳《あいづこまがたけ》からは大津岐峠《おおつまたとうげ》を経てキリンテへ下山することもできる。かつて会津と越後《えちご》を結んだ峠路のひとつで、登り下りとも歩きやすいコースだ。

会津駒ヶ岳から富士見《ふじみ》林道を**大津岐峠**まで下る（P85参照）。大きな道標を確認したら、南東に分岐する道へ進み、ササの斜面を下っていく。視界は開けているが、場所によってササが地面を隠すので、足もとに注意しよう。

ごく小さな湿地を通ると、オオシラビソやダケカンバの樹林帯に入る。なだらかな尾根道が続いたあと、西側に見えていた燧《ひうち》ヶ岳《がたけ》が樹林に隠れると、ブナ林に包まれる。もう一度、小さな湿地を通ると、傾斜が強まってくる。標高差にして約300m、急下降が続くが、斜面をつづら折りに下るので、負担はさほど大きくない。

瀬音が響いてくると、キリンテ沢沿いに下り立ち、じきに国道352号沿いの会津駒ヶ岳キリンテ登山口に出る。国道を北東へ2〜3分歩くと、**キリンテ**バス停がある。

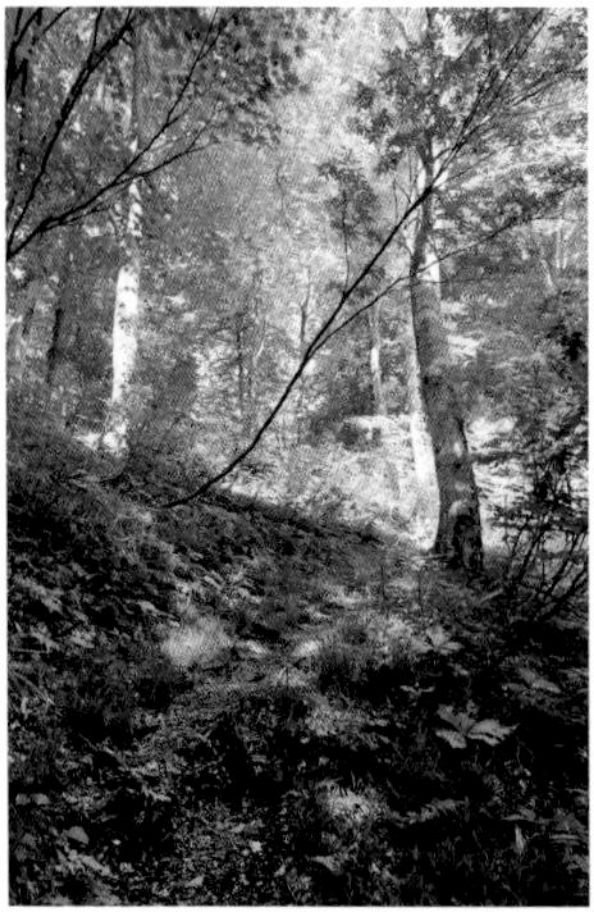
中腹のブナ林、つづら折りの道が続く

Map 10-2B　会津駒ヶ岳

Map 9-3C　キリンテ

コースグレード	中級
技術度	★★★☆☆ 3
体力度	★★★☆☆ 3

プランニング&アドバイス

下山コースだけでなく、会津駒ヶ岳への登りにも向くコースである。山麓のキリンテには、キャンプ場が並び、会津駒ヶ岳をはじめ、燧ヶ岳への登山基地としても利用できる。キリンテおよび檜枝岐村内のキャンプ場は、尾瀬檜枝岐温泉観光協会ホームページで詳細を知ることができる。

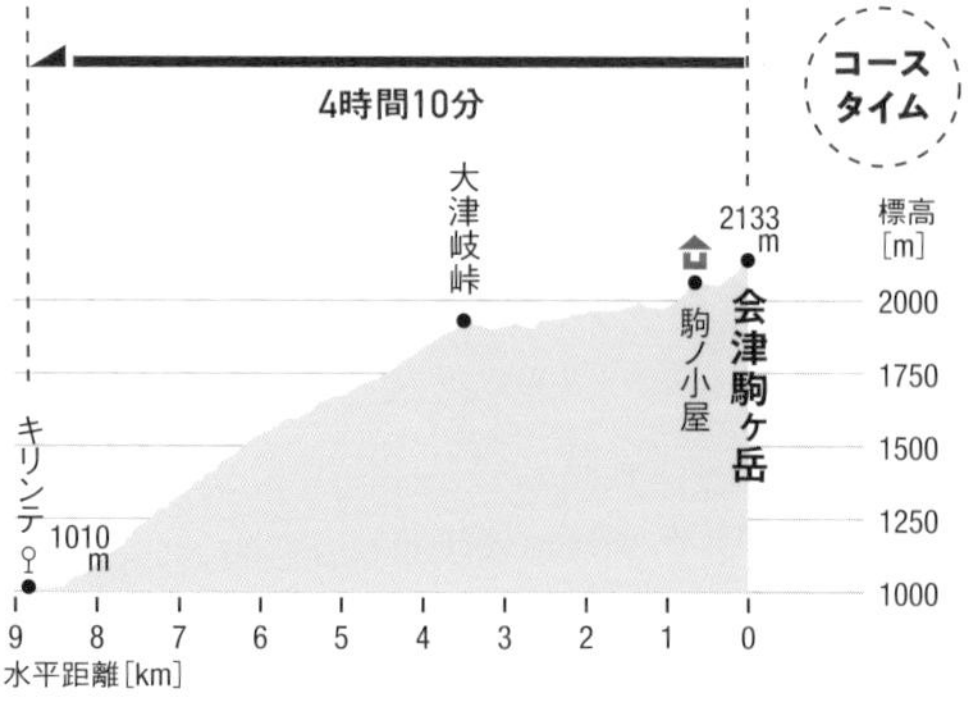

コラム4

尾瀬の玄関口、檜枝岐と戸倉

福島県側の檜枝岐《ひのえまた》と群馬県側の戸倉《とくら》は、尾瀬の玄関口として、古くから多くの登山者を迎えている。ともに暮らしや山仕事を通じて尾瀬と関わりながら、それぞれ特色のある歴史と文化を育んできた。

尾瀬の行き帰り、檜枝岐と戸倉の歴史や文化に触れてみると、きっと新しい発見がある。ここでは、檜枝岐で代々受け継がれる歌舞伎《かぶき》と、戸倉を起点に尾瀬への物資輸送を担った馬方《うまかた》の仕事を取り上げてみよう。

■檜枝岐歌舞伎

山深く、その昔、奥会津の秘境とも呼ばれた檜枝岐では、今も先人たちが築いた生活文化を受け継いでいる。

手作業で造る曲輪《まげわ》や杓子《しゃくし》、山で採れる食材を使った「山人料理《やもーど》」、布を裁つようにそばの生地を切る「裁《た》ちそば」は、檜枝岐名物として知られる。

なかでも檜枝岐歌舞伎は、親から子へ、子から孫へと江戸時代から受け継がれている伝統文化である。先祖がお伊勢参りに行ったおり、檜舞台の歌舞伎を観劇し、それを見よう見まねで村に伝えたのがはじまりとされる。

山里ゆえに、昔ながらの歌舞伎を変わらずに残し、代々村人による一座で演じられてきた。衣装や化粧などの裏方もすべて村人で行われている。

檜枝岐歌舞伎は、例年4回、4月、5月、8月、9月に奉納され、舞台会場は渾身の演技に引き込まれた人々の熱気に包まれる。山の斜面に石段席が設けられた「檜枝岐の舞台」も、見どころのひとつである。

渾身の演技に引き込まれる檜枝岐歌舞伎

■戸倉の馬方

１９６５（昭和40）年ごろまで、尾瀬への物資輸送は、馬に頼り、馬方と呼ばれる人々が携わっていた。その起点となった集落が戸倉である。戸倉から三平峠《さんぺいとうげ》を越えて尾瀬沼へ、富士見峠《ふじみとうげ》を越えて尾瀬ヶ原の見《み》晴《はらし》や赤田代《あかたしろ》へ荷を運んだ。

馬方の仕事は、6月中旬から10月下旬まで続けられ、通常4～5頭、繁忙期には15～16頭が休みなく荷を運び続けた。一駄《いちだ》（馬1頭あたりの積み荷）は、尾瀬ヶ原へは約25貫（約94kg）、尾瀬沼へは約30貫（約１１２kg）だったという。

しかし環境や安全面から、長く続いていた馬方の仕事も１９６７（昭和42）年には幕を閉じ、ヘリコプターや歩荷《ぼっか》（人が背負って運ぶ方法）に変わった。荷を運ぶ人のことを尾瀬では、荷背負《にしょい》さんと呼び、現在も長い背負梯子《しょいばしご》を使った歩荷は健在だ。

戸倉の尾瀬ぷらり館（Ｐ１４０参照）に設けられた尾瀬ネイチャーセンターでは、尾瀬の自然とともに、昔の戸倉の暮らしを紹介。背負梯子も展示している。

池塘群の美しい池ノ岳から、平ヶ岳を間近に望む

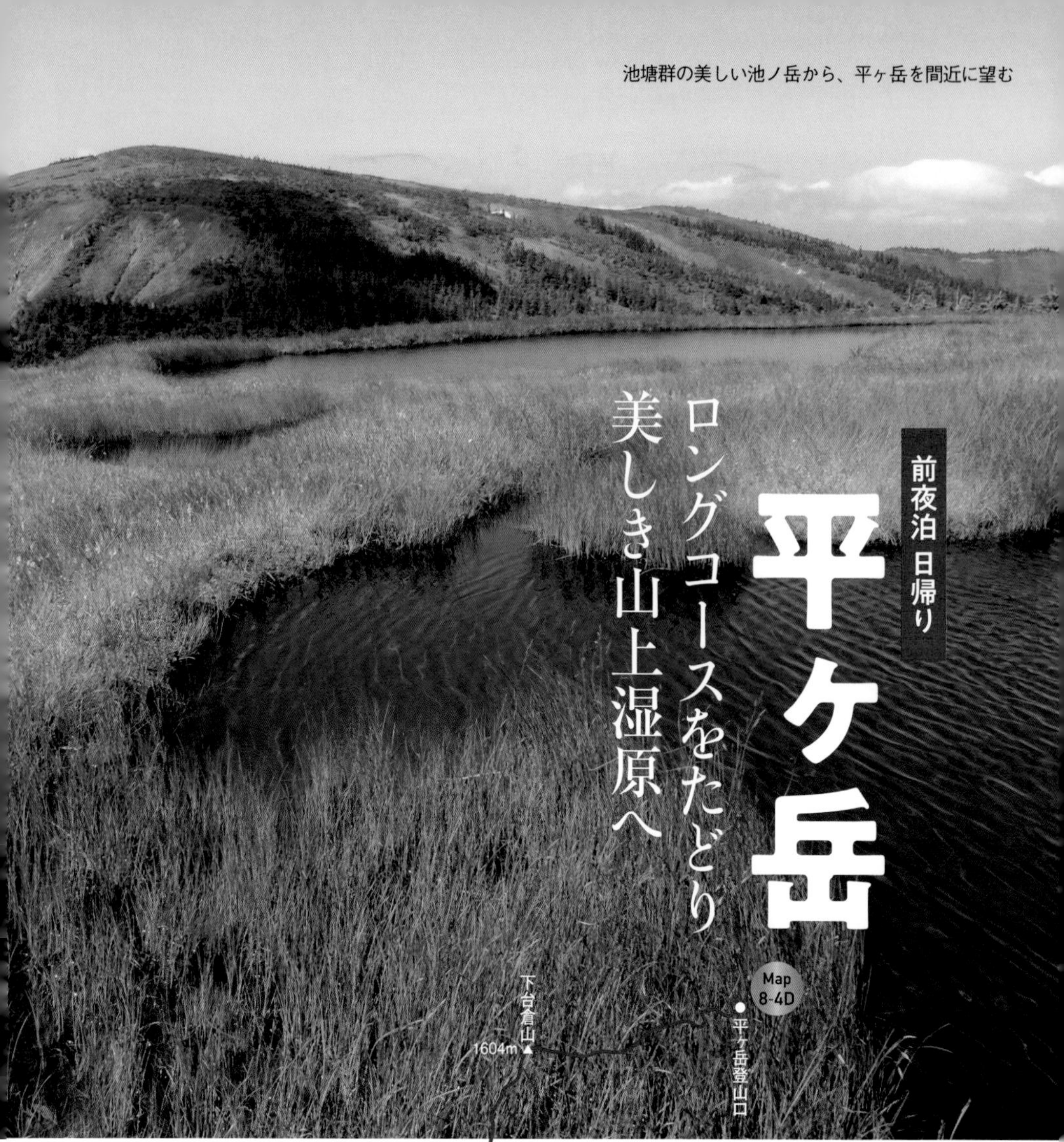

前夜泊 日帰り

平ヶ岳

ロングコースをたどり美しき山上湿原へ

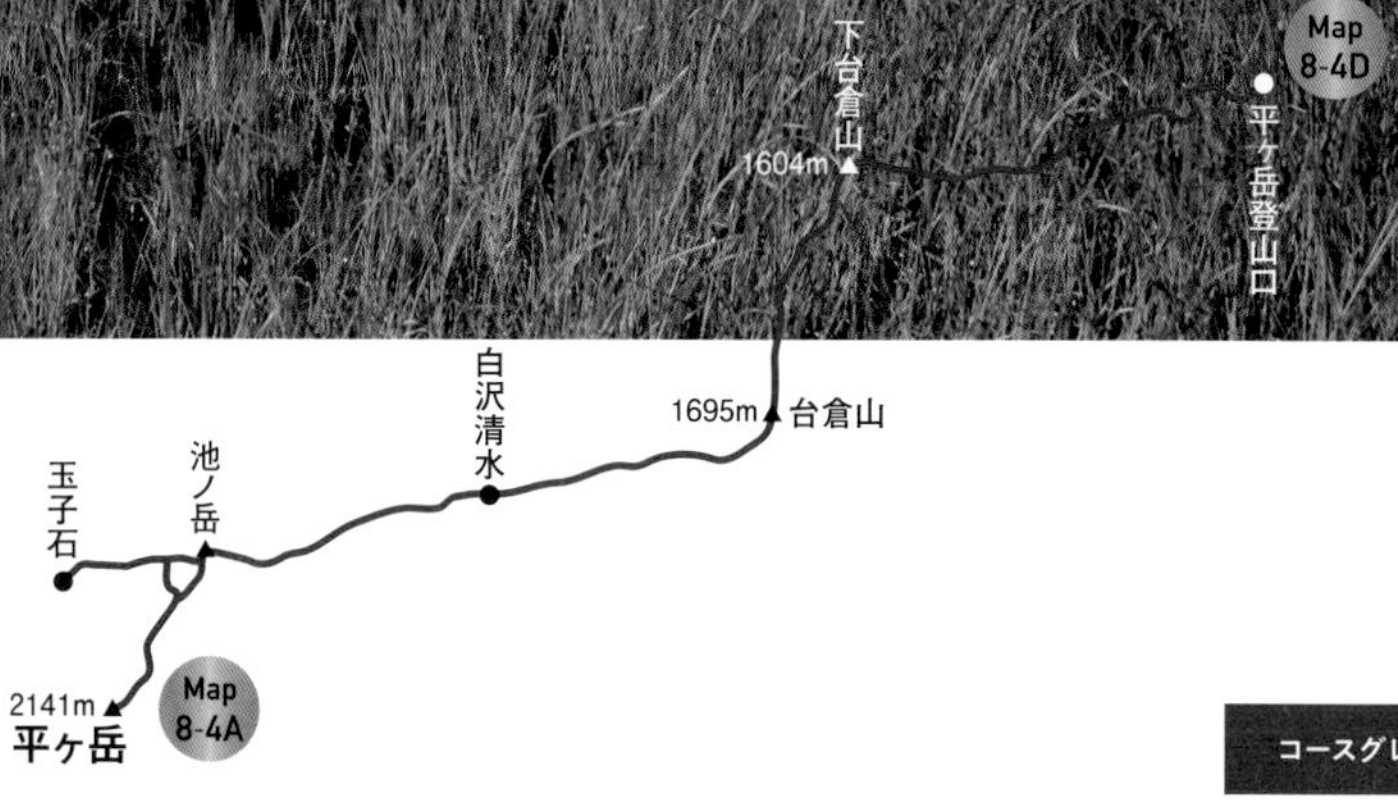

コースグレード｜上級

技術度｜★★★☆☆ 3

体力度｜★★★★★ 5

前夜泊 日帰り

平ヶ岳登山口→台倉山→池ノ岳→平ヶ岳→玉子石→池ノ岳→台倉山→平ヶ岳登山口　計12時間5分

平《ひら》ヶ岳《がたけ》は、尾瀬の北に広がる深い山並みの一角、越後三山只見《えちごさんざんただみ》国定公園に属し、群馬県と新潟県の境、上越国境の最高峰としてそびえる。多くの登山者が憧れる山で、「日本百名山」のひとつ。

山頂は、日本海に注ぐ阿賀野川《あがのがわ》上流の只《ただ》見川《みがわ》水系と、太平洋に注ぐ利根川《とねがわ》水系の分《ぶん》水嶺《すいれい》をなし、名が示すように平らな湿原が広がっている。

すぐ北には池ノ岳《いけのだけ》が連なり、その山頂には姫ノ池《ひめのいけ》と呼ばれる池塘群がゆったりと水をたたえ、池のほとりの湿原では、夏にキンコウカやタテヤマリンドウが咲き競う。池ノ岳の西には、不思議な形をした玉子石《たまごいし》があり、大小の池塘群を見守っている

こんな美しい景観を見せながらも、平ヶ岳は容易に近づける山ではなかった。只見川流域の鷹ノ巣《たかのす》から登山道が開かれたのは、1965（昭和40）年。それまで道がなく、沢を遡るか、尾根の藪をかき分け、2、3日がかりで登る幻の山だった。

登山道がひらかれた今日でも、鷹ノ巣か

下台倉山から台倉山への鷹ノ巣尾根

下台倉山へは急峻なヤセ尾根を登る

らの登山道は、往復11時間以上を要するロングコース。しかも途中に山小屋やキャンプ指定地がないため、基本的には日帰りで踏破する。ヘッドランプを使って未明から登りはじめても、下山は日没近くになるだろう。緊急的な野営であるビバークも想定し、その備えをして臨むべきコースである。

日帰り

平ヶ岳登山口から台倉山、池ノ岳を経て平ヶ岳へ

国道352号沿いの**平ヶ岳登山口**から、未舗装の林道へ進み、ブナ林のなかを歩く。10分ほどで下台倉沢《しもだいくらさわ》を渡り、さらに5分ほど歩くと「平ヶ岳10・5㎞」の道標がある。ここで林道から分かれて登山道に入り、下台倉山から東へ延びている尾根に取り付く。もし登山前日に時間があれば、この地点まで下見をしておくと、未明でもスムーズに行動できるだろう。

ここから取り付く尾根は、前坂とも呼ばれ、下台倉山まで標高差約700m。両側が切り立った幅の狭いヤセ尾根だ。地形図では、クサビの形をした「雨裂《うれつ》」の記号が目立つ。雨裂とは、雨水や雪崩などで斜面が局所的に浸食された場所をいう。

尾根を登りはじめ、足もとが花崗岩《かこうがん》質のザラザラとした砂礫となると、傾斜がぐっと強まる。部分的に岩盤が露出し、ロープが設置された岩場や岩稜が次々と現れる。

尾根沿いの植生はカバノキ科やツツジ科の低木が中心で、ところどころ幹の太いゴヨウマツが大岩に根を張っている。このゴ

池ノ岳へは視界の開けたササの斜面をぐんぐん登る

ヨウマツの根が大きな段差をつくり、腰の高さまで足を上げるような場所もある。序盤にしては、かなりきつい登りだ。

ひたすら急登を続け、後方に会津駒ヶ岳《あいづこまがたけ》や燧ヶ岳《ひうちがたけ》を大きく望めるようになると、下《しも》台倉山《だいくらやま》から鷹ノ巣山《たかのすやま》にかけての稜線がだいぶ近づいてくる。

地形図に1406mの標高点が記された起伏を越え、岩場が連続するヤセ尾根最上部を登りきれば、**下台倉山**に達する。険しい地形はここまでだ。

下台倉山で進路を南向きに変え、南北に走る鷹ノ巣尾根をたどる。ヒノキ科のクロベの樹間や小さな湿地を通り抜けながらアップダウンしていくと、平ヶ岳がようやく視野に入ってくる。池ノ岳を連ね、なだらかな弧を2つ描いている。ただ、どちらも、まだまだ遠く、高い。

三角点の標石がある**台倉山**《だいくらやま》を越え、西へ大きくカーブしながら下ると、台倉清水《だいくらしみず》に出る。北斜面を約20m急下降すると、沢の

池ノ岳から、すぐ前方の平ヶ岳とその奥に至仏山を望む

源頭に出るが、水量は少ない。渇水期は涸れることもありそうだ。

台倉清水からは、オオシラビソやダケカンバの樹林帯を進む。断続的な木道を歩き、2回アップダウンすると**白沢《しらさわ》清水《しみず》**に出る。木道脇に水たまりほどの湧水がある。

白沢清水を過ぎると、池ノ岳への登りとなる。高木のオオシラビソがまばらとなって、ササの斜面に変わると、登るほどに視界が広がってくる。平ヶ岳が目前にせまり、花崗岩の露出した尾根を登りきると、**池ノ岳**の頂上に出る。

池ノ岳との鞍部から平ヶ岳の山頂部へ登る

山頂一帯が湿原で、姫ノ池の名がある池塘群が空を映している。湿原では、タテヤマリンドウやチングルマ、イワイチョウ、キンコウカなどが夏に咲き競う。

池ノ岳から平ヶ岳へは、いったん鞍部へ下って登り返すが、見た目より遠くない。南西にゆるく下っていく木道をたどり、玉子石への道を2回分ける。鞍部から登り返して、ツガ廊下《ろうか》と呼ばれる低木のコメツガ林を抜けると、平ヶ岳の山頂部に登り着く。

休憩スペースの西側、ササと低木に囲まれた広場に標高2139・6mの三角点と頂上標識がある。さらに南へ、木道終点まで進むと、まさに平らな山頂湿原が広がり、平ヶ岳の名を実感する。この付近が標高2141m、**平ヶ岳**の最高地点となる。

解説板によると、太古に平坦な土地が隆起し、その地形をとどめているという。

平ヶ岳からは、玉子石へ足を延ばそう。池ノ岳との鞍部に戻って、分岐から水場方向へ進むと、平ヶ岳沢の源頭に下り立つ。

平ヶ岳の三角点と頂上標識

平ヶ岳沢源頭に広がるコバイケイソウ群落

緊急時にツエルトを張れる板敷きのスペースがあり、沢の流水を水場として利用する。

水場の北側斜面では、コバイケイソウが大きな群落をつくっている。いっせいに開花すると、斜面が花で埋まる。ただ、年によって開花状況に差があるようだ。

じきに池ノ岳直下からの木道に合わさり、西へ折れて、ゆるやかにアップダウンすると、**玉子石**に着く。頭と肩のように、2つの石が積み重なり、池塘をちりばめた美しい湿原を見守っている。なぜこのような形になったか不思議ではあるが、自然の尊さを感じる風景だ。

玉子石で引き返し、木道を東へ直進して**池ノ岳**に戻ったら、往路を延々と下山する。

疲労の出てくる下山時は、こまめな休憩を心がけ、急坂や岩場では、くれぐれも足もとに気をつけよう。

美しい風景はもちろん、長い行程を克服し、**平ヶ岳登山口**に無事下山したときの達成感も格別な山である。

2つの石を積み重ねたような玉子石

プランニング&アドバイス

平ヶ岳の登山基地として、清四郎小屋がよく利用されている。平ヶ岳登山口へは徒歩15分の距離。平ヶ岳は前夜泊日帰りの行程が基本となるため未明の午前2〜3時ごろに出発する登山者が多い。北西麓の中ノ俣川林道（一般車両通行禁止）からのコースは、銀山平温泉地区の山荘・民宿で、宿泊者を対象に送迎やガイドを行なっている。魚沼市観光協会および各宿泊施設のホームページを参照。

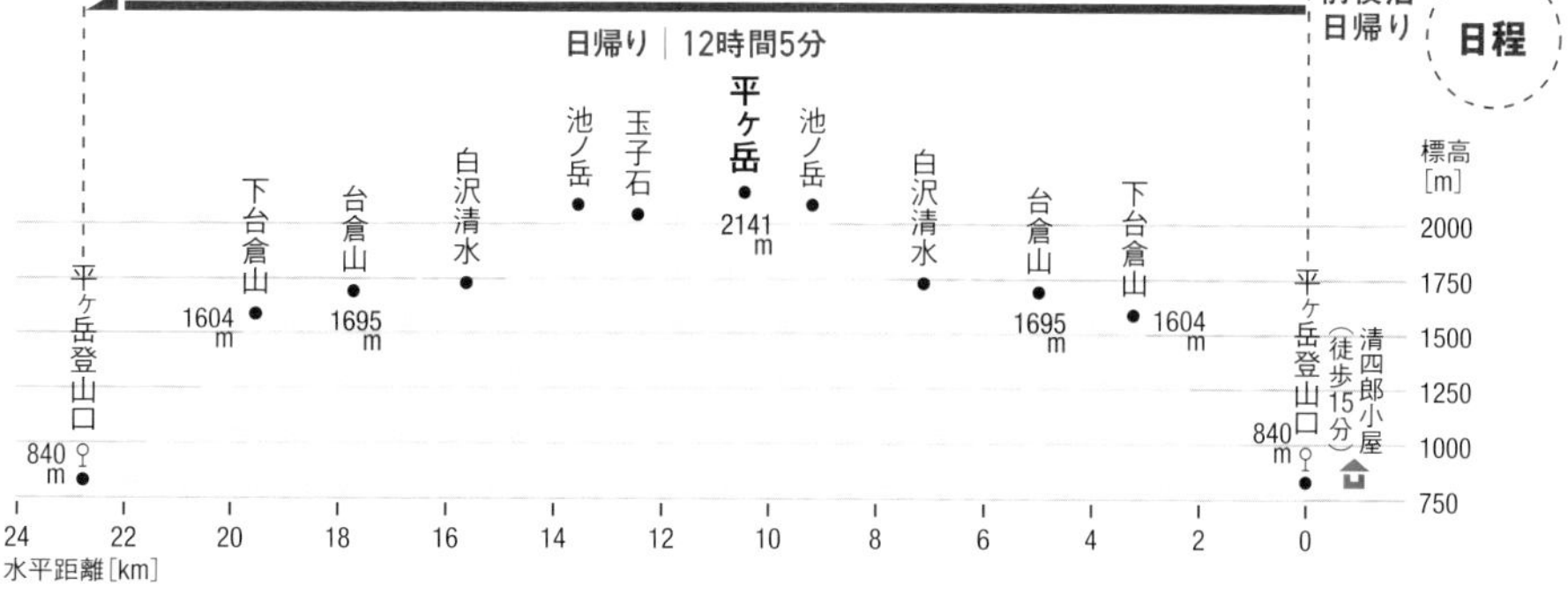

山頂一帯に湿原が広がる南会津の名山

前夜泊 日帰り

田代山

帝釈山

周囲2kmにおよぶ広大な田代山湿原、前方は会津駒ヶ岳

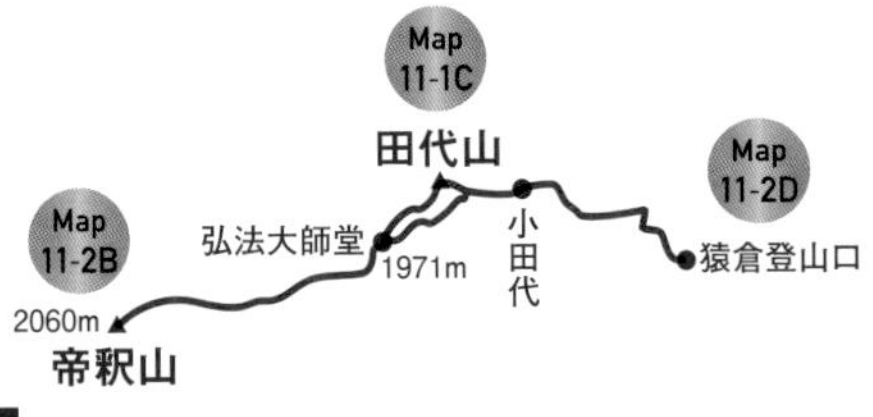

コースグレード | **中級**

技術度 ★★☆☆☆ 2

体力度 ★★★☆☆ 3

前夜泊 日帰り

猿倉登山口→田代山→弘法大師堂→帝釈山→弘法大師堂→猿倉登山口　計5時間40分

田《た》代山《しろやま》は、栃木と福島の県境をなし、関東と東北をへだてる帝釈山脈《たいしゃくさんみゃく》に位置し、尾瀬国立公園に属する。

山頂一帯に、周囲約２kmの田代山湿原が広がり、切り株のような形をした山である。田代山湿原では、初夏の雪どけとともにヒメシャクナゲやチングルマ、イワカガミ、ワタスゲ、タテヤマリンドウなどが可憐な花を咲かせ、盛夏が近づくと黄色のキンコウカが咲き競う。

田代山の西には、山脈の主峰・帝釈山がそびえ、両座はおだやかな山稜で結ばれている。この山稜では、オサバグサが群落をつくり、初夏の林床で小さな白い花を無数に咲かせる。その風景も美しい。

また田代山は、古くから神聖な山であった。江戸時代には田代山神社をまつり、雨《あま》乞《ご》いなどの神事が行われてきた。明治から大正に改元した１９１２年には、真言宗の高僧や地元の神主らによって山頂に弘法大《こうぼうだい》師《し》像がまつられ、その後、弘法大師堂が建てられた。

猿倉登山口から、まず沢沿いを登る

小規模な湿原ながら、植物種の豊富な小田代

代表的な登山道は、北東麓の湯ノ花《ゆのはな》温泉から林道が通じる猿倉《さるくら》登山口からのコースで、初級者から楽しめる。本稿では、田代山からさらに帝釈山へと足を延ばすコースを紹介しよう。

日帰り
猿倉登山口から田代山へ登り さらに帝釈山を往復

湯ノ花温泉からの林道沿いに2カ所設けられた駐車場のうち、南側の駐車場が**猿倉登山口**だ。ここに登山口の標識と田代山・帝釈山へのコース概念図がある。公衆トイレのある北側の駐車場は、猿倉登山口の約300m手前となるが、歩いて5分程度の距離で、行程に大差は生じない。

まずは猿倉登山口の前の沢を木橋で渡り、対岸の斜面を登って尾根に上がる。登山道の10mほど北側にもうひとつ小さな沢があり、水場として利用されている。ただし、天候によって渇水や濁りも予想されるので、飲料水は事前に準備したほうが無難だ。

水場を見送ると、さっそくジグザグを刻む本格的な登りがはじまる。ウォーミングアップとしては、ややきつい傾斜だ。体が慣れるまで、ゆっくりと登っていこう。途中、3カ所、丸太のベンチが置かれた休憩ポイントがあるので、ひと息つける。

尾根を包む林は、ブナやダケカンバ、カエデ類など広葉樹が中心で、初夏の山開きの時期は、新緑が美しい。登山道脇では、マイヅルソウやゴゼンタチバナが清楚な白い花を咲かせる。

いくぶん緩急のある尾根の登りが続き、針葉樹のオオシラビソ林に入ると、しだいに視界が開けてくる。南側、県境の稜線越しに見えてくるのは、男体山《なんたいさん》や女峰山《にょほうさん》、太《た》郎山《ろうやま》など日光《にっこう》の山々である。

傾斜がゆるみ、木道が現れると、**小田代**《こたしろ》に出る。標高約1800m付近の中腹に開けた名のとおりの小湿原だ。初夏にはヒメシャクナゲ、イワカガミ、チングルマ、タ

ワタスゲの白い果穂が揺れる田代山湿原

初夏の小田代に咲く可憐なイワカガミ

宝石をちりばめたように咲くチングルマやタテヤマリンドウ

テヤマリンドウ、ワタスゲなど、多くの種類が咲く。木道の長さにして50〜60mほどの規模だが、そのぶん湿原の花々が密集して咲き競う光景には驚かされる。

小田代から山頂の田代山湿原へは、標高差約120m。ツツジ科のベニサラサドウダンやムラサキヤシオが咲く低木帯の斜面をやや急登していく。地面には、ザラザラとした岩が目立つ。滑りやすい岩ではないが、段差ができているところがある。

じきに低木の茂みを抜けると、山頂部の東端に登り着く。西側は広大な田代山湿原、南側は「犬ころがし」と呼ばれる急斜面で、切り株にもプリンにも似た形をした田代山の一端を見て取れる。

すぐ先で南西へ分岐する木道は、帰路に利用する南回りコースだ。田代山湿原を一周する木道は、北回り〜南回りの一方通行となっている。

木道を北西へたどると、視界いっぱいに田代山湿原が広がり、地平線と空のすき間に会津《あいづ》駒《こま》ヶ岳《がたけ》の頂稜が延びる。その山容は、大地を疾走する天馬を彷彿させる。

木道沿いでは、タテヤマリンドウ、チングルマ、イワカガミ、ヒメシャクナゲ、ワタスゲなどが初夏に咲き競う。緑の湿原に宝石をちりばめたような光景だ。

じきに北側に見えてくる大きな池塘には弘法沼の名がある。古くは、雨乞いなどの

弘法大師堂（右奥）と公衆トイレ

田代山から帝釈山への稜線に咲くオサバグサ

神事が行われたという。

弘法沼の先の三差路は木賊《とくさ》温泉分岐で、ここに**田代山**の山頂標識が立っている。

木賊温泉分岐からは南西へ。広大な田代山湿原もヒノキ科のクロベやゴヨウマツなどの低木で区切られ、歩き進むごとに景観が移り変わる。一角に「天狗の庭」と呼ばれる場所があり、天狗伝説が残っている。

南回りコースの一方の分岐を過ぎ、オオシラビソの林に入ると、田代山避難小屋を兼ねた**弘法大師堂**に着く。近年、建設された公衆トイレが隣接し、その横にベンチが並ぶ休憩スペースが設けられている。この付近が田代山の最高地点で、地形図には1971mの標高点が記載されている。

休憩したら帝釈山へ足を延ばそう。弘法大師堂の裏手、林間の広場を通って、オオシラビソ林の斜面を下っていく。

最初の鞍部まで下ると、傾斜がゆるむ。以降は小さくアップダウンしながら、稜線を西へたどる。帝釈山までの稜線は、オサ

帝釈山から、残雪豊富な初夏の会津駒ヶ岳を展望

バグサの群生地だ。なかでも最初の鞍部から次の小ピークを巻いていく間に多い。最盛期には、林床が無数の白い花で埋まる。

　稜線の中間部は、湿地が多く、部分的に短い木道が敷かれている。ぬかるんで歩きにくい場所もあるが、登山道をはずれず植生保護に気を配ろう。

　やや急な登りが続くと、ところどころ岩盤の露出した稜線となる。短いハシゴとロープが設置された露岩を2カ所越え、視界の開けた稜線をさらに登り進むと、標高2059・9mの**帝釈山**の頂上に立つ。

　東側の一角だけ樹林にさえぎられるが、眺望は360度に近い。南側は、男体山、女峰山、日光白根山《にっこうしらねさん》など、日光の山々が一群をなしてそびえる。西方向には燧ヶ岳《ひうちがたけ》と至仏山《しぶつさん》、平ヶ岳《ひらがたけ》、そして北には会津駒ヶ岳がゆったりと横たわる。

　帝釈山からは往路を戻る。田代山湿原では南回りコースへ進んで、**小田代**へ下り、**猿倉登山口**へと下山する。

帝釈山頂上付近から、歩いてきた稜線と田代山を望む

プランニング&アドバイス

猿倉登山口から田代山の往復は初級者向き。例年6月第2日曜が田代山の山開きで、10月下旬までが登山適期となる。前夜泊には、湯ノ花温泉の民宿・旅館が最も便利。湯ノ花温泉には素朴な共同浴場が4カ所あり、田代山の行き帰りに立ち寄れる。猿倉登山口へは、例年6月中旬～10月下旬、会津高原尾瀬口や湯ノ花温泉から予約制のシャトルタクシー（みなみやま観光）を利用できる。

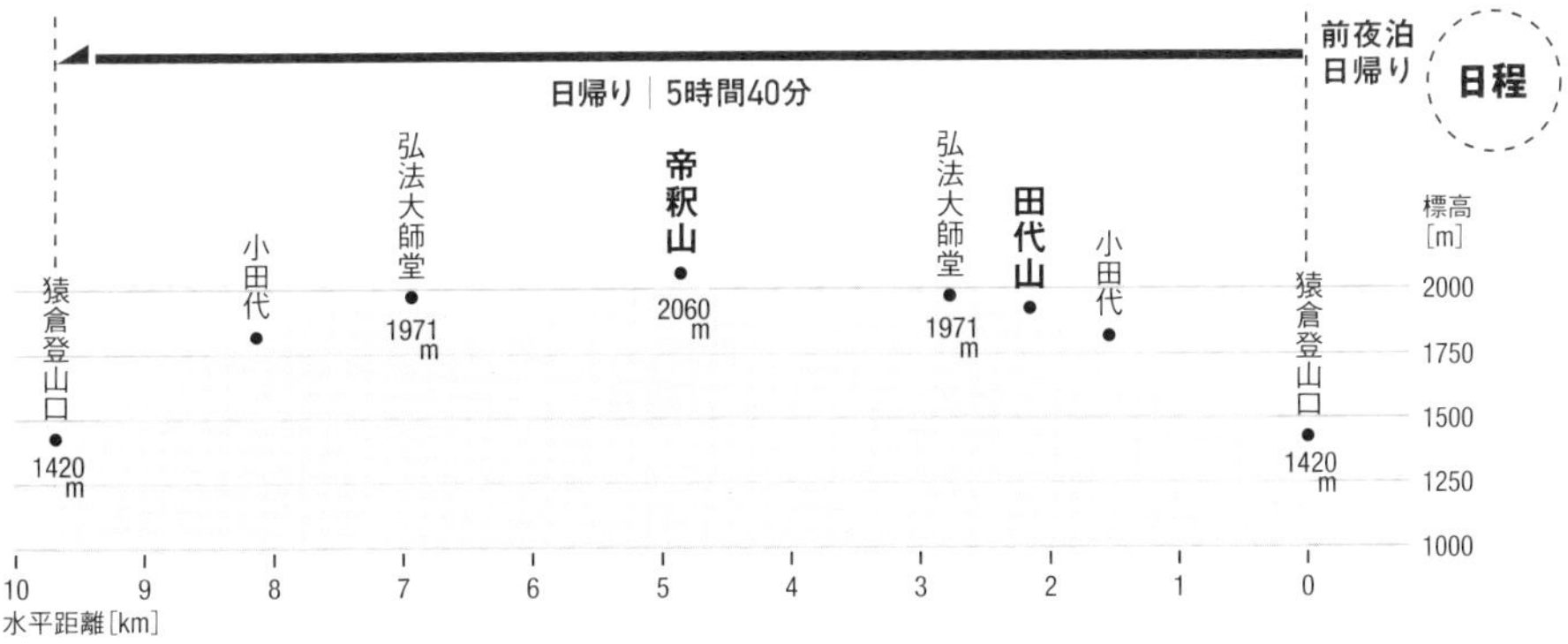

前夜泊 日帰り

馬坂峠→三段田代→台倉高山→三段田代→馬坂峠→帝釈山→馬坂峠　計5時間10分

台倉高山 帝釈山

前夜泊 日帰り

初夏に
オサバグサが咲く
静かな深山

コースグレード	初級
技術度	★★★ 2
体力度	★★★ 2

原生林の林床で群生して咲くオサバグサ

台《だい》倉高山《くらたかやま》は、福島、栃木の県境をなして長く延びる帝釈山脈《たいしゃくさんみゃく》に連なる一峰で、馬坂峠《うまさかとうげ》から登られている。

大正から昭和にかけて、盛んに登られた時期もあったが、以降、しばらくは登山者の姿をほとんど見ない静寂の山であった。

1996（平成8）年に林道川俣檜枝岐《かわまたひのえまた》線が開通し、檜枝岐から馬坂峠まで車で入れるようになると、地元の尽力もあって登山道が復活。近年は、帝釈山とともにオサバグサの咲く山として知られ、初夏から秋に登山者が訪れている。

林道が開通した今日でも、馬坂峠から台倉高山に続く山稜は、針葉樹の原生林におおわれ、深山の雰囲気が漂う。そのなかに小さな湿原が開け、明るい表情も併せもっている。さらに台倉高山からの展望は、帝釈山に優るとも劣らず雄大だ。

馬坂峠は、帝釈山の登山口でもあり、時間と体力が許せば、台倉高山と帝釈山の2座をぜひ往復しよう。

日帰り

馬坂峠から三段田代を経て台倉高山を往復

登山口の**馬坂峠**へは、檜枝岐の中心街から林道を約14・5km、車で約40分。標高約1790mに位置し、休憩所を兼ねた公衆トイレや駐車場が整備されている。

登山口は南北に2カ所、北側は帝釈山の登山口で、めざす台倉高山へは反対側の登山口から、ほぼ真南に登っていく。

登山道へ進み、針葉樹のオオシラビソの原生林に入ると、さっそく林床で小さな白い花を咲かせたオサバグサが見つかる。花期は例年6月中旬〜7月上旬、登山道沿いの斜面で群生している。

稜線の西側へ回り込みながら登っていくと、小さな沢の源頭に出る。登山道脇の岩から清水が湧き、水場として利用されている。水場の前後は、ごく小規模だが、ガレ場になっている。

水場の先、地形図に1898mの標高点

台倉高山と帝釈山の登山口となる馬坂峠

鹿の休み場からの急坂、この先に湿原が開ける

が記された小ピークを巻き、部分的に木段の設けられた道を登ると、「鹿の休み場」と書かれた道標がある。とくに休憩に向く場所ではないが、この先、急坂となるので、いったん息を整えよう。

急坂といっても標高差で80mほど、オサバグサの花期には、林床でミツバオウレンも咲くので、花を楽しみながらゆっくり登っていこう。

じきに傾斜がゆるみ、進路がやや西向きに変わると、ぽっかりと小さな湿原が開ける。湿原は、稜線に沿って細長く続き、ササの茂みと低木で大きく3つに仕切られている。**三段田代**《さんだんたしろ》と呼ばれ、馬坂峠から台倉高山へのちょうど中間地点にあり、コースの見どころのひとつになっている。初夏には、タテヤマリンドウが青い星形の花を咲かせ、湿原を彩る。

三段田代の最奥の湿原を通り抜け、道が下りなると、前方の樹間に台倉高山が姿を現わす。手前に連なる小ピークが重なり、双耳峰《そうじほう》のように見える。「山頂40分」を示す道標を見送ると、登山道沿いで、シャクナゲやムラサキヤシオが華麗な花を咲かせ、彩りが増してくる。林床ではオサバグサとともに、ミツバオウレンの群生も見られる。じきに東西に並んだ小ピークの鞍部に出る。ここも小さな湿原で、短い木道が敷かれている。

小湿原を過ぎると、目前に三角形のピークが立ち上がる。そのピークに向かってササにおおわれた斜面をわずかに急登すれば、**台倉高山**の頂上に立つ。三角点の置かれた頂上周辺は、腰くらいの高さまでササが茂っているが、ほぼ360度を見渡せる。

西側は、ひときわ高く燧ヶ岳《ひうちがたけ》がそびえ、向かってその左に至仏山《しぶつさん》、右に平ヶ岳《ひらがたけ》が横たわる。北側は、会津駒ヶ岳《あいづこまがたけ》が長大な山稜を広げている。初夏のころなら新緑の山肌と残雪のコントラストが美しい。南側には、

名のとおり3つの湿原が連なる三段田代

直前の鞍部から望む台倉高山の山容

燧ヶ岳や会津駒ヶ岳を一望する台倉高山の頂上

男体山《なんたいさん》や女峰山《にょほうさん》、日光白根山《にっこうしらねさん》など、日光周辺の山々が折り重なる。

頂上の道標には、引馬峠《ひきばとうげ》方面の表示もあるが、馬坂峠からの一般的な登山コースは台倉高山まで。さらに南西に延びる稜線は、笹薮と樹林におおわれている。

台倉高山からは、歩いてきた道を引き返し、**馬坂峠**へと戻る。

馬坂峠に戻り、時間と体力に余裕があり、天候も問題なければ、さらに帝釈山を往復しよう。北側の樹林帯に入り、北西に山腹を横切ってから、部分的に木段の設けられた尾根を急登していく。この尾根にもオサバグサが多く、可憐な白い花を楽しみながら登っていける。

さらにツツジ科のムラサキヤシオやベニサラサドウダンの花が見られるようになると、**帝釈山**の頂上に登り着く。展望を満喫したら、**馬坂峠**へ下山しよう。

プランニング&アドバイス

例年6月上旬～下旬に尾瀬檜枝岐温泉観光協会により、馬坂峠にて帝釈山・台倉高山オサバグサ祭りが開催され、期間中の土日は、檜枝岐の民宿や旅館の宿泊者を対象にシャトルタクシーが運行される。また馬坂峠へは、会津高原尾瀬口発着の予約制シャトルタクシー（みなみやま観光）も利用できる。シャトルタクシーを利用する場合、帰りの乗車時間に余裕をもって、無理のない行程を計画しよう。

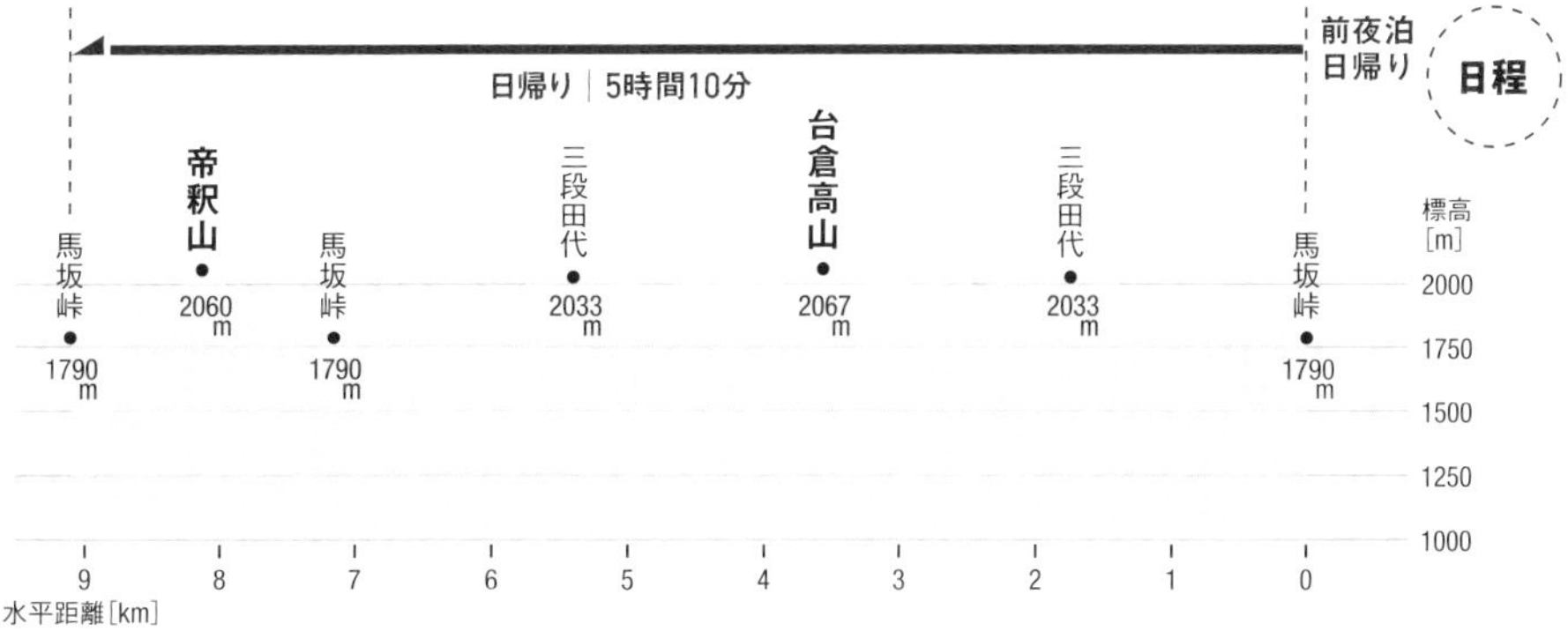

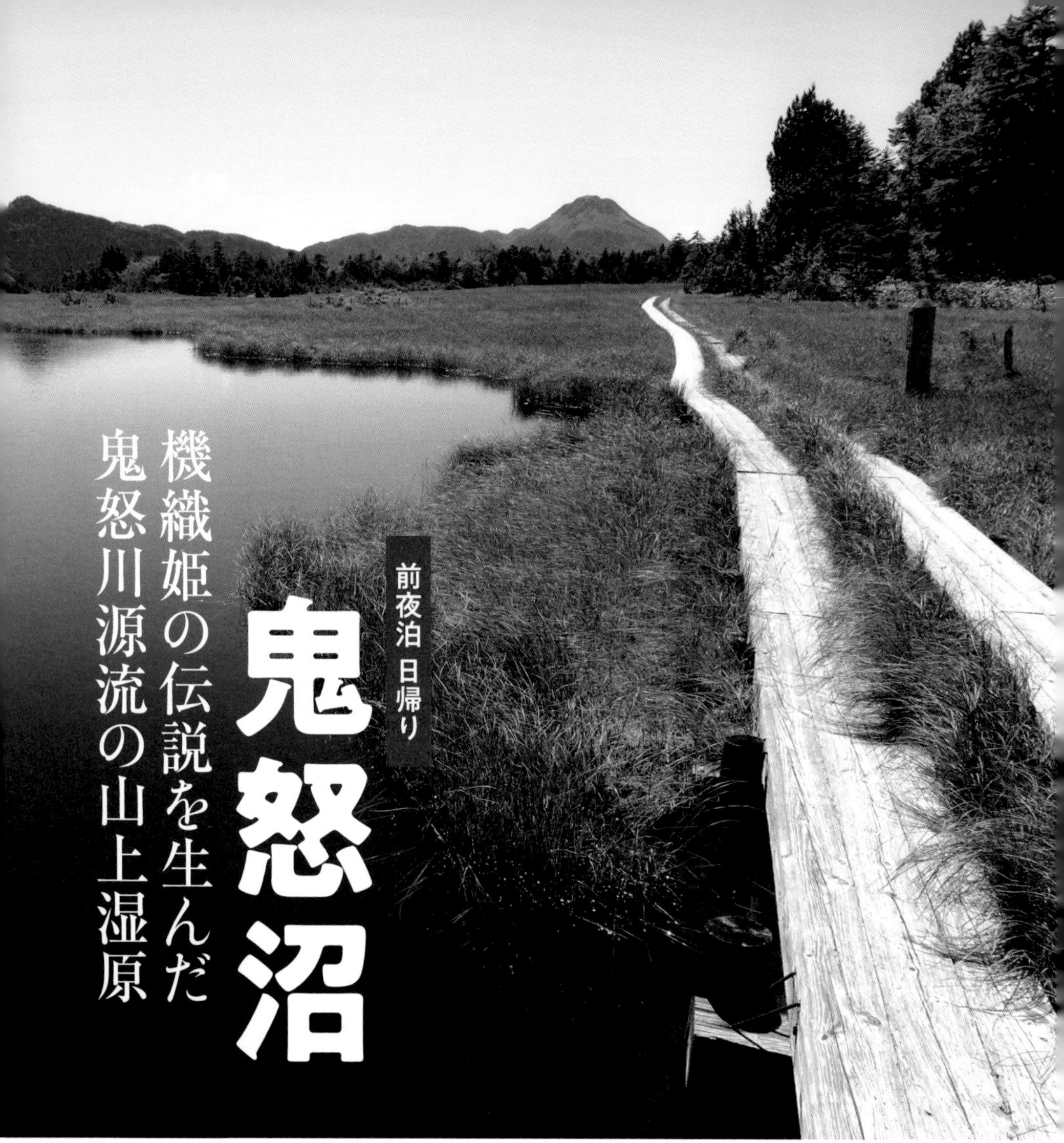

前夜泊 日帰り

鬼怒沼

機織姫の伝説を生んだ 鬼怒川源流の山上湿原

池塘がゆったりと水をたたえる鬼怒沼の湿原、木道の先に日光白根山がそびえる

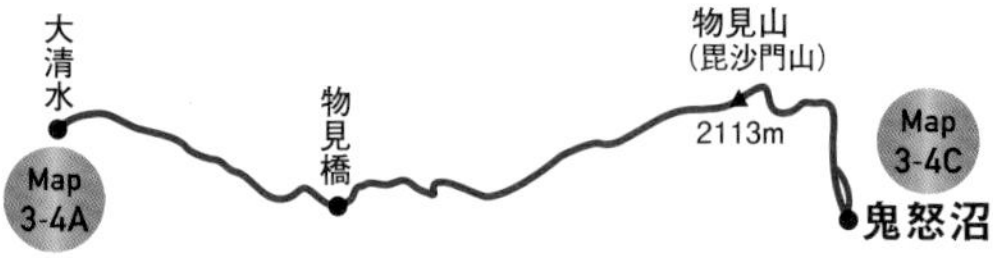

前夜泊 日帰り

大清水→物見橋→

物見山→鬼怒沼（往復） 計8時間25分

コースグレード	中級
技術度	★★★☆☆ 3
体力度	★★★★☆ 4

鬼《き》怒沼《ぬぬま》は、栃木県日光市《にっこうし》の北西部、鬼怒川源流の標高2020m前後に開けた湿原で、大小50あまりの池塘が散在する。群馬・栃木の県境をなす稜線から南に広がる湿原は、東西に約410m、南北に約720m、県境より南は、日光国立公園の区域に入る。

山深く神秘的な風景は、機織姫《はたおりひめ》をめぐる伝説を生み、いくつものストーリーが語り継がれている。

南東麓には、それぞれ一軒宿の日光沢《にっこうざわ》、加仁湯《かにゆ》、手白沢《てしろさわ》、八丁《はっちょう》の湯《ゆ》を奥鬼怒四湯《おくきぬよんとう》と数える奥鬼怒温泉があり、秘湯の趣を今も残している。

鬼怒沼へは、この奥鬼怒温泉からよく登られている。尾瀬からは、現在、大清水《おおしみず》を起点に日帰りで往復できるが、かつては鬼怒沼林道を延々とたどるしかなかった。

林道といっても山道で、尾瀬沼から小淵《こぶち》沢田代《ざわたしろ》、赤安山《あかやすやま》、黒岩山《くろいわやま》、鬼怒沼山と続く稜線を丸1日がかりで縦走して鬼怒沼に達し、奥鬼怒温泉に下っていた。

足首ほどまで水に浸かって湯沢を徒渉する

根羽沢金山の入口でもある物見橋

大清水から物見山《ものみやま》を経て鬼怒沼に登ると、木道が延びる南の正面に日光白根山《にっこうしらねさん》がそびえ立つ。尾瀬から日光の山へ、一歩足を踏み入れた実感がわく。

日帰り

大清水から物見山新道を登り物見山を越えて鬼怒沼へ

尾瀬の群馬県側の登山口のひとつ、**大清水**から歩く。片品川《かたしながわ》に架かる大清水橋を渡り、東へ延びている林道をたどる。

支流の根羽沢《ねばざわ》に沿ったこの林道は、１９８２年ごろまで採掘されていたという根羽沢金山へと続いている。１９４０年前後の最盛期には、１０００人を越える人々が生活し、住宅や学校があったという。

しばらく林道をたどり、根羽沢の水流に近づくと**物見橋**に着く。ここで根羽沢に注ぐ湯沢《ゆざわ》を渡る。車の轍《わだち》がある林道は物見橋の先の広場で終点となる。

広場には、鬼怒沼への道標があるので、

物見山新道の中間部から白尾山、皿伏山方面を展望

確認しよう。道標の手前で北へ分かれる道は、根羽沢金山のトロッコ軌道跡で、入口は閉鎖されている。また広場の一角には、採掘の際、不要となった岩石を積み上げたズリ山が見られる。

広場の奥で、小さな水流をまたぎ、ササの深いカラマツ林を抜けると、もう一度、湯沢に出合う。ここで湯沢を徒渉する。飛び石や流木を利用するか、足首まで水に浸かって流れを渡る。ただし増水時は危険だ。状況をよく判断してから徒渉しよう。

湯沢の対岸へ移ったら、物見山から西南西に延びている尾根に取り付く。標高差約800m、急登の連続となる物見山新道だ。樹林の深い尾根下部は、見通しのわるいところもあるので、踏み跡と目印のテープを確認しながら進もう。

はっきりとした尾根になると、ぐっと傾斜が強まり、地形が険しくなる。露岩や木の根によって大きな段差が生じ、尾根の両側が切り立っている。

景観の変化は少ないが、前半は標高約1650m地点で見られる板状節理《ばんじょうせつり》がランドマークとなる。急斜面と平行して板状の岩が積み重なり、長さ20〜30mに渡って露出している。

後半は2カ所、展望がきく地点があり、高度が上がってきたことを実感できる。南側には、整った三角形の燕巣山《つばくろすやま》と屋根のヒサシような四郎岳《しろうだけ》をよく望める。

灰色の樹皮をしたオオシラビソ林に包まれると、長かった登りも大詰めだ。ふと傾斜がゆるむと物見山の頂上に立つ。標高2113m、毘沙門山《びしゃもんやま》とも別称されるピー

急登が続くうえ、地形も険しい物見山新道

物見山頂上、樹間から燧ヶ岳や尾瀬沼を望める

物見山新道で見られる板状節理

クである。頂上は樹林に囲まれているが、北西の樹間に燧《ひうち》ヶ《が》岳《たけ》を望める。よく探すと、尾瀬沼や小淵沢田代も見える。

　物見山からは、まず東北東へ下って、南南東へ直角に折れ、傾斜がゆるんだら東へへ進む。道は踏まれているが、念のため、進路を頭に入れて行動したい。

　平坦に近い道となり、小さな水流をまたぐと、木道の三差路に出て、尾瀬沼から延々と続いている鬼怒沼林道の登山道に合わさる。これより南に広がる湿原一帯が鬼怒沼である。よく整備された木道をたどると、湿原の地平から隆起してくるように日光白根山が現れる。

　鬼怒沼巡視小屋へと分かれる木道を見送り、湿原のなかほどまで来ると、大きな池塘がゆったりと水をたたえている。金沼である。名前のついている池塘は、ほかに銀沼、鏡沼、鶴沼、釜沼などがある。

　鬼怒沼の湿原南端まで来たら、木道を一周して、往路を戻ろう。

金沼、銀沼など大小の池塘が散在する鬼怒沼の湿原

プランニング&アドバイス

前夜泊は、登山口に立つ大清水小屋が最も便利。鬼怒沼巡視小屋は、避難小屋と同様の施設だが、登山における利用は「緊急時のみ」と掲示されている。湯沢は、渇水期であれば飛び石で渡れることもあるが、足首程度まで水流に踏み込む徒渉を想定しておきたい。鬼怒沼から奥鬼怒温泉へ下る場合、日光沢温泉までコースタイム1時間30分、女夫渕バス停（日光市営バス）へは、さらに1時間40分。

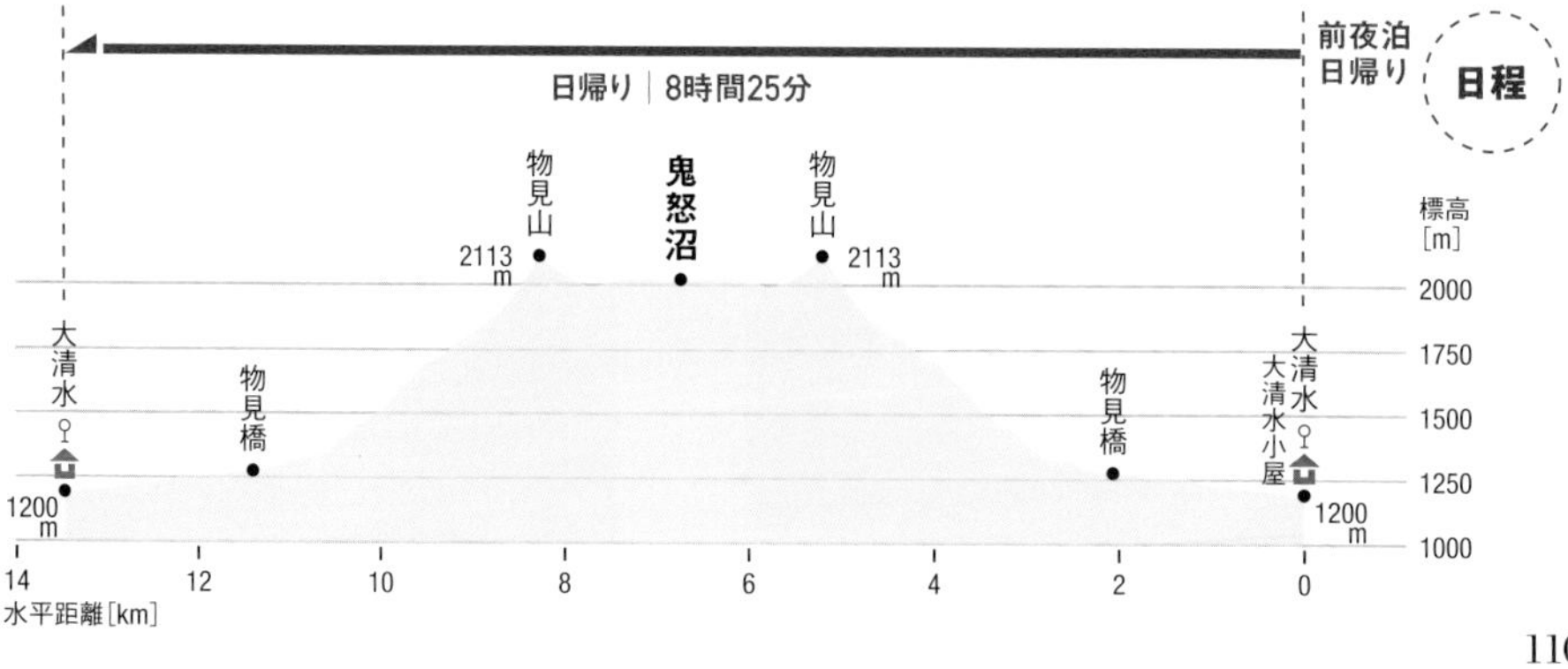

コラム5

尾瀬と自然保護運動

想像もつかない長い年月かけて形成された尾瀬も、近代に入ると、水力発電ダムや尾瀬を横断する道路計画など、何度となく開発の波にさらされてきた。

■平野長蔵氏と武田久吉氏

大正時代、尾瀬にダム計画がもち上がったとき、まっ先に反対を表明したのが平野《ひらの》長蔵《ちょうぞう》氏と武田《たけだ》久吉《ひさよし》氏だった。

１８９０（明治23）年に尾瀬を開山した長蔵氏は、その後、長蔵小屋を建て、尾瀬の優れた風光を守り、伝えていくことに努めていた。１９２０（大正9）年には、長蔵氏の陳情により、尾瀬沼一帯が風致保護林に指定される。

植物学者で登山家の武田久吉氏は、１８８３（明治16）年生まれ。高山植物の研究を続けるかたわら、尾瀬をはじめ自然保護に尽力した。父は英国の駐日公使、アーネスト・サトウ氏。

生涯に何十回と尾瀬を訪れた久吉氏は、出版物や新聞を通じて尾瀬の自然の貴重さと、その保護を訴えた。

山岳誌では、尾瀬の登山を回想しながら「尾瀬は植物学上、国宝である」と主張。新聞では「風致破壊は乱暴」「痛恨の極み」だと尾瀬ヶ原を貯水池化するダム計画への反対を表明。人々の関心を呼び起こした。

■自然保護運動の原点

１９４９（昭和24）年、久吉氏は、尾瀬保存期成同盟（日本自然保護協会の前身）に参画。この取り組みが全国の自然保護運動へと広がり、のちに尾瀬は「自然保護運動の原点」といわれるようになった。

「武田久吉メモリアルホール」の展示

この年、ＮＨＫラジオで「夏の思い出」が放送される。

１９６３（昭和38）年、尾瀬を横断する道路計画が動きだすが、反対運動が高まり、工事は中断。計画は廃止となった。尾瀬に観光ブームが到来するなか、開発か、保護か、人々の意識が大きく変わりはじめる出来事のひとつであった。

以後、ゴミもち帰り運動やマイカー規制、山小屋の完全予約制など、尾瀬の保護と利用のルールが普及していく。

今日の美しい尾瀬があるのは、尾瀬を守り抜いた人々と運動があったからである。尾瀬を訪れるとき、受け継がれた自然とどう接し、未来へ残していくか、一人一人が考えていきたいテーマである。

檜枝岐《ひのえまた》のミニ尾瀬公園には「武田久吉メモリアルホール」が設けられ、久吉氏が愛用したカメラや日記帳など、数多くの資料が展示されている。ミニ尾瀬公園の開設は、4月下旬～11月中旬、入園料５００円（秋季２００円）。尾瀬の行き帰りにぜひ見学したい施設である。

4月下旬、残雪におおわれた尾瀬沼と南岸線のトレース。燧ヶ岳が凛々しい姿を見せてそびえる

いつか訪ねたい
白き湿原と
凛々しい山々

残雪期の尾瀬

残雪期モデルコース

鳩待峠から尾瀬ヶ原へ

鳩待峠↓山ノ鼻↓牛首分岐（往復）　4時間20分

ミズバショウが咲く初夏から、草もみじが黄金色に輝く秋にかけて、何度か尾瀬ヶ原を歩くと、いつか、まっ白な雪におおわれた季節にも訪れてみたくなる。

残雪期はそのチャンス。4月下旬～5月上旬のGW（ゴールデンウィーク）には、残雪に対処できる準備をして、多くの登山者が尾瀬ヶ原を訪れている。

尾瀬ヶ原への登山口、鳩待峠《はとまちとうげ》への道路は例年4月中旬ごろに冬季閉鎖が解除され、GWの数日前には、戸倉《とくら》から鳩待峠へのシャトルバスと乗合タクシーの運行がはじまる。また4月中旬には、鳩待峠や山ノ鼻《やまのはな》などの一部の公衆トイレが開設、尾瀬ヶ原では山ノ鼻から見晴《みはらし》にかけて、川上川《かわかみがわ》や上ノ《かみの》大堀川《おおほりがわ》に架かる橋が開通する。さらに例年GWから、一部の山小屋が営業を開始する。

ただし天候や除雪の状況によっては、これらの開設・開始時期が変更されることもある。したがって計画時には、尾瀬保護財団ホームページで最新情報を確認しよう。

鳩待峠から山ノ鼻へは、残雪の状況によって無雪期の登山道（夏道）とはルートが変わることが多い。ルートは刻々と変化もするが、先行者のトレース（雪面の足跡）によって判断する。

まずは、やや急な雪面の下りとなるので、不安があればアイゼンを装着してから出発しよう。ハトマチ沢、ヨセ沢は、まだ深い

Map 1-2C　鳩待峠

Map 4-4C　山ノ鼻

コースグレード	中級
技術度	★★★☆☆　3
体力度	★★☆☆☆　2

尾瀬ヶ原の水流は、夏と同じ橋を渡る

鳩待峠と山ノ鼻間はトレースを追って歩く

雪の下にあり、そのまま残雪を踏んで通過することが多い。

テンマ沢は、水流が現れていることがある。その場合、橋の上を通過する。雪が深いときは橋の位置を赤テープで示していることもある。橋や木道の板が現れているときは、アイゼンやストックの先端で木道を傷つけないようにしよう。テンマ沢付近からは平坦な雪道が続く。

川上川は残雪期も水量があり、夏道と同じ橋を渡る。川上川を渡れば、**山ノ鼻**に出る。ビジターセンターは例年5月中旬の開設で、GW時期は、高床の1階まで雪に埋もれていることがある。

山ノ鼻からは、時間や天候の許す範囲で、広大な雪原となった尾瀬ヶ原を歩いてみよう。残雪期の尾瀬ヶ原へ最初に訪れたときは、牛首《うしくび》分岐か竜宮《りゅうぐう》十字路を往復するくらいだと無理がないだろう。

雪が深く、もぐりやすい場合は、ワカンやスノーシューが役立つ。雪原には縦横にトレースがつくが、最も踏まれているトレースをたどると、おおむね夏道どおりのルートとなる。

一方、融雪が進んでいるところは、植生にダメージを与えかねないので、踏み込まないこと。川に架かる橋の前後では、雪が崩れかけていたり、雪の壁ができて段差が生じていることがある。崩れやすいところを避け、段差では雪の壁にステップを刻んで足場をつくる。

木道が見え隠れするくらいまで融雪が進むと、ところによって雪の下が空洞になり、踏み抜いてしまうことがある。転倒などのアクシデントにつながる場合もあるので、足もとに気をつけよう。

牛首分岐付近まで歩くと、残雪をまとった至仏山《しぶつさん》と燧《ひうち》ヶ《が》岳《たけ》がいっそう凛々しくそびえる。夏には知るよしもなかった尾瀬ヶ原の表情を堪能したら、体力と時間に余裕のあるうちに**山ノ鼻**へ戻り、**鳩待峠**へと雪道を登り返していこう。

プランニング&アドバイス

コースタイム（無雪期の約1.2倍が目安）とコースグレードは残雪期の設定。残雪に対処する装備として、防水性能の高いトレッキングシューズを履き、6本爪程度の軽アイゼンとストックを携行しよう。行程は、戸倉周辺の宿や鳩待山荘を利用した前夜泊日帰り、または尾瀬ヶ原の山小屋を拠点とした1泊2日となる。

雪原が広がる尾瀬ヶ原の上田代、前方に燧ヶ岳

残雪期モデルコース

大清水から尾瀬沼へ

大清水↓三平峠↓三平下↓尾瀬沼ビジターセンター↓沼尻平↓三平下↓三平峠↓大清水　8時間30分

Map 3-4A　大清水

Map 6-3A　尾瀬沼ビジターセンター

コースグレード	中級
技術度	★★★☆☆ 3
体力度	★★★☆☆ 3

残雪の尾瀬沼を楽しむ適期は、尾瀬ヶ原と同様、一部の山小屋が営業をはじめる4月下旬から5月中旬ごろ。群馬県側の大清水《おおしみず》からアプローチする。大清水へは、例年GWの1週間ほど前に道路の冬季閉鎖が解除され、路線バスが運行する。

大清水から**一ノ瀬**《いちのせ》へは、シャトルバスの運行前（例年6月中旬～10月下旬運行）のため林道を歩く。GWのころは、雪どけして砂利の路面がだいぶ出ているが、一ノ瀬が近づくにつれ、残雪量が増してくる。沼田街道の旧道は、谷沿いで雪どけが遅く、トレースを見ることは少ない。

一ノ瀬からは残雪を踏んで歩く。雪の状態によっては、一ノ瀬でアイゼンを装着するとよいだろう。

三平峠《さんぺいとうげ》へは、ほぼ夏道どおりに行く。沢沿いでは雪の急斜面を横切ることがあるので、足もとに気をつけよう。岩清水《いわしみず》付近からジグザグにやや急登して、尾根に上がると、なだらかな雪道が続く。

三平峠を越え、浅い谷をまっすぐ下ると、尾瀬沼南岸の**三平下**《さんぺいした》に出る。例年GW時期、尾瀬沼周辺の残雪量は約1～3m。尾瀬沼山荘と休憩所の1階は雪に埋もれている。目前にそびえる燧ヶ岳《ひうちがたけ》は、尾瀬沼の雪原と相まって、裾がいっそう大きく見える。

三平下からは、長蔵《ちょうぞう》小屋と尾瀬沼ビジターセンターのある東岸へ向かおう。ここからは、ワカンやスノーシューが有効だ。尾

解氷が進む尾瀬沼と、残雪をまとった燧ヶ岳

三平峠付近のおだやかな雪道

瀬沼を周回する残雪期のルートは、夏道を離れ、水際の平坦な雪面にトレースがつくことが多い。起伏がないので、夏道よりも歩きやすく、雪原の景観も楽しめる。

ただし、雪どけと解氷が進むにつれ、場所によっては水没するおそれがある。水面が現れたり、水流が生じている場所のほかに、雪の色が変わっている、雪面が割れている、雪原の一部分だけへこんでいる、このような場所は要注意だ。先行者のトレースがあっても、不用意に踏み込まず、自ら判断して進もう。

すでに雪どけして地表や湿原が現れているところは、植生保護のため踏み込みを避けよう。残雪が厚いところを歩くか、木道が出ていれば、夏道どおりに歩く。

例年5月中旬から開設する**尾瀬沼ビジターセンター**の立つ尾瀬沼東岸からは、反時計回りで、尾瀬沼を一周する。沼尻平《ぬしりだいら》までの北岸線は、おおむね水際にトレースがついているが、**浅湖湿原**《あざみしつげん》の西側の大入洲《おおいりす》は、樹林帯へ入って、夏道に沿って進む。

沼尻平まで来ると、燧ヶ岳が間近にせまる。山肌をおおう樹林は、ダケカンバなどの落葉した広葉樹と、オオシラビソやクロベなどの常緑針葉樹とがくっきり分かれ、夏とは違った表情を見せている。

沼尻平からは、方向をよく確認して南岸線を進む。小沼湿原《こぬましつげん》付近は、湖畔の樹林に入らず、地形図に表された尾瀬沼の水崖線《すいがいせん》（陸と沼の境）を忠実になぞるようにして水際を歩く。もし解氷が進んでいる場所があれば、山裾の樹林へ逃げる。沢が注ぎ込んでいる入り江の部分、および南岸の取水設備付近は、解氷が早く、尾瀬沼の水面が出ていることがある。

南岸の**三平下**まで進んだら、往路を**大清水**へと戻る。三平峠を越え、尾根筋から南へ急下降する地点では、そのまま尾根筋を直進しないよう注意が必要だ。また一ノ瀬までの下りで、不安があれば、三平峠でアイゼンを装着しよう。

プランニング&アドバイス

例年GWに入ると、たいていトレースがつくが、尾瀬ヶ原よりも入山者数は少ない。一ノ瀬から三平峠の間は急斜面があるため、6本爪以上のアイゼンとストックが必要。尾瀬沼を一周するには、無雪期に歩き、水際の地形をよく把握しておきたい。行程は前夜泊日帰り、または営業している山小屋を利用した1泊2日となる。

尾瀬沼一周は、おおむね水際の雪面を進む

残雪期モデルコース

鳩待峠から至仏山へ

鳩待峠→小至仏山→至仏山（往復） 5時間40分

　至仏山《しぶつさん》は、残雪豊富なGWの尾瀬で、最もにぎわいを見せるスノーフィールドだ。戸倉《とくら》から鳩待峠《はとまちとうげ》への道路の冬季閉鎖が解除され、GWに合わせてシャトルバスが運行開始すると、白銀に輝く至仏山をめざして、大勢の登山者とスキーヤー、スノーボーダーが鳩待峠にやってくる。

　鳩待山荘をはじめ、尾瀬ヶ原の一部の山小屋も、GWから営業をスタートし、残雪期の至仏山への拠点となる。

　植生保護区域にある至仏山は、GWの翌日から6月末まで入山禁止となるため、残雪期の登山は、GW前の数日とGW中に限られる。そのうえで、歩行・滑走可能なルートと、重点保護区域として立入禁止エリアが設けられる。小《こ》至仏山《しぶつさん》付近から至仏山にかけての稜線西側のハイマツ帯と高天ヶ原《たかまがはら》一帯が立入禁止エリアだ。これらは例年4月中旬、尾瀬保護財団のホームページで発表されるので、必ず事前に確認しよう。その年の残雪状況と注意事項、および急傾斜地やクレバスのある谷など危険区域も示される。

　標高1591mの**鳩待峠**からスタートし、標高約1800m付近までは、ほぼ夏道どおり、尾根筋の樹林帯を登っていく。例年GWの積雪は、少ないところで1〜2m、北斜面や吹き溜まりでは3〜5m以上。木道や階段、道標は雪に埋もれ、トレースと赤テープ類を目印にして進む。雪質によっ

Map 1-2C 鳩待峠
Map 1-1B 至仏山

コースグレード	中級
技術度	★★★★☆ 4
体力度	★★★☆☆ 3

オヤマ沢田代付近の斜面、右前方に至仏山

鳩待峠から樹林帯の登り、積雪は1〜2m以上

てはワカンやスノーシューを使いたい。

地形図に標高1866・9mの三角点が記された小ピークは、南側の夏道とは逆に北側を巻き、尾根の北面を斜めに横切りながら登っていく。前方に小至仏山と至仏山、北東の眼下に尾瀬ヶ原を望むと、なだらかな雪原に出る。オヤマ沢田代だ。

この先は森林限界に達した稜線での行動となるので、防風・防寒を今一度しっかり整えよう。また雪面の凍結や岩石の露出など、アイゼンが必要と判断したら、遅くともここで装着しておこう。

残雪期の稜線は、蛇紋岩《じゃもんがん》が埋れ、広い雪のスロープとなっている。安定した天候であれば、爽快な雪山を楽しめるが、突風と地吹雪には注意が必要だ。

至仏山へは、稜線上か、東側直下を進む。稜線より西側のハイマツ帯および残雪が薄い場所、地面が露出した場所には、植生保護のため踏み込まないことがルールだ。

小至仏山を越え、鞍部から雪稜を登り返していくと、**至仏山**の頂上に立つ。尾瀬ヶ原と燧《ひうち》ヶ《が》岳《たけ》をはじめ、会津《あいづ》駒《こま》ヶ《が》岳《たけ》や平《ひら》ヶ《が》岳《たけ》など、白銀の山々が地平に連なる。

至仏山からは、往路を引き返す。下山時、オヤマ沢田代付近では、オヤマ沢へ滑降するシュプールや悪沢岳《わるさわだけ》側へ進むトレースも見られるので、**鳩待峠**へ下るルートを見誤らないよう注意しよう。

小至仏山付近の稜線、突風に注意して登り進む

プランニング&アドバイス

悪天候や視界不良時は、きわめて行動がきびしくなる。入山を控えよう。先行者のトレースやシュプールがあっても、不用意に踏み込まず、自分の判断・責任でルートを見きわめ、行動することが求められる。できれば無雪期に歩き、地形を把握しておきたい。行程は、戸倉周辺の宿や鳩待山荘を利用した前夜泊日帰りとなる。

雪の尾瀬ヶ原と燧ヶ岳を望む至仏山頂上

残雪期モデルコース

尾瀬沼山峠から燧ヶ岳へ

尾瀬沼山峠↓大江湿原↓俎嵓↓燧ヶ岳（柴安嵓）↓俎嵓↓熊沢田代↓広沢田代↓尾瀬御池　8時間

Map 6-1B 尾瀬沼山峠

Map 7-4C 燧ヶ岳

コースグレード	上級
技術度	★★★★★ 5
体力度	★★★★☆ 4

雪をまとった燧ヶ岳《ひうちがたけ》は、周辺の山々のなかでも、ひときわ凛々しい姿を見せてそびえる。残雪期にこそ、その頂に立ちたいと思う登山者は多い。

GWには、至仏山《しぶつさん》とともに登山者が訪れているが、残雪期の燧ヶ岳は、地形と標高、アプローチの面から難易度が高くなる。

とくに柴安嵓《しばやすぐら》の東側直下は、急な雪壁となるため、ここを登下降するには雪山の主要装備であるアイゼン、ピッケルと、それを的確に用いる技術が求められる。

本稿では、尾瀬沼山峠《おぜぬまやまとうげ》を起点に長英《ちょうえい》新道から俎嵓《まないたぐら》に登り、御池《みいけ》登山道を下山するコースを紹介する。柴安嵓へは、俎嵓から往復するが、残雪の状況しだいでは、急な雪壁を回避して、俎嵓のみの登頂にとどめる。なお、尾瀬沼山峠からの残雪期登山は、シャトルバスが運行開始する例年5月中旬以降となる。

尾瀬沼山峠から尾瀬沼へは、夏道どおり歩く。樹林帯は残雪が豊富だが、**大江湿原《おおえしつげん》**では、大江川沿いを中心に雪どけが進み、木道が出ていることが多い。

尾瀬の木道ではアイゼン、ピッケルを使用せず、ストックは先端にキャップをつけ、木道を傷つけないようにしよう。

例年5月中旬に開設する**尾瀬沼ビジターセンター**でシーズン情報を確認したら、**浅《あざ》湖湿原《みしつげん》**から長英新道へ進む。林床をおおう残雪が陽光を反射し、オオシラビソの森は

俎嵓から見る柴安嵓、直下が雪壁となっている

ミノブチ岳北側を巻くトレース

は思いのほか明るい。降雪直後などはトレースが薄くなることもあるが、赤テープ類がルートの目印となっている。ミノブチ岳直下までは、ほぼ夏道と同じルートだ。

後方の眼下に尾瀬沼の雪原を望めるようになると、森林限界に達し、俎嵓が正面に立ち上がる。この先、ミノブチ岳の北側直下を巻くトレースを進み、ハイマツと岩礫が露出した尾根を急登すると、**俎嵓**に立つ。

東北地方の最高峰にふさわしく、すばらしい展望が広がる。とりわけ上越国境や奥《おく》只見《ただみ》の重厚な山並みが印象的だ。5月中旬は、山麓の新緑と稜線の残雪とのコントラストが美しい。

雪の状態を見きわめ、問題がなければ、アイゼンとピッケルを準備して、燧ヶ岳の最高点となる**柴安嵓**を往復しよう。装備としてはヘルメットも推奨する。

柴安嵓直下の急な雪壁は、ピッケルを支点にして、3点確保（支持）で登下降する。ルート取りは、雪の状態によって一定ではなく、刻々と変わる。

俎嵓に戻ったら、御池登山道を下る。燧ヶ岳北面はバックカントリースキーのメッカで、例年4月下旬、檜枝岐《ひのえまた》から尾瀬御池への道路の冬季閉鎖が解除されると同時にトレースとシュプールがつく。

といってもトレースが交錯していたり、融雪や降雨で消えることもあるので、ルートは自ら判断することになる。

そこで、特徴的な地形である熊沢田代《くまざわたしろ》と広沢田代《ひろさわたしろ》をとらえ、方向を定めて下っていく。下山地の尾瀬御池も頂上付近から目視できるので、確認しておこう。

もちろん地形図を読んでの行動も大事だが、無雪期に歩き、地形を把握しておくと、ルート判断に生かせる。ただし視界不良時はルートを誤りやすいので、入山前に気象情報を必ず確認しておこう。

残雪期は、なだらかな雪原となる**熊沢田代**と**広沢田代**を過ぎ、樹林帯を直線的に急下降していくと、**尾瀬御池**に下り立つ。

プランニング&アドバイス

柴安嵓を登下降する場合、10〜12本爪アイゼンとピッケルが必要。不安があれば、俎嵓の登頂にとどめ、登り下りとも長英新道を歩くとよいだろう。その場合、6本爪アイゼンとストックが最低限の装備となる。行程は檜枝岐の宿や尾瀬御池ロッジを利用した前夜泊日帰り、または尾瀬沼東岸の山小屋を利用した1泊2日となる。

俎嵓から熊沢田代、尾瀬御池方面を見下ろす

残雪期モデルコース

駒ヶ岳登山口から会津駒ヶ岳へ

駒ヶ岳登山口↓登山道入口↓駒ノ小屋↓会津駒ヶ岳↓中門岳（往復）　12時間10分

Map 10-4D 駒ヶ岳登山口

Map 10-2B 会津駒ヶ岳

コースグレード	上級
技術度	★★★★☆ 4
体力度	★★★★☆ 4

「山上の庭園」と賛嘆される会津駒ヶ岳《あいづこまがたけ》は、残雪期にも多くの登山者を迎えている。また、古くからバックカントリースキーのフィールドとしても親しまれてきた。

雪が締まってくる4月中旬から、湿原の植物が目覚めはじめる前の5月下旬ごろまでがシーズンだ。駒ノ小屋が営業をはじめるGWには、登山者が増え、トレースもはっきりつくようになる。安定した天候と雪質に恵まれれば、なだらかな雪稜のプロムナードと白銀の山々を見晴らす大展望を満喫できる。

残雪期の会津駒ヶ岳へは、無雪期と同様、檜枝岐《ひのえまた》の中心街の入口、駒ヶ岳登山口（滝《たき》沢《ざわ》登山口）から登られている。**駒ヶ岳登山口**バス停から、**登山道入口**まで林道を歩く。マイカー利用の場合、除雪されていれば、林道上部の駐車スペースまで入れる。

例年GWのころは、階段を上がって尾根に取り付くと、すぐに雪を踏んで歩く。5月中旬ごろになると、雪どけが進み、しばらく夏と同じ登山道を登っていく。登山道沿いでは、芽吹きのはじまったブナ林のなかでタムシバやムシカリの白い花が咲き、ムラサキヤシオも花芽を膨らませて開花の準備をしている。この風景も美しい。

5月中旬ごろでも、2つ目の道標を見送

駒ノ小屋へは尾根のトーレスに沿って登る

尾瀬周辺の山々を一望する会津駒ヶ岳頂上

る標高1500m前後からは雪道となる。駒ノ小屋までの尾根は、ほぼ夏道どおりにトレースがついている。ただし、降雪や降雨後は、不明瞭になることもある。赤テープ類が目印となるが、基本的には尾根筋からそれないよう登っていく。

標高約1650mまで登ると、進路が北から西向きに大きく変わる。登りではまず問題ないが、下山時は違う尾根へ進まないよう方向に注意が必要だ。この付近では、ちょうど広葉樹のブナから針葉樹のオオシラビソへと植生が移り変わっていくので、周囲の地形や風景をよく観察して把握しておくと、下山時に心強い。

森林限界に達すると、なだらかな雪のスロープが稜線へと続いている。広い雪面には、視界不良時に備え、ルートに沿って赤いポールが立てられることもある。**駒ノ小屋**まで登ると、さらに大きく雪の斜面が広がる。駒大池はまだ雪に埋もれ、あたり一帯、まぶしいばかりの雪景色だ。

目前の会津駒ヶ岳へは、ほぼまっすぐ雪面を登っていく。登り着いた**会津駒ヶ岳**の頂上では、爽快な大展望を満喫できる。とりわけ残雪をまとった燧ヶ岳《ひうちがたけ》は勇ましく、至仏山《しぶつさん》は清々しい姿を見せてそびえる。そして雪の平ヶ岳《ひらがたけ》は、緑の季節にも増して悠々と横たわっている。

天候に問題がなければ、北へ延びる雪稜をたどり、中門岳《ちゅうもんだけ》まで行こう。中門岳へは、起伏のおだやかな雪稜が続いている。ただし、稜線の東側に、雪がひさしのように張りだす雪庇《せっぴ》が生じていることがある。残雪期はその崩壊が進むので、雪庇に近づき過ぎないよう注意が必要だ。そのためにも視界不良時の行動は避けたい。

大らかな雪原となった**中門岳**まで来たら、雪稜を引き返し、**会津駒ヶ岳**に登り返す。西側直下の巻き道は、雪の急斜面を横切ることになるため、トレースがつかないことが多い。会津駒ヶ岳からは**駒ノ小屋**へ戻り、往路を下山する。

プランニング&アドバイス

とくに急峻な地形はなく、安定した天候のもとであれば6本爪アイゼンとストックで歩ける。一方、天候や雪質の見きわめ、ルート取りにおいては、的確な判断が求められるためコースグレードは上級となる。行程は、駒ノ小屋（素泊まり）を拠点とした1泊2日、もしくは檜枝岐の宿を利用した前夜泊日帰りとなる。

会津駒ヶ岳から中門岳へ延びる雪稜を望む

尾瀬へのアクセス

↑尾瀬御池と尾瀬沼山峠間を走行する電気バス　↓戸倉から鳩待峠へのシャトルバス、乗合タクシー

公共交通機関利用

尾瀬の各登山口へは、JR上越新幹線上毛高原駅、野岩鉄道会津高原尾瀬口駅、JR上越新幹線浦佐駅が主要なターミナル駅となる。

東京駅から上毛高原駅へは、JR上越新幹線とき、たにがわで約1時間10〜20分。上毛高原駅から戸倉、大清水へは関越交通バスを利用。戸倉から鳩待峠へはシャトルバス、乗合タクシーに、大清水から一ノ瀬へはシャトルバスに乗り継ぐ。

また例年5月中旬〜10月中旬にバスタ新宿から戸倉、大清水まで関越交通の高速バス、尾瀬号が運行。往路の夜行便は新宿22時発で練馬駅、川越駅を経由し、戸倉、大清水に早朝3時台に着く。

会津高原尾瀬口駅へは、浅草駅から東武鉄道特急リバティ会津（野岩鉄道直通）で約2時間50分〜3時間5分。会津高原尾瀬口駅から駒ヶ岳登山口、檜枝岐、尾瀬御池、尾瀬沼山峠へは、会津バスを利用。猿倉登山口、馬坂峠へは、みなみやま観光シャトルタクシーが便利。

また会津高原尾瀬口駅へは、例年5月下旬〜10月中旬の金・土に尾瀬夜行23:55が運行される。浅草駅23時55分発、会津高原尾瀬口駅で連絡バスに接続し、駒ヶ岳登山口、尾瀬御池を経由して尾瀬沼山峠に朝6時台に到着する。

東京駅から浦佐駅へは、JR上越新幹線ときで約1時間20〜30分。浦佐駅から平ヶ岳登山口、尾瀬御池、尾瀬沼山峠へは、南越後観光バス、奥只見遊覧船（予約制）、会津バス（予約制）を利用。例年6月上旬〜10月中旬の運行で、船とバスの予約・問合せは、魚沼市観光協会（P142参照）へ。

アクセス図 凡例

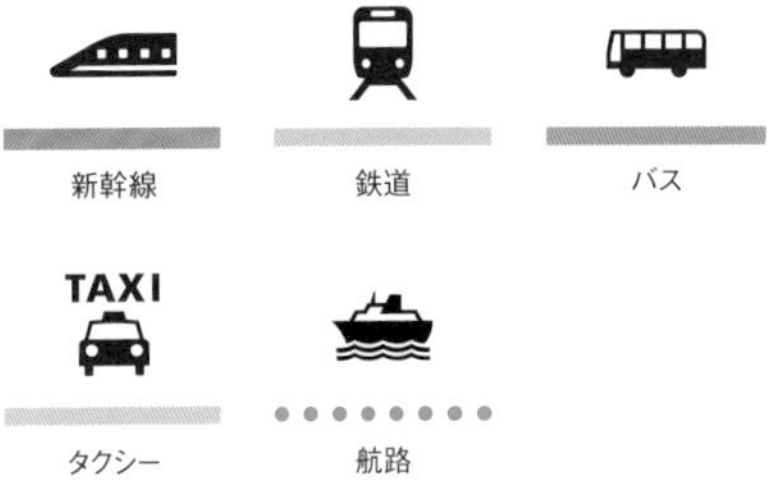

マイカー利用

東京方面からは、関越自動車道と東北自動車道が尾瀬へ向かう幹線道路となる。

群馬県側の玄関口となる戸倉へは、関越自動車道沼田ICから国道120号、401号経由で約34km。大清水へはさらに約8km、富士見下へは約5km。戸倉、大清水、富士見下に駐車場がある。

鳩待峠へは、ピーク時期にマイカー規制が実施されるため、戸倉からシャトルバス、乗合タクシーを利用。例年4月下旬〜11月上旬に運行。規制期間外は、鳩待峠駐車場まで入れるが、混雑防止と環境保全のため、シャトルバス利用が望ましい。

また大清水から一ノ瀬へは、シャトルバスを利用することができる。

福島県側の檜枝岐へは、東北自動車道西那須野塩原ICから国道400号、121号、352号経由で約89km、尾瀬御池へはさらに13km。駒ヶ岳登山口、七入、尾瀬御池に駐車場がある。

尾瀬御池から尾瀬沼山峠へは常時マイカー規制のため、シャトルバスを利用。

田代山への猿倉登山口へは、湯ノ花温泉から約15km、台倉高山と帝釈山の登山口となる馬坂峠へは檜枝岐から約14.5km。それぞれ未舗装区間のある林道を走行、各登山口に駐車場がある。

新潟県側からは関越自動車道小出ICを利用、県道50号（奥只見シルバーライン）、国道352号経由で平ヶ岳登山口まで約57km、小沢平まで約60km、尾瀬御池まで約70km。各登山口に駐車場がある。

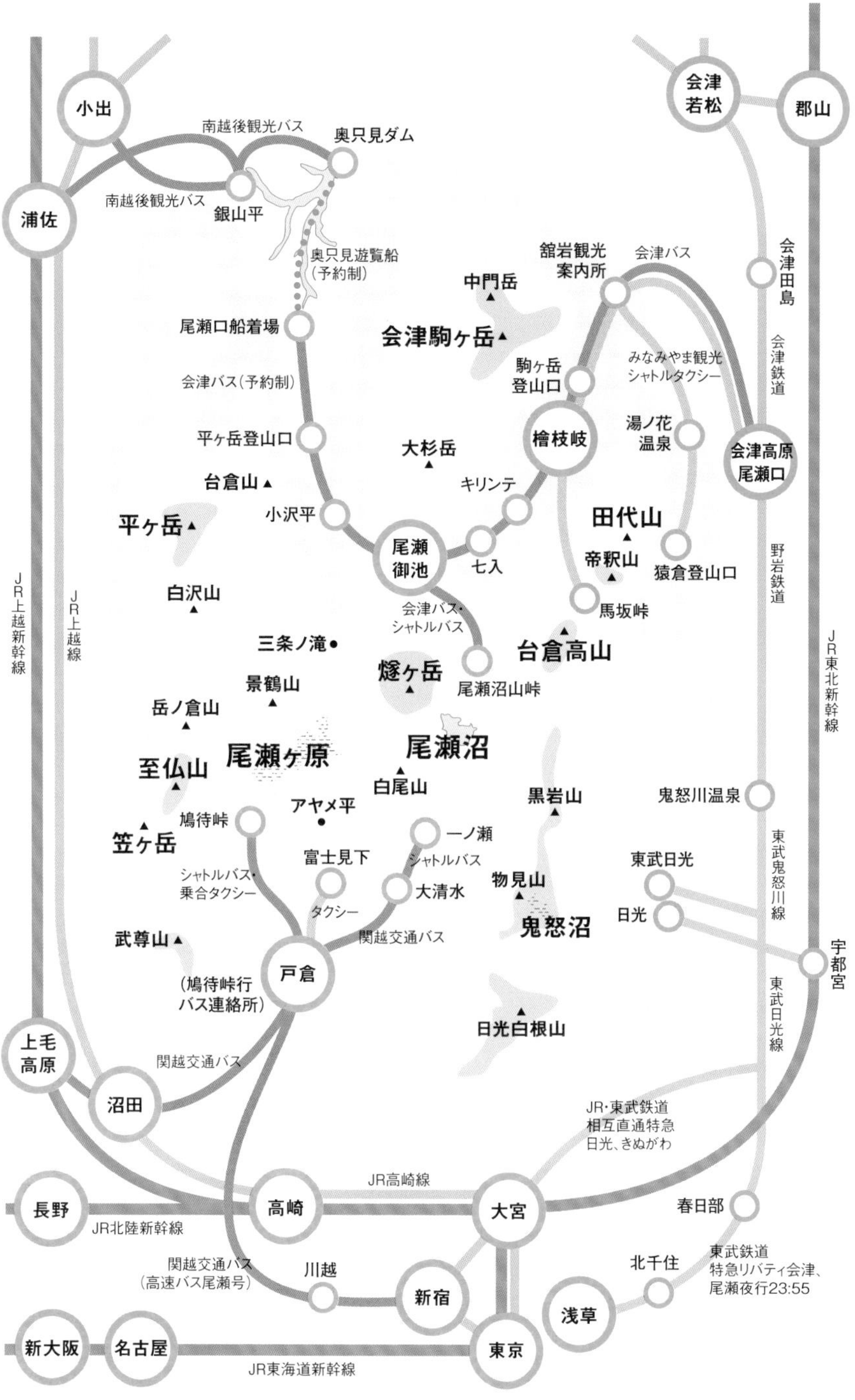

小出
南越後観光バス
奥只見ダム
浦佐
南越後観光バス
銀山平
奥只見遊覧船
（予約制）
尾瀬口船着場
会津バス（予約制）
平ヶ岳登山口
台倉山
小沢平
平ヶ岳
尾瀬
御池
七入
キリンテ
檜枝岐
駒ヶ岳
登山口
舘岩観光
案内所
会津バス
中門岳
会津駒ヶ岳
みなみやま観光
シャトルタクシー
湯ノ花
温泉
会津
若松
郡山
会津
田島
会津
鉄道
会津高原
尾瀬口
野岩
鉄道
大杉岳
田代山
帝釈山
猿倉登山口
馬坂峠
台倉高山
白沢山
会津バス・
シャトルバス
尾瀬沼山峠
三条ノ滝
燧ヶ岳
景鶴山
岳ノ倉山
尾瀬ヶ原
尾瀬沼
至仏山
白尾山
アヤメ平
黒岩山
鬼怒川温泉
鳩待峠
笠ヶ岳
一ノ瀬
シャトルバス
富士見下
シャトルバス・
乗合タクシー
大清水
物見山
鬼怒沼
タクシー
関越交通バス
東武日光
日光
東武
鬼怒
川線
宇
都
宮
JR
東
北
新
幹
線
武尊山
戸倉
（鳩待峠行
バス連絡所）
東武
日光線
日光白根山
JR
上
越
新
幹
線
JR
上
越
線
上毛
高原
関越交通バス
沼田
JR・東武鉄道
相互直通特急
日光、きぬがわ
JR高崎線
長野
JR北陸新幹線
高崎
大宮
春日部
関越交通バス
（高速バス尾瀬号）
川越
新宿
北千住
東武鉄道
特急リバティ会津、
尾瀬夜行23:55
浅草
新大阪
名古屋
東京
JR東海道新幹線

尾瀬周辺図

只見へ
会津若松へ
会津若松へ
990
御前ヶ岳
1233
昭和村
会津若松方面
那須沢山
1045
大博多山
1315
岩下山
1160
道の駅
きらら289
会津鉄道
0
5
10km
1:350,000
会津田島駅
1278
斉藤山
中の森
1217
小手沢山
1519
黒岩山
1398
三倉山
1888
三本槍岳
1917
福島県
南会津町
舘岩観光案内所
七ヶ岳
1636
那須岳
茶臼岳
1915
三仏沢山
1314
南月山
1776
伊南川
西根川
舘岩川
会津高原尾瀬口駅
道の駅
会津西街道たじま
湯ノ花温泉
弘法の湯
山王トンネル
大佐飛山
1908
木賊温泉
湯岐川
道の駅番屋
1636
大嵐山
荒海山
1581
日留賀岳
1849
の駅尾瀬檜枝岐
ルザ尾瀬の郷
那須塩原市
野岩鉄道
田代山
帝釈山
1971
2060
馬坂峠
猿倉登山口
持丸山
1366
1305
三依山
安戸山
1151
道の駅
湯の香しおばら
塩原温泉
黒磯板室IC
湯西川
2067
台倉高山
道の駅
湯西川
明神ヶ岳
1595
064
兵衛山
葛老山
1124
日塩もみじライン
西那須野塩原IC
栃木県
日光市
高原山
1765
1795
日加倉山
1369
矢板市
郡山・福島方面
鬼怒川
川俣湖
鬼怒温泉
東北自動車道
高薙山
2181
泉ヶ岳
1287
月山
塩谷町
太郎山
2368
女峰山
2483
鬼怒川温泉駅
矢板駅
大真名子山
2376
道の駅やいた
湯川
東武鬼怒川線
道の駅
湧水の郷
しおや
男体山
2486
矢板IC
481
石尊山
東武日光駅
清滝IC
中禅寺湖
東武日光線
日光駅
日光IC
JR日光線
下今市駅
黒檜岳
1976
1104
鳴虫山
今市IC
道の駅日光
今市駅
JR東北本線
日光市
土沢IC
宇都宮市
夕日岳
1526
寅巳山
446
上河内SIC
赤倉山
1442
大沢IC
東武日光線
JR東北新幹線
東京方面
日光宇都宮道路
石尊山
594
鹿沼市
徳次郎IC
わたらせ渓谷鐵道
桐生へ
浅草方面
宇都宮方面
鹿沼ICへ
宇都宮IC
東京方面

新潟方面
只見へ
JR只見線
堀之内IC
越後川口IC
長岡市
17
小出駅
JR上越新幹線
JR上越線
道の駅ゆのたに
深雪の里
小出IC
252
352
奥只見シルバーライン
笠倉山
907
毛猛山
1517
横山
1417
只見町
会津朝日岳
1624
1553
未丈ヶ岳
只見川
丸山岳
1820
浦佐駅
130
291
大和SIC
50
枝折峠
奥只見ダム
十日町へ
17
関越自動車道
越後駒ヶ岳
2003
白銀の湯
銀山平
北ノ又川
奥只見湖
立倉山
1270
高幽山
1747
猿倉山
688
八海山
1778
荒沢岳
1969
窓明山
1842
253
六日町IC
六日町駅
中ノ岳
2085
中ノ岐川
福島県
檜枝岐村
三岩岳
2065
坂戸山
634
南魚沼市
兎岳
1926
尾瀬口船着場
大津岐川
中門岳
2060
丹後山
1809
新潟県
魚沼市
鷹ノ巣山
1623
只見川
会津駒ヶ岳
2133
17
駒ヶ岳登山口
金城山
1369
台倉山
1695
平ヶ岳登山口
駒の湯
燧の湯
石打IC塩沢へ
平ヶ岳
2140
小沢平
大杉岳
1922
キリンテ
檜枝岐川
下津川山
1928
利根川
白沢山
1953
七入
巻機山
1931
1967
尾瀬御池
291
群馬県
みなかみ町
長須ヶ玉山
1914
湯沢ICへ
景鶴山
2004
燧ヶ岳
2356
尾瀬沼山峠
実川
尾瀬ヶ原
尾瀬沼
奥利根湖
日崎山
1396
皿伏山
1917
赤安山
2051
至仏山
2228
黒岩山
大源太山
1598
楢俣川
アヤメ平
一ノ瀬
湯沢町
朝日岳
1945
ならまた湖
鳩待峠
荷鞍山
2024
物見山
2113
浦佐・新潟方面
清水トンネル
笠ヶ岳
2057
富士見下
大清水
鬼怒沼
白毛門
1720
湯の小屋温泉
坤六峠
笠科川
燕巣山
2222
茂倉岳
1974
大清水トンネル
63
西山
1898
戸倉
戸倉の湯
四郎岳
2156
根名草山
1977
谷川岳
宝台樹山
1152
片品川
丸沼
菅沼
2026
仙ノ倉山
291
関越トンネル
武尊山
2158
群馬県
片品村
丸沼高原
水上駅
利根川
獅子ヶ鼻山
1637
1875
401
120
日光白根山
2578
尼ヶ禿山
1466
鹿俣山
2040
前武尊
道の駅
尾瀬かたしな
鎌田
ほっこりの湯
みなかみ町
道の駅みなかみ
水紀行館
迦葉山
1322
笠ヶ岳
2246
三ヶ峰
2032
苗場へ
水上IC
JR上越新幹線
JR上越線
沼田市
17
大峰山
1254
川場村
上毛高原駅
道の駅月夜野
矢瀬親水公園
道の駅川場
田園プラザ
皇海山
2144
関越自動車道
120
庚申山
1892
月夜野IC
17
沼田IC
道の駅白沢
望郷の湯
沼田市
高山村
沼田駅
昭和村
高崎・東京方面
高崎方面
昭和ICへ
袈裟丸山
1878

尾瀬の登山口ガイド

鳩待峠《はとまちとうげ》　標高1591m　尾瀬ヶ原・アヤメ平・至仏山・笠ヶ岳方面

Map 1-2C

尾瀬の群馬県側の主要登山口。戸倉方面から鳩待峠への道路は、自然保護と交通渋滞の解消、利用分散を目的に登山シーズン中のピーク時にマイカーが規制が実施されている。

売店や食堂、シャトルバスの乗車券販売所がある鳩待峠休憩所（右）と鳩待山荘

公共交通

JR上越新幹線 **上毛高原駅**

↕ 関越交通バス **約1時間50分** **2500円**

マイカー

関越道 **沼田IC**

↕ 約34km（120・401）

戸倉

↕ シャトルバス 乗合タクシー **約35分** **980円**

鳩待峠 Ⓟ

●上毛高原駅からの関越交通バスは、JR上越線沼田駅経由。沼田駅始発の便もある。戸倉での乗降は「鳩待峠行バス連絡所」バス停を利用。シャトルバス、乗合タクシーは例年4月下旬～11月上旬の運行。運賃は同額で、乗車券は共通で利用できる。各年のマイカー規制（尾瀬の交通対策）と代替交通の詳細は、群馬県および尾瀬保護財団ホームページを参照

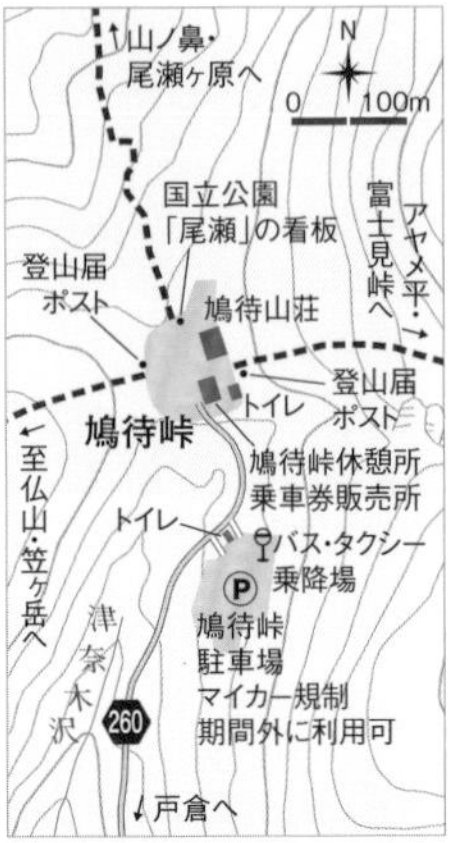

↑鳩待峠駐車場の上段にあるシャトルバス、乗合タクシー乗降場。鳩待峠まで約70m、徒歩2～3分。帰りは休憩所で乗車券を購入してから乗車する

←鳩待峠駐車場は50台収容、1日2500円（暦日）。マイカー規制期間外に利用できるが、すぐに満車になることが多い。規制期間外もシャトルバス利用を推奨

富士見下《ふじみした》　標高約1310m　富士見峠・アヤメ平方面

Map 2-4A

群馬県側の登山口のひとつ。バス路線がないため、アクセスはマイカーかタクシーに限られる。富士見峠経由で尾瀬ヶ原までアプローチが長くなるが、混雑を避けて入山できることがメリット。

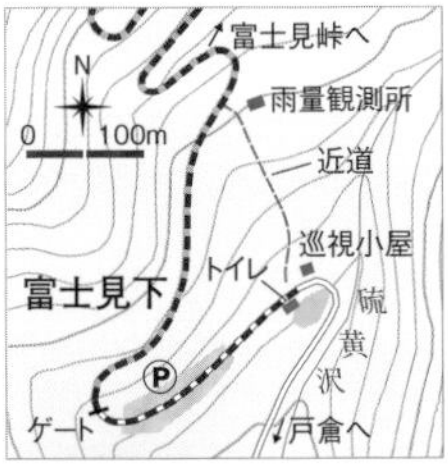

公共交通

戸倉

↕ TAXI タクシー **約10分** **約2800円**

マイカー

関越道 **沼田IC**

↕ 約39km（120・401・63ほか）

富士見下 Ⓟ

●タクシーは事前に予約をしておくとスムーズ。戸倉から約5km、道幅の狭い部分もあるが、富士見下まで舗装

→道路沿いに約30台ほどの駐車スペース（無料）がある

戸倉《とくら》　標高約980m　鳩待峠・富士見下方面

尾瀬の群馬県側の玄関口。旅館やロッジが立ち並び、尾瀬の登山基地として利用されている。駐車場は収容規模が大きく、シャトルバス、乗合タクシーへの乗り換えもスムーズ。

公共交通	マイカー
JR上越新幹線 **上毛高原駅**	関越道 **沼田IC**
関越交通バス **約1時間50分** 2500円	約34km　120　401
戸倉	戸倉

●バスの乗降は「鳩待峠行バス連絡所」バス停を利用。登山シーズン中は、新宿から戸倉・大清水への高速バス（関越交通）が運行され、往路には夜行便がある

→バスの乗降地となる「鳩待峠行バス連絡所」。案内所やトイレがある

←280台収容の尾瀬第１駐車場。ピーク時は第2駐車場（250台）も利用できる。料金はいずれも1日（24時間）1000円

←尾瀬ぷらり館には、日帰り温泉「戸倉の湯」（P140参照）のほか、尾瀬の自然を紹介する「尾瀬ネイチャーセンター」がある

大清水《おおしみず》　標高約1200m　尾瀬沼・燧ヶ岳・鬼怒沼方面

Map 3-4A

鳩待峠と並ぶ、尾瀬の群馬県側登山口。例年6月中旬〜10月中旬の間は、約3.2km先の一ノ瀬までシャトルバスが運行される。大清水湿原では、尾瀬では最も早く、GWにミズバショウが咲く。

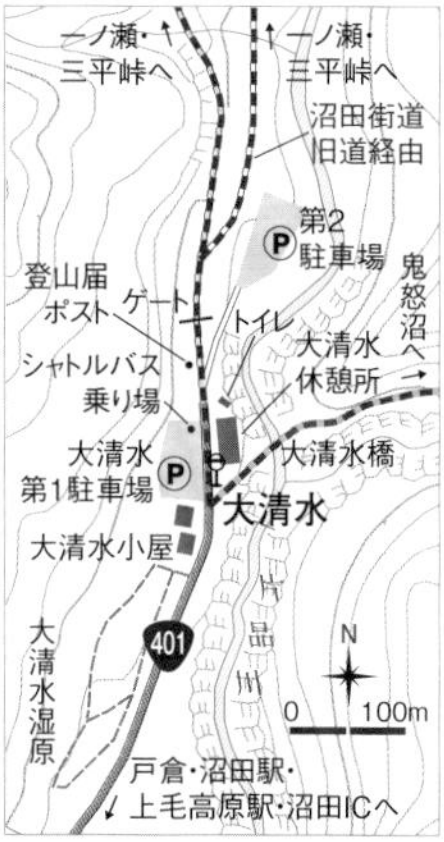

公共交通	マイカー
JR上越新幹線 **上毛高原駅**	関越道 **沼田IC**
関越交通バス **約2時間** 2700円	約42km　120　401
大清水	大清水

●例年、登山シーズン中は、新宿から高速バス（関越交通）も運行、往路の夜行便は早朝4時前に大清水に着く

←大清水休憩所（売店、食堂）前のバス停。道路をはさんでシャトルバス乗り場と大清水第1駐車場（1日500円）がある

←バス停の約150m先の第2駐車場（1日500円）。2カ所で計100台収容。駐車料金は休憩所で支払う

一ノ瀬《いちのせ》　標高約1420m　尾瀬沼・燧ヶ岳方面

Map 2-1D

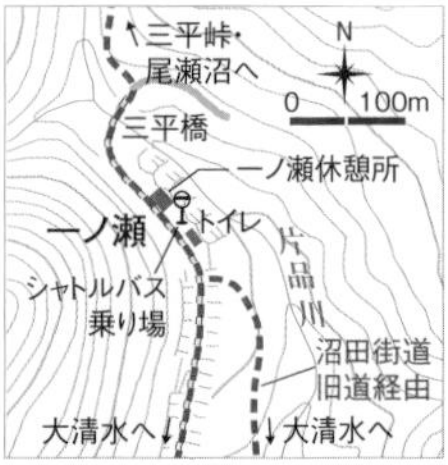

大清水から三平峠・尾瀬沼方面へ林道を約3.2km、一ノ瀬までシャトルバスを利用すると、登りで1時間10分、下りで1時間コースタイムを短縮できる。例年6月中旬～10月中旬に運行。

公共交通　マイカー

大清水（バス停・P）

↕ シャトルバス　約15分　700円

一ノ瀬（バス停）

●シャトルバスは、大清水発5時～16時、一ノ瀬発7時30分～16時30分の間、30分毎に運行（時期や天候により変動あり）

→シャトルバスは一ノ瀬休憩所前で乗降

尾瀬沼山峠《おぜぬまやまとうげ》　標高約1700m　尾瀬沼・燧ヶ岳・抱返ノ滝方面

Map 6-1B

尾瀬の福島県側の主要登山口。アクセスは会津高原尾瀬口方面からと、浦佐・小出方面からの新潟（魚沼）ルートの2とおりある。

〈会津高原尾瀬口・西那須野塩原方面から〉

公共交通

野岩鉄道 **会津高原尾瀬口駅**

↕ 会津バス　約2時間　2450円

尾瀬沼山峠（バス停）

マイカー

東北道 **西那須野塩原IC**

↕ 約102km（400・121・352）

尾瀬御池（バス停・P）

↕ シャトルバス　約20分　590円

尾瀬沼山峠（バス停）

〈浦佐・小出方面から〉

公共交通

JR上越新幹線 **浦佐駅**

↕ 南越後観光バス　約1時間20分　950円

奥只見ダム（バス停）

↕ 奥只見湖遊覧船（予約制）　約40分　1250円

尾瀬口船着場（バス停）

↕ 会津バス（予約制）　約1時間5分　1740円

尾瀬沼山峠（バス停）

マイカー

関越道 **小出IC**

↕ 約70km（352・50）

尾瀬御池（バス停・P）

↕ シャトルバス　約20分　590円

尾瀬沼山峠（バス停）

←売店や食堂を備えた沼山峠休憩所（右）と公衆トイレ

●尾瀬御池～尾瀬沼山峠間は、常時マイカー規制。シャトルバスは、冬季閉鎖解除後（例年5月中旬）から10月下旬の運行。浦佐・小出方面からの奥只見湖遊覧船（予約制）と会津バス（予約制）は例年6月上旬～10月中旬の運行。予約・問合せは、魚沼市観光協会（P142参照）へ

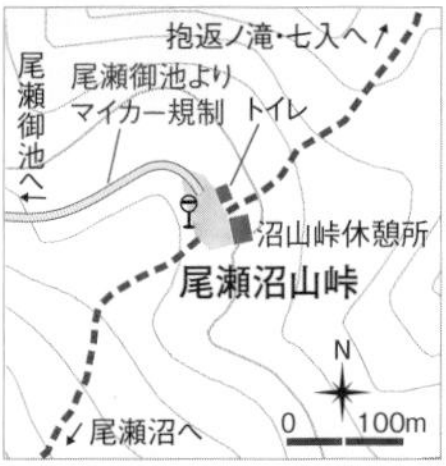

↓尾瀬御池～尾瀬沼山峠間のシャトルバス。環境にやさしい電気バスが運行

尾瀬《おぜ》御池《みいけ》 標高約1500m 燧ヶ岳・三条ノ滝・大杉岳方面

Map 7-2D

尾瀬の福島県側登山口で、マイカー利用では尾瀬沼山峠への乗り換え拠点となる。

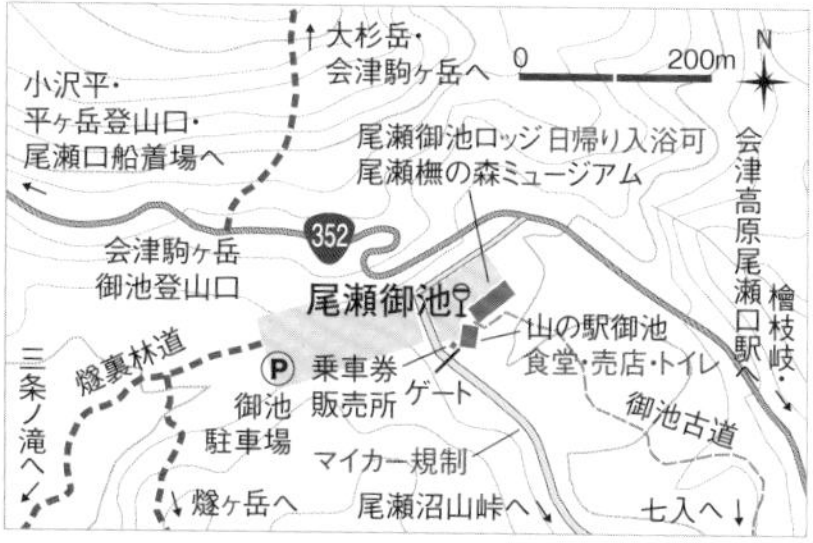

〈会津高原尾瀬口・西那須野塩原方面から〉

公共交通：野岩鉄道 **会津高原尾瀬口駅** → 会津バス 約1時間40分 2180円 → **尾瀬御池**

マイカー：東北道 **西那須野塩原IC** → 400・121・352 約102km → **尾瀬御池**（P）

〈浦佐・小出方面から〉

公共交通：JR上越新幹線 **浦佐駅** → 南越後観光バス 約1時間20分 950円 → **奥只見ダム** → 奥只見湖遊覧船（予約制）約40分 1250円 → **尾瀬口船着場** → 会津バス（予約制）約45分 1300円 → **尾瀬御池**

マイカー：関越道 **小出IC** → 352・50 約70km → **尾瀬御池**（P）

←420台を収容する尾瀬御池駐車場、1回1000円。満車時は、下記の七入駐車場を利用、七入からシャトルバスが発着する

↓尾瀬の自然をはじめ、檜枝岐村の歴史や文化を紹介する「尾瀬橅（ぶな）の森ミュージアム」

↑山の駅御池（売店・食堂）前のシャトルバス・路線バス乗降場、乗車券販売所も隣接

●奥只見湖遊覧船（予約制）と会津バス（予約制）の予約・問合せは、魚沼市観光協会へ

七入《なないり》 標高約1080m 抱返ノ滝・尾瀬沼山峠方面

Map 6-1D

抱返ノ滝を経て尾瀬沼山峠へ向かう沼田（会津）街道とモーカケの滝への散策路（御池古道）の登山口。尾瀬御池駐車場が満車の場合、七入駐車場から尾瀬沼山峠へのシャトルバスが発着する。

公共交通：野岩鉄道 **会津高原尾瀬口駅** → 会津バス 約1時間20分 1980円 → **七入**

マイカー：東北道 **西那須野塩原IC** → 400・121・352 約96km → **七入**（P）

●尾瀬御池駐車場満車時のシャトルバスは、七入～尾瀬沼山峠850円、七入～尾瀬御池430円

→七入駐車場は880台収容、無料

会津《あいづ》駒《こま》ヶ《が》岳《たけ》登山口《とざんぐち》 標高930m　会津駒ヶ岳方面

Map 10-4D

檜枝岐村の中心街に近く、最も利用されている登山口。国道352号沿いの駒ヶ岳登山口バス停が起点で、会津駒ヶ岳滝沢登山口ともいう。マイカーの場合、林道上部まで入れる。

公共交通	マイカー
野岩鉄道 **会津高原尾瀬口駅**	東北道 **西那須野塩原IC**
会津バス 約1時間10分 1790円	約89km 400 121 352
駒ヶ岳登山口 Ⓟ	

●マイカーの場合、林道上部の駐車スペースまで入れるが、休日は早朝から満車になることがある。満車の場合は、村営グラウンド前の登山者用駐車場を利用する

←国道352号沿いの駒ヶ岳登山口バス停付近、会津駒ヶ岳へは写真奥へ延びている舗装の林道（村道）へ進む

←駒ヶ岳登山口バス停の約200m東側、村営グラウンド前の登山者用駐車場、100台以上を収容、無料

→林道最上部の駐車スペース。手前の路肩にも数ヶ所、駐車スペースがあり、全体で50台以上を収容する、無料

→駒ヶ岳登山口バス停の約800m東側にある道の駅尾瀬檜枝岐。アルザ尾瀬（日帰り温泉）や山旅案内所、交流センター（レストラン・売店）がある

キリンテ 標高約1010m　会津駒ヶ岳方面

Map 9-3C

大津岐峠を経て会津駒ヶ岳をめざす登山口。下山地として利用されることが多い。キャンプ場が並び、会津駒ヶ岳をはじめ、燧ヶ岳や平ヶ岳への登山基地にもなる。

公共交通	マイカー
野岩鉄道 **会津高原尾瀬口駅**	東北道 **西那須野塩原IC**
会津バス 約1時間20分 1910円	約94km 400 121 352
キリンテ	

●マイカーの場合、登山口には整備された駐車場がないため、七入駐車場（約2.5km西側）などを利用。登山口まで徒歩や路線バスで移動する

→国道352号沿いの会津駒ヶ岳キリンテ登山口

平《ひら》ヶ《が》岳《たけ》登《と》山《ざん》口《ぐち》　標高約840m　平ヶ岳方面

Map 8-4D

只見川流域の鷹ノ巣に位置する登山口。アクセスは、浦佐・小出方面からと、会津高原尾瀬口方面から尾瀬御池経由の2とおりある。

〈浦佐・小出方面から〉

公共交通
- JR上越新幹線 **浦佐駅**
- ↓ 南越後観光バス　約1時間20分　950円
- **奥只見ダム**
- ↓ 奥只見湖遊覧船（予約制）　約40分　1250円
- **尾瀬口船着場**
- ↓ 会津バス（予約制）　約5分　440円
- **平ヶ岳登山口** Ⓟ

マイカー
- 関越道 **小出IC**
- ↓ 352・50　約57km
- **平ヶ岳登山口** Ⓟ

〈会津高原尾瀬口・西那須野塩原方面から〉

公共交通
- 野岩鉄道 **会津高原尾瀬口駅**
- ↓ 会津バス　約1時間40分　2180円
- **尾瀬御池**
- ↓ 会津バス（予約制）　約30分　1050円
- **平ヶ岳登山口** Ⓟ

マイカー
- 東北道 **西那須野塩原IC**
- ↓ 400・121・352　約116km
- **平ヶ岳登山口** Ⓟ

●奥只見湖遊覧船（予約制）と会津バス（予約制）は例年6月上旬～10月中旬の運行、予約・問合せは魚沼市観光協会（P142参照）へ。マイカーの場合、山岳区間の走行が多くなるため、事前に道路状況の確認を。また給油もIC付近で早めに

↓駐車場は、舗装で区画されたスペースと路肩のスペースで計約30台を収容、無料。バス停横にトイレがある

↑奥只見湖を航行する遊覧船。浦佐駅からのバス便、および尾瀬口船着場からのバス便に接続するダイヤで運航している

小《こ》沢《ぞう》平《だいら》　標高約950m　三条ノ滝・尾瀬ヶ原方面

Map 7-1A

浦佐・小出方面から尾瀬に入る新潟（魚沼）ルートの登山口。会津高原尾瀬口方面から尾瀬御池経由でもアクセスできる。

〈浦佐・小出方面から〉

公共交通
- **尾瀬口船着場**
- ↓ 会津バス（予約制）　約10分　710円
- **小沢平** Ⓟ

マイカー
- 関越道 **小出IC**
- ↓ 352・50　約60km
- **小沢平** Ⓟ

●公共交通で尾瀬口船着場へは、平ヶ岳登山口のアクセスと同じ。尾瀬御池からは会津バス（予約制）で約25分、820円。マイカーでは尾瀬御池から約10km。船とバスの予約は魚沼市観光協会へ

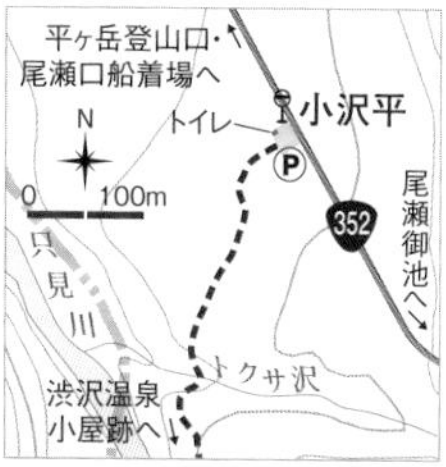

→駐車場は約20台収容、無料

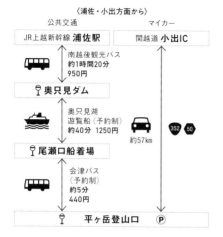

猿倉《さるくら》登山口《とざんぐち》　標高約1420m　田代山・帝釈山方面

Map 11-2D

田代山への代表的な登山口。湯ノ花温泉から林道（県道350号）を約15km。マイカー向きの登山口だが、会津高原尾瀬口駅や湯ノ花温泉からシャトルタクシー（予約制）も利用できる。

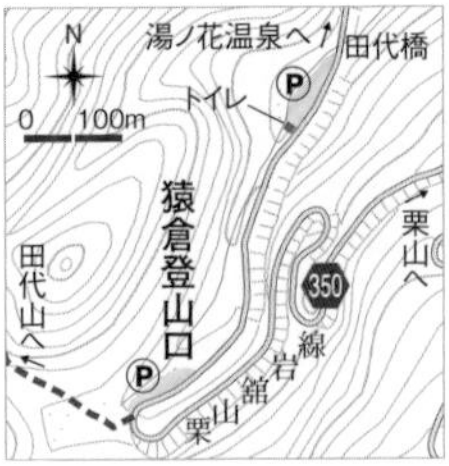

公共交通
野岩鉄道
会津高原尾瀬口駅
TAXI
シャトル
タクシー
（予約制）
約1時間20分
2500円

マイカー
東北道
西那須野塩原IC
約82km
400 121 352 350

猿倉登山口 Ⓟ

●シャトルタクシーは、旅行プランとして例年6月上旬～10月下旬に、みなみやま観光（P142参照）が企画・実施。料金は1人片道。湯ノ花温泉や木賊温泉を発着地にもできる

↓登山口の駐車場(南側)は約20台収容、無料

↑トイレのある北側の駐車場は約30台収容、無料。登山口まで約300m、徒歩5分

↓田代山の登山基地となる湯ノ花温泉には、素朴な共同浴場が4カ所あり外来入浴ができる。宿や商店で入浴券（200円）を購入して利用する。写真は弘法の湯

馬坂峠《うまさかとうげ》　標高約1790m　台倉高山・帝釈山方面

Map 11-2B

檜枝岐の中心街から林道を約14.5km、台倉高山と帝釈山への起点となる登山口。オサバグサ群落が知られ、例年6月上旬～下旬にオサバグサ祭りが開催される。

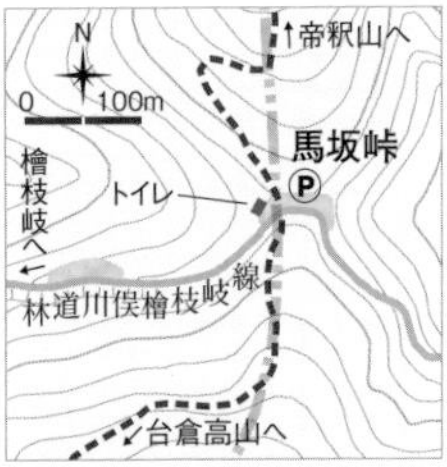

公共交通
野岩鉄道
会津高原尾瀬口駅
TAXI
シャトル
タクシー
（予約制）
約2時間10分
2500円

マイカー
東北道
西那須野塩原IC
約105km
400 121 352
林道川俣
檜枝岐線

馬坂峠 Ⓟ

●シャトルタクシーは猿倉登山口と同様、みなみやま観光が企画・実施。料金は1人片道。オサバグサ祭りの期間中の土日は、檜枝岐の民宿・旅館の宿泊者を対象としたシャトルタクシー（片道2000円）も運行される

↑馬坂峠の登山口に設けられたトイレ。休憩スペースもある

→馬坂峠の駐車場は約30台収容、無料

※交通機関や道路、駐車場、宿泊施設などの情報は、本書の発行日時点のものです。発行後に改定・変更になることがあります。登山計画時には、自治体や交通機関、各施設のホームページなどで最新情報をご確認ください。

尾瀬の山小屋ガイド

＊山小屋の宿泊は、基本的に予約が必要です。
＊営業期間や宿泊料金などの情報は、本書の発行日時点のものです。発行後に変更になることがあります。予約時に各施設へご確認ください。
＊宿泊料金は消費税込みを基本として表示していますが、各施設によって異なることがあります。また人数や時期によって個室料金、繁忙期料金などが必要になる場合があります。子供・幼児の宿泊料金の設定は各施設によって異なります。
＊連絡先が衛星電話の場合、通話にタイムラグがあります。
＊キャンプ指定地以外でのキャンプは禁止されています。

凡例＝①連絡先住所　②収容人数　③営業期間　④宿泊料金（1泊2食税込、素は食事なしの素泊まり税込）　⑤キャンプ指定地　⑥ホームページ　⑦備考

鳩待山荘《はとまちさんそう》

鳩待峠　Map 1-2C

予約・問合せ TEL 0278-58-7311（平日9〜17時）FAX 0278-58-7636

標高1591ｍの鳩待峠に位置。尾瀬ヶ原をはじめ、至仏山や笠ヶ岳、アヤメ平への拠点となる山小屋。とくに前夜泊に便利　①〒378-0411 群馬県利根郡片品村戸倉761 東京パワーテクノロジー㈱ 尾瀬林業事業所　②66人　③4月下旬〜10月中旬　④9000円〜　素6000円〜　⑥あり　⑦要予約　食堂・売店併設　日帰り入浴500円（11〜14時）

至仏山荘《しぶつさんそう》

尾瀬ヶ原・山ノ鼻　Map 4-4C

予約・問合せ TEL 0278-58-7311（平日9〜17時）FAX 0278-58-7636

標高約1400mの山ノ鼻に位置。尾瀬ヶ原散策や至仏山登山の絶好の拠点　①〒378-0411 群馬県利根郡片品村戸倉761 東京パワーテクノロジー㈱ 尾瀬林業事業所　②78人　③4月下旬〜10月中旬　④9000円〜 素6000円〜　⑤山ノ鼻キャンプ場　約30張　1人800円　⑥あり　⑦要予約　食堂·売店　CAFE&BAR併設　日帰り入浴500円（15〜19時）

山《やま》の鼻小屋《はなごや》

尾瀬ヶ原・山ノ鼻　Map 4-4C

予約・問合せ TEL 0278-58-7411　FAX 0278-58-7761
現地 TEL 090-3345-1783（衛星電話 6〜19時30分）

1932（昭和7）年創業、至仏山の鼻先に建てられたことから命名された山小屋。家族的なもてなしと地の物を使った手作りの料理を心がけている　①〒378-0411 群馬県利根郡片品村戸倉594 萩原照夫　②100人　③4月下旬〜10月下旬　④9000円・土曜9500円　素6000円・土曜6500円　⑥あり　⑦要電話予約　原則個室　休憩・食堂コーナー

国民宿舎《こくみんしゅくしゃ》 尾瀬《おぜ》ロッジ

尾瀬ヶ原・山ノ鼻　Map 4-4C

予約・問合せ TEL 0278-58-4158（3月1日より予約受付 8〜19時）
現地 TEL 080-5003-4158（営業期間中）FAX 03-6888-5418

山ノ鼻の東側に位置し、尾瀬ヶ原のすばらしい景色が広がる。尾瀬ヶ原散策をはじめ、至仏山への絶好の拠点となる山小屋　①〒378-0414 群馬県利根郡片品村戸倉中原山898-9　②100人　③GW（4月下旬〜5月上旬）、5月下旬〜10月下旬　④1万円　素6500円　⑥あり　⑦要電話予約　原則個室　売店　戸倉に無料駐車場

龍宮小屋《りゅうぐうごや》

尾瀬ヶ原・中田代　Map 5-2A

予約・問合せ TEL0278-58-7301　FAX0278-58-7302
現地 TEL090-8314-3193

標高約1400m、尾瀬ヶ原の中央近くに立ち、尾瀬ヶ原散策の絶好の拠点。湿原を包む幻想的な朝霧をはじめ、朝夕には昼間とは違った尾瀬ヶ原のドラマチックな光景を堪能できる　①〒378-0411 群馬県利根郡片品村戸倉652 萩原澄夫　②94人　③4月末～10月下旬　④9000円　素6300円（2019年実績）　⑥あり　⑦要電話予約　休憩・売店

弥四郎小屋《やしろうごや》

尾瀬ヶ原・見晴　Map 5-2B

予約・問合せ TEL027-221-4122（前橋案内所 6～20時30分）
FAX027-224-8286　**現地** TEL090-8316-2864（6～20時30分）

明治時代、当時14歳の橘弥四郎が尾瀬を訪れ、魅了される。1932（昭和7）年に尾瀬ヶ原に面した湧水のほとりに山小屋を構築　①〒371-0805 群馬県前橋市南町3-73-1 弥四郎小屋案内所　②200人　③5月1日～10月下旬　④9900円　素7040円　⑥あり　⑦要予約　コーヒースポット併設

尾瀬小屋《おぜごや》

尾瀬ヶ原・見晴　Map 5-2B

予約・問合せ TEL090-8921-8342（現地 衛星電話 8～18時営業期間中）

尾瀬ヶ原に面し、眺めのよいロケーション。朝夕は尾瀬ヶ原の美しい光景を堪能できる　①〒967-0522 福島県南会津郡檜枝岐村上ノ原500-1 ②200人　③5月中旬～10月中旬　④9460円～　素6930円　⑥あり　⑦要予約　クレジットカード払い可　休憩所・売店　伏流水健康風呂　別連絡先および期間外 TEL090-6254-2002（8～19時）

桧枝岐小屋《ひのえまたごや》

尾瀬ヶ原・見晴　Map 5-2B

予約・問合せ TEL090-3405-6460（現地 衛星電話 7～21時）
FAX03-6888-5422

標高1415m、尾瀬ヶ原・見晴にある1935（昭和10）年創業の山小屋。木の温もりを生かした建物で、落ち着いた雰囲気　①〒378-0411 群馬県利根郡片品村戸倉565 萩原英雄　②100人　③4月下旬～10月下旬　④9000円　素6000円　⑥あり　⑦電話予約　喫茶コーナー　冬期案内所（11月～4月1日）TEL0278-58-7050　FAX0278-58-7000

第二長蔵小屋《だいにちょうぞうごや》

尾瀬ヶ原・見晴　Map 5-2B

予約・問合せ TEL0278-58-7100　FAX0278-58-7101

標高1415m、尾瀬ヶ原の見晴に立つ長蔵小屋経営の山小屋。小屋の東側には燧ヶ岳山麓のブナ林が広がり、初夏は爽やかな新緑、秋は鮮やかな黄葉に包まれる　①〒378-0411 群馬県利根郡片品村戸倉958 長蔵小屋予約センター　②60人　③5月下旬～10月中旬　④9000円　素6000円　⑥あり　⑦要予約　売店あり

原《はら》の小《こ》屋《や》

尾瀬ヶ原・見晴　Map 5-2B

予約・問合せ TEL 090-8921-8314

切妻屋根が特徴。1958（昭和33）年の建築当時の風情ある姿を残している。28の個室を備え、別館にカフェを併設　①〒101-0051 東京都千代田区神田神保町1-105 神保町三井ビルディング 山と溪谷社内　②170人　③5月下旬～10月中旬　④1万円　素7000円（相部屋は各500円割引）　⑥あり　⑦要予約　東京事務所　平日 TEL 03-6744-1913

燧《ひうち》小《ご》屋《や》

尾瀬ヶ原・見晴　Map 5-2B

予約・問合せ TEL 090-9749-1319
FAX 03-6888-1534

見晴の奥まった位置に立ち、ブナ林に囲まれた静かなたたずまい　①〒967-0523　福島県南会津郡檜枝岐村下ノ台 平野昌弘　②90人　③4月下旬～10月末　④1万円　素6000円　⑤見晴キャンプ場（予約不要）100張　1人800円（予定）　5月末～10月末　⑥あり　⑦要電話予約　売店あり　檜枝岐連絡所　TEL 0241-75-2059　FAX 0241-75-2456

温泉《おんせん》小《ご》屋《や》

尾瀬ヶ原・赤田代　Map 7-4B

予約・問合せ TEL 080-6601-3394（8～19時）

標高約1410m、赤田代の湿原と燧ヶ岳山麓の樹林に包まれた歴史ある山小屋。風呂に注がれる温泉は、赤みがかった硫酸塩泉。平滑ノ滝や三条ノ滝へも便利な立地　①〒967-0531 福島県南会津郡檜枝岐村燧ヶ岳1　②100人　③5月下旬～8月下旬、9月中旬～10月中旬　④別館9000円～　⑥あり　⑦要予約　カフェ併設（テラス・室内）

元《もと》湯《ゆ》山荘《さんそう》

尾瀬ヶ原・赤田代　Map 7-4B

予約・問合せ TEL 0278-58-7311（平日9～17時）
FAX 0278-58-7636

名のとおり温泉（鉱泉）を楽しめる。三条ノ滝や平滑ノ滝、燧ヶ岳への拠点として好立地　①〒378-0411 群馬県利根郡片品村戸倉761 東京パワーテクノロジー㈱ 尾瀬林業事業所　②97人　③5月中旬～10月中旬　④9000円～　素6000円～　⑥あり　⑦要予約　日帰り入浴500円（14時～20時）　飲食販売あり

東電《とうでん》小《ご》屋《や》

尾瀬ヶ原・ヨシッ堀田代　Map 5-1A

予約・問合せ TEL 0278-58-7311（平日9～17時）
FAX 0278-58-7636

標高約1410m、尾瀬ヶ原北縁の山裾に位置。静かなロケーションで、尾瀬ヶ原をめぐる自然をゆっくり堪能できる　①〒378-0411 群馬県利根郡片品村戸倉761 東京パワーテクノロジー㈱ 尾瀬林業事業所　②90人　③5月中旬～10月中旬　④9000円～　素6000円～　⑥あり　⑦要予約　飲食販売あり

凡例＝①連絡先住所　②収容人数　③営業期間　④宿泊料金（1泊2食税込、素は食事なしの素泊まり税込）　⑤キャンプ指定地　⑥ホームページ　⑦備考

大清水小屋《おおしみずごや》

大清水 Map 3-4A

予約・問合せ ℡0278-58-7370

尾瀬の群馬県側の登山口、標高約1200ｍの大清水にある1931（昭和6）年開業の山小屋。尾瀬沼や燧ヶ岳をはじめ、物見新道経由で鬼怒沼への拠点ともなる。とくに前夜泊に便利　①〒378-0411 群馬県利根郡片品村戸倉906 笠原吉雄　②15人　③5月～10月　④7200円　素4200円　⑦要予約　休憩・食堂あり

尾瀬沼山荘《おぜぬまさんそう》

尾瀬沼・三平下 Map 6-4A

予約・問合せ ℡0278-58-7311（平日9～17時）
FAX 0278-58-7636

標高約1670ｍ、尾瀬沼南岸の三平下に位置。朝焼け、夕焼けに染まる尾瀬沼と燧ヶ岳の眺めがすばらしい。①〒378-0411　群馬県利根郡片品村戸倉761　東京パワーテクノロジー㈱ 尾瀬林業事業所　②50人　③5月中旬～10月中旬　④9000円～　素6000円～　⑥あり　⑦要予約　食堂・売店併設

尾瀬御池《おぜみいけ》ロッジ

尾瀬御池 Map 7-2D

予約・問合せ ℡080-2844-8873（3～10月）

標高約1500ｍ、尾瀬御池にある檜枝岐村営の宿泊施設。尾瀬沼、燧ヶ岳、三条ノ滝などへの拠点　①〒967-0531 福島県南会津郡檜枝岐村燧ヶ岳1　②65人　③5月上旬～10月下旬　④9000円～　⑥あり　⑦要予約　日帰り入浴可　橅の森ミュージアム併設　尾瀬檜枝岐山旅案内所　℡0241-75-2432（通年8時30分～17時）　FAX 0241-72-8010

長蔵小屋《ちょうぞうごや》

尾瀬沼東岸 Map 6-3A

予約・問合せ ℡0278-58-7100　FAX 0278-58-7101

尾瀬の発展と保護に尽くした初代平野長蔵ゆかりの山小屋。1890（明治23）年から歴史を刻み、今日まで多くの登山者、自然愛好者に親しまれている　①〒378-0411群馬県利根郡片品村戸倉958 長蔵小屋予約センター　②150人　③4月下旬～10月下旬　④9000円　素6000円　⑥あり　⑦要予約　休憩·軽食　長蔵小屋休憩所　売店　長蔵小屋別館

尾瀬沼《おぜぬま》ヒュッテ

尾瀬沼東岸 Map 6-3A

予約・問合せ ℡080-5734-7272（3～10月）
現地 ℡090-7064-4183（衛星電話 5～10月）

檜枝岐村営の山小屋。山小屋前の広々としたウッドデッキから燧ヶ岳を望める　①〒967-0531 福島県南会津郡檜枝岐村燧ヶ岳1　②100人　③5月中旬～10月中旬　④8500円～　素6500円～　⑤尾瀬沼キャンプ場　28張　1人800円　要予約　⑥あり　⑦要予約　尾瀬檜枝岐山旅案内所　℡0241-75-2432（通年 8時30分～17時）　FAX 0241-72-8010

七入山荘《なないりさんそう》

七入　Map 6-1D

予約・問合せ TEL 0241-75-2434　FAX 0241-75-2582

標高約1100m、尾瀬の名瀑のひとつ抱返ノ滝が見どころの沼田（会津）街道や美しいブナの原生林に包まれた御池古道など、趣きのある登山道の起点にある山荘　①〒967-0531 福島県南会津郡檜枝岐村燧ヶ岳1306-2 星 光幸　②40人　③4月下旬～11月上旬　④1万10円～　素6710円～　⑥あり　⑦要予約　おにぎり弁当810円

駒《こま》ノ小屋《こや》

会津駒ヶ岳・駒大池　Map 10-3B

予約・問合せ TEL 080-2024-5375（6～19時20分）

会津駒ヶ岳の稜線、標高約2060mの駒大池のほとりに立つ素泊り小屋。時間にゆとりをもって会津駒ヶ岳や中門岳を満喫するための拠点。朝夕の光景や夜の星空も稜線の山小屋に泊まる楽しみ　①〒967-0523 福島県南会津郡檜枝岐村下ノ台464-4 三橋一弘　②28人　③4月下旬～10月下旬　④素3000円（寝具付き）　⑥あり　⑦要予約　売店あり

清四郎小屋《せいしろうごや》

鷹ノ巣　Map 8-3D

予約・問合せ TEL 090-2558-0028

標高約810m、新潟県側尾瀬ルートと平ヶ岳登山の拠点となる山小屋。平ヶ岳登山口へ徒歩約15分　①〒946-0000 新潟県魚沼市鷹ノ巣 星 周一　②25人　③5月下旬～10月下旬　④8000円～　素4500円～　⑤鷹ノ巣高原キャンプ場　20張　1区画1500円　利用料1名200円　駐車場1台1日500円　要連絡　⑥あり　⑦要予約　日帰り入浴400円

6軒の山小屋が立ち並ぶ尾瀬ヶ原・見晴

凡例＝①連絡先住所　②収容人数　③営業期間　④宿泊料金（1泊2食税込、素は食事なしの素泊まり税込）　⑤キャンプ指定地　⑥ホームページ　⑦備考

立ち寄り湯ガイド

駒《こま》の湯

℡0241-75-2655

檜枝岐村の中心街にある公衆浴場。駒ヶ岳登山口に近く、下山後に寄りやすい。内湯と渓流に面した露天風呂を備える。入浴料：500円、営業時間：6時〜21時（水曜12時〜21時／受付20時30分まで）。桧枝岐役場前バス停より徒歩2分、福島県南会津郡檜枝岐村下ノ原839-1

燧《ひうち》の湯

℡0241-75-2290

駒の湯とともに親しまれている檜枝岐村の公衆浴場。内湯と露天風呂を備え、源泉掛け流しの温泉を気軽に楽しめる。入浴料：500円、営業時間：6時〜21時（火曜12時〜21時／受付20時30分まで）、定休日：無休。上の原バス停より徒歩3分、福島県南会津郡檜枝岐村上ノ台208-1

アルザ尾瀬の郷《さと》

℡0241-75-2200

プールゾーンと露天風呂を備えた総合温泉スポーツ施設。駒ヶ岳登山口に近い道の駅尾瀬檜枝岐にある。入浴料：露天風呂のみ500円、営業時間：10:00〜18:00（5〜10月／受付17時30分まで）。森の温泉館アルザ前バス停すぐ。福島県南会津郡檜枝岐村字見通1156-1

湯《ゆ》ノ花《はな》温泉 弘法《こうぼう》の湯

℡0241-64-5611

田代山への登山基地、湯ノ花温泉にある4つの共同浴場のひとつ。男女別のシンプルな内湯を備える。近隣の商店や民宿で入浴券を購入して利用する。入浴料：200円、開設時間：6〜22時（清掃のため多少の変動あり）。湯ノ花石湯前バス停すぐ。福島県南会津郡南会津町湯ノ花

銀山平《ぎんざんだいら》温泉 白銀《しろがね》の湯

℡025-795-2611

奥只見湖畔の銀山平森林公園内にある日帰り温泉。新潟県側から尾瀬へアクセスするルート沿いに位置。内湯と越後駒ヶ岳を望む露天風呂を備える。入浴料：650円、営業時間：10〜20時（受付19時まで）、定休日：夏季無休（冬季休館）。石抱橋バス停より徒歩13分。新潟県魚沼市下折立1034

＊入浴料、営業時間、定休日、交通などの情報は、抜粋して掲載しています。また変更になることがあります。利用の際は、各施設にご確認ください。

戸倉の湯がある尾瀬ぷらり館

檜枝岐村の公衆浴場、駒の湯

尾瀬ぷらり館 戸倉《とくら》の湯

℡0278-58-7263

戸倉の鳩待峠行バス連絡所や尾瀬1駐車場に隣接した施設。源泉掛け流しの内湯と露天風呂がある。入浴料：500円、営業時間：10〜18時、定休日：第2・第4火曜。鳩待峠行バス連絡所バス停より徒歩2分。群馬県利根郡片品村戸倉736-1

寄《より》居《い》山《やま》温泉 ほっこりの湯

℡0278-58-4568

片品村鎌田の道の駅尾瀬かたしなに近い日帰り温泉。無色透明なアルカリ性単純温泉を注ぐ内湯と休憩所を備える。入浴料：550円、営業時間：平日10〜20時（受付19時30分まで）、土日祝10〜21時（受付20時30分まで）、定休日：第1・第3水曜（祝祭日は営業）。鎌田バス停より徒歩2分。群馬県利根郡片品村鎌田4078-1

望郷《ぼうきょう》の湯

℡0278-53-3939

沼田ICから約4km、国道120号沿いの道の駅白沢の日帰り温泉。レストランや直売所がある。帰路にマイカーで寄りやすい。入浴料：580円(2時間)、営業時間：10〜21時、定休日：第2火曜（祝日の場合は翌日、8月無休）。塩の井バス停より徒歩3分。群馬県沼田市白沢町平出1297

行政区界・地形図

1:25,000地形図（メッシュコード）＝❶至仏山（553921）
❷三平峠（553922）　❸川俣温泉（553923）
❹尾瀬ヶ原（553931）　❺燧ヶ岳（553932）
❻帝釈山（553933）　❼平ヶ岳（553941）
❽会津駒ヶ岳（553942）　❾檜枝岐（553943）

登山計画書の提出

尾瀬と周辺の山の登山にあたっては、事前に登山計画書（登山届・登山者カード）を作成、提出することが基本。登山計画書を作成することで、歩くコースの特徴やグレードを知り、充分な準備を整えて未然に遭難事故を防ぐ。また、万が一、登山者にアクシデントが生じたとき、迅速な捜索・救助活動にもつながる。

主要登山口には、用紙とともに登山届ポスト（提出箱）が設けられ、その場で記入・提出することもできるが、準備段階で作成することが望ましい。登山者名と連絡先、緊急連絡先、登山日程とコースなどが一般的な記入要件だ。

なお登山届ポストが設置されていない登山口もあるため、インターネットを利用した提出を推奨する。日本山岳ガイド協会が運営するオンライン登山届システム「コンパス」をはじめ、群馬県、福島県、新潟県、栃木県ともに県警察本部のホームページから提出できる。

問合せ先一覧

市町村役場

片品村役場	〒378-0498	群馬県利根郡片品村鎌田3967-3	℡0278-58-2111
みなかみ町役場	〒379-1393	群馬県利根郡みなかみ町後閑318	℡0278-62-2111
日光市役所	〒321-1292	栃木県日光市今市本町1	℡0288-22-1111
檜枝岐村役場	〒967-0525	福島県南会津郡檜枝岐村字下ノ原880	℡0241-75-2500
南会津町役場	〒967-0004	福島県南会津郡南会津町田島字後原甲3531-1	℡0241-62-6100
魚沼市役所	〒946-8601	新潟県魚沼市小出島130-1	℡025-792-1000

県庁・県警察本部

群馬県庁	〒371-8570	群馬県前橋市大手町1-1-1	℡027-223-1111
栃木県庁	〒320-8501	栃木県宇都宮市塙田1-1-20	℡028-623-2323
福島県庁	〒960-8670	福島県福島市杉妻町2-16	℡024-521-1111
新潟県庁	〒950-8570	新潟県新潟市中央区新光町4-1	℡025-285-5511
群馬県警察本部	〒371-8580	群馬県前橋市大手町1-1-1	℡027-243-0110
栃木県警察本部	〒320-8501	栃木県宇都宮市塙田1-1-20	℡028-621-0110
福島県警察本部	〒960-8686	福島県福島市杉妻町5-75	℡024-522-2151
新潟県警察本部	〒950-8553	新潟県新潟市中央区新光町4-1	℡025-285-0110

主な観光協会

片品村観光協会……℡0278-58-3222
尾瀬戸倉観光協会……℡0278-58-7263
尾瀬檜枝岐温泉観光協会……℡0241-75-2432
南会津町 舘岩観光センター……℡0241-64-5611
魚沼市観光協会……℡025-792-7300

交通機関

関越交通バス……℡0278-23-1111
会津バス……℡0241-62-0134
南越後観光バス……℡025-792-8114
奥只見湖遊覧船……℡025-795-2242
尾瀬観光タクシー……℡0278-58-3152
片品観光タクシー……℡0278-58-2041
みなみやま観光……℡0241-62-2250

MEMO

主な山名・地名さくいん

あ

会津駒ヶ岳　あいづこまがたけ…80・85・122・132
赤田代　あかたしろ……42・46
浅湖湿原　あざみしつげん……18・28・72・116・120
アヤメ平　あやめだいら……32
池ノ岳　いけのだけ……90
一ノ瀬　いちのせ……28・72・116・130
うさぎ田代　うさぎたしろ……42・46
牛首分岐　うしくびぶんき……12・28・114
馬坂峠　うまさかとうげ……102・134
裏燧橋　うらひうちばし……42
上田代(燧裏林道)　うわたしろ……42
大江湿原　おおえしつげん……18・24
大清水　おおしみず……28・72・106・116・129
大杉岳　おおすぎだけ……85
尾瀬御池　おぜみいけ……42・66・85・120・131
尾瀬沼山峠　おぜぬまやまとうげ……18・24・26・42・120・130
大津岐峠　おおつまたとうげ……85・88
オヤマ沢田代　おやまざわたしろ……56・62・118

か

笠ヶ岳　かさがたけ……62
上田代(尾瀬ヶ原)　かみたしろ……12
鬼怒沼　きぬぬま……106
キリンテ　きりんて……88・132
熊沢田代　くまざわたしろ……66・120
弘法大師堂　こうぼうだいしどう……96
小笠　こがさ……62
小至仏山　こしぶつさん……56・118
小沢平　こぞうだいら……46・133
小淵沢田代　こぶちざわたしろ……24

さ

猿倉登山口　さるくらとざんぐち……96・134
皿伏山　さらぶせやま……40
三条ノ滝　さんじょうのたき……42・46
三平峠　さんぺいとうげ……28・72・116
柴安嵓　しばやすぐら……66・72・120
至仏山　しぶつさん……56・118
渋沢　しぼさわ……46
下田代　しもたしろ……12
白尾山　しらおさん……40
白砂湿原　しらすなしつげん……28

た・な

台倉高山　だいくらたかやま……102
台倉山　だいくらやま……90
帝釈山　たいしゃくさん……96・102
高天ヶ原　たかまがはら……56
抱返ノ滝　だきかえりのたき……26
田代山　たしろやま……96
玉子石　たまごいし……90
中門岳　ちゅうもんだけ……80
長沢頭　ながさわのかしら……32
中田代　なかたしろ……12
ナデッ窪　なでっくぼ……72
七入　なないり……26・131
沼尻平　ぬしりだいら／ぬまじりだいら……18・28・72・116

は・ま

鳩待峠　はとまちとうげ……12・32・56・62・114・118・128
燧裏林道　ひうちうらりんどう……42
燧ヶ岳　ひうちがたけ……66・72・120
平ヶ岳　ひらがたけ……90
平滑ノ滝　ひらなめのたき……42
富士見下　ふじみした……38・128
富士見峠　ふじみとうげ……32・38・40
俎嵓　まないたぐら……66・72・120
見晴　みはらし……12・28・38・66
物見山　ものみやま……106

や・ら・わ

八木沢橋　やぎさわばし……38
山ノ鼻　やまのはな……12・56・114
ヨッピ吊橋　よっぴつりばし……12
竜宮十字路　りゅうぐうじゅうじろ……12・28・32
悪沢岳　わるさわだけ……62

ヤマケイ アルペンガイド
尾瀬

2020年3月30日　初版第1刷発行

著者／佐々木 亨
発行人／川崎深雪
発行所／株式会社 山と溪谷社
〒101-0051
東京都千代田区神田神保町1丁目105番地
https://www.yamakei.co.jp/

■乱丁・落丁のお問合せ先
山と溪谷社自動応答サービス
TEL03-6837-5018
受付時間／10:00～12:00、
13:00～17:30（土日、祝日を除く）
■内容に関するお問合せ先
山と溪谷社　TEL03-6744-1900（代表）
■書店・取次様からのお問合せ先
山と溪谷社受注センター
TEL03-6744-1919　FAX03-6744-1927

印刷・製本／大日本印刷株式会社

装丁・ブックデザイン／吉田直人
DTP／株式会社ローヤル企画
地図制作／櫻井敦子（フォーエバー）

Printed in Japan
ISBN 978-4-635-01288-1

＊本書に掲載した地図の作成に当たっては、国土地理院長の承認を得て、同院発行の数値地図（国土基本情報）電子国土基本図（地図情報）、数値地図（国土基本情報）電子国土基本図（地名情報）、数値地図（国土基本情報）基盤地図情報（数値標高モデル）及び数値地図（国土基本情報20万）を使用しました。測量法に基づく国土地理院長承認（使用）R 1JHs 988

＊本書の取材・執筆にあたりましては、尾瀬の山小屋・宿泊施設、市町村、交通機関、ならびに登山者のみなさんにご協力いただきました。お礼申し上げます。＊本書に掲載したコース断面図の作成とGPSデータの編集にあたりましては、DAN杉本さん作成のフリーウェア「カシミール3D」を利用しました。お礼申し上げます。

佐々木《ささき》 亨《とおる》　写真・文

1961年東京生まれ。幼少のときから家族で山歩きに親しみ、丹沢や八ヶ岳、北アルプスなど各地の山に登る。はじめて尾瀬に訪れたのは10代半ば。当時、高校生ながら参加した社会人山岳会の新人歓迎山行で、初夏の至仏山と尾瀬ヶ原を歩く。以来、本格的に登山に取り組む。

1985年に編集プロダクション・フォーエバーを設立。尾瀬と周辺の山々の取材を重ね、山岳雑誌・書籍にガイド記事を数多く執筆、写真撮影にも力を入れる。本書の執筆にあたっては、延べ約1カ月をかけて改めて尾瀬を取材、収録した全コースの綿密な実踏調査と撮影を行った。

主な著書に『ヤマケイ アルペンガイド 八ヶ岳』『山麓から登る世界文化遺産 富士山』『学べる！山歩きの地図読み』（いずれも山と溪谷社）などがある。各地の登山教室では、地図読みの講師を務める。埼玉県鶴ヶ島市在住。

参考文献　覆刻日本の山岳名著『尾瀬と鬼怒沼』武田久吉著（日本山岳会）、『尾瀬 その美しき自然』白籏史朗著（大和書房）、マウンテンガイドブックシリーズ『尾瀬』（朋文堂）、『尾瀬 自然観察ガイド』尾瀬保護財団著（山と溪谷社）、山溪カラー名鑑『日本の高山植物』（山と溪谷社）、『新しい植物分類体系』伊藤元己・井鷺裕司著（文一総合出版）、および尾瀬山の鼻ビジターセンター、尾瀬沼ビジターセンター、武田久吉メモリアルホール、尾瀬檜の森ミュージアム、尾瀬ネイチャーセンターの展示資料

「アルペンガイド登山地図帳」の取り外し方

本を左右に大きく開く

＊「アルペンガイド登山地図帳」は背の部分が接着剤で本に留められています。無理に引きはがさず、本を大きく開くようにすると簡単に取り外せます。
＊接着剤がはがれる際に見返しの一部が破れることがあります。あらかじめご了承ください。

問合せ先一覧

山小屋

鳩待山荘	℡0278-58-7311
至仏山荘	℡0278-58-7311
山の鼻小屋	℡0278-58-7411
国民宿舎 尾瀬ロッジ	℡0278-58-4158
龍宮小屋	℡0278-58-7301
弥四郎小屋	℡090-8316-2864
尾瀬小屋	℡090-8921-8342
桧枝岐小屋	℡090-3405-6460
第二長蔵小屋	℡0278-58-7100
原の小屋	℡090-8921-8314
燧小屋	℡090-9749-1319
温泉小屋	℡080-6601-3394
元湯山荘	℡0278-58-7311
東電小屋	℡0278-58-7311
大清水小屋	℡0278-58-7370
尾瀬沼山荘	℡0278-58-7311
尾瀬御池ロッジ	℡080-2844-8873
長蔵小屋	℡0278-58-7100
尾瀬沼ヒュッテ	℡080-5734-7272
七入山荘	℡0241-75-2434
駒ノ小屋	℡080-2024-5375
清四郎小屋	℡090-2558-0028

県庁・県警本部・市町村役場

群馬県庁	℡027-223-1111
栃木県庁	℡028-623-2323
福島県庁	℡024-521-1111
新潟県庁	℡025-285-5511
群馬県警察本部	℡027-243-0110
栃木県警察本部	℡028-621-0110
福島県警察本部	℡024-522-2151
新潟県警察本部	℡025-285-0110
片品村役場	℡0278-58-2111
みなかみ町役場	℡0278-62-2111
日光市役所	℡0288-22-1111
檜枝岐村役場	℡0241-75-2500
南会津町役場	℡0241-62-6100
魚沼市役所	℡025-792-1000

主な観光協会・交通機関

片品村観光協会	℡0278-58-3222
尾瀬戸倉観光協会	℡0278-58-7263
尾瀬檜枝岐温泉観光協会	℡0241-75-2432
南会津町 舘岩観光センター	℡0241-64-5611
魚沼市観光協会	℡025-792-7300
関越交通バス	℡0278-23-1111
会津バス	℡0241-62-0134
南越後観光バス	℡025-792-8114
奥只見湖遊覧船	℡025-795-2242
尾瀬観光タクシー	℡0278-58-3152
片品観光タクシー	℡0278-58-2041
みなみやま観光	℡0241-62-2250

1:25,000
0
500m
N
C
D
1
2
3
4
木賊温泉へ
湯ノ花温泉へ
1888
350
新
道
沢
ここに「田代山」の標識
会津駒ヶ岳をよく望める
ヒメシャクナゲ
イワカガミ
チングルマ
タテヤマリンドウ
ワタスゲ
コバイケイソウ
田代山
(木賊温泉分岐)
1926.6
弘法沼
0:25
1794
小田代
山頂まで1.0km
約1時間のプレート
登山口まで
約300m
徒歩5分
田代山湿原
0:15
0:30
ムラサキヤシオ
ベニサラサドウダン
小田代
1:00
1:20
トイレ
栗山へ
弘法大師堂
(田代山避難小屋)
ヒメシャクナゲ
チングルマ
タテヤマリンドウ
ワタスゲ
日光の山々を
望める
沢の流水
1519
1971
トイレ
オクラ沢
ややきつい尾根
途中3カ所
休憩ポイント
猿倉登山口
1:10
オサバグサ
周囲2kmにおよぶ
広大な山上湿原
木道は反時計回りの
一方通行
1810
鞍部の地形
帝釈山へはここから
山稜の北側を巻いていく
遅くまで残雪を
見ることがある
1677
1706
サル沢
栃木県
日光市
1516
ジャーコン沢
1306
馬坂峠、猿倉登山口ともに
アクセスは福島県側からが一般的
栃木県側からは事前に
道路の通行の可否を要確認
馬坂沢
1326
1562
ツバ石沢
1645
1686
川俣へ
1672
1424
1780

11 田代山・帝釈山・台倉高山

A
B
1
2
3
4
磁針方位は西偏約7°40′
福島県
南会津町
福島県
檜枝岐村
檜枝岐へ
ハシゴとロープの
設置された露岩2カ所
足もとに注意
ムラサキヤシオ
ハクサンシャクナゲ
帝釈山
2059.9
尾瀬周辺と日光の
山々を一望
0:40
0:50
オサバグサ
段々状の木道
部分的に急坂
檜枝岐の中心街から
約14.5km、車で約40分
未舗装部分の多い林道
林道川俣檜枝岐線
トイレ
馬坂峠
オサバグサ
西へ派生した
支尾根を越える
豪雨や台風などの
荒天後は
道路状況を要確認
小さな沢の源頭
岩から湧水
水
1898
林床をシダやコケがお
針葉樹の原生林
1:00
0:45
鹿の休み場
オサバグサ
ミツバオウレン
やや急坂
樹林が深く
赤テープを目印に進む
三段田代
三段田代
2033
タテヤマリンドウ
ワタスゲ
コバイケイソウ
低木やササの茂みで
名のとおり3つに仕切られた
明るい山上湿原
1:00
0:55
ムラサキヤシオ
ミツバオウレン
オサバグサ
ハクサンシャクナゲ
アズマシャクナゲ
2028
山頂40分の道標
鞍部に小湿原
直下は
ササの急斜面
東西の小ピークに
はさまれた鞍部
木道が敷かれた小湿原
台倉高山
2067.0
ほぼ360度の眺望
燧ヶ岳や至仏山、会津駒ヶ岳、
平ヶ岳などを望める
1432
1928
1735
170
1750
1700
1600
1550
1500
1800
1560
1509
1850
1810
1896
1940
1900
1974
1949.3

1:25,000
0
500m
N
C
D
中ノ沢
1123
ムジナクボ沢
1918
1547
桑場小沢
1
1811
1386
2000
大戸沢岳
2089
1553
2
2098
上大戸沢
1738
1474
1936
大瀑
源六郎沢
この付近で山地帯から
亜高山帯の植生に変わる
山頂1.7km
の道標
針葉樹の
オオシラビソ林
1630
1524.2
3
下ノ沢
福島県
檜枝岐村
1:30
1:10
ベンチが並ぶ
休憩スペース
山頂2.9kmの道標
南西の樹間に
燧ヶ岳を望める
水
水場入口
竜ノ門の滝
1748
水場往復7〜8分
花崗岩から冷たい
清水が湧く
山頂3.7kmの道標
国有林の看板
休憩適地
1:45
1:20
タムシバ
ムシカリ
初夏の新緑
秋の黄葉が
すばらしいブナ林
山頂4.1kmの道標
登山道入口
0:30
0:40
1207
駒ヶ岳登山口
（滝沢登山口）
村営グラウンド
アルザ尾瀬の郷
道の駅尾瀬檜枝岐
会津高原尾瀬口駅へ
916
スキー場
見通橋
4
1422
登山道入口に
40段の木製階段
滝沢
0:30
0:20
滝沢橋
トイレ
林道をショートカットする近道
1369
352
上ノ沢
檜枝岐川
桧枝岐役場前
キリンテ・尾瀬御池へ
檜枝岐村役場
C
D
9

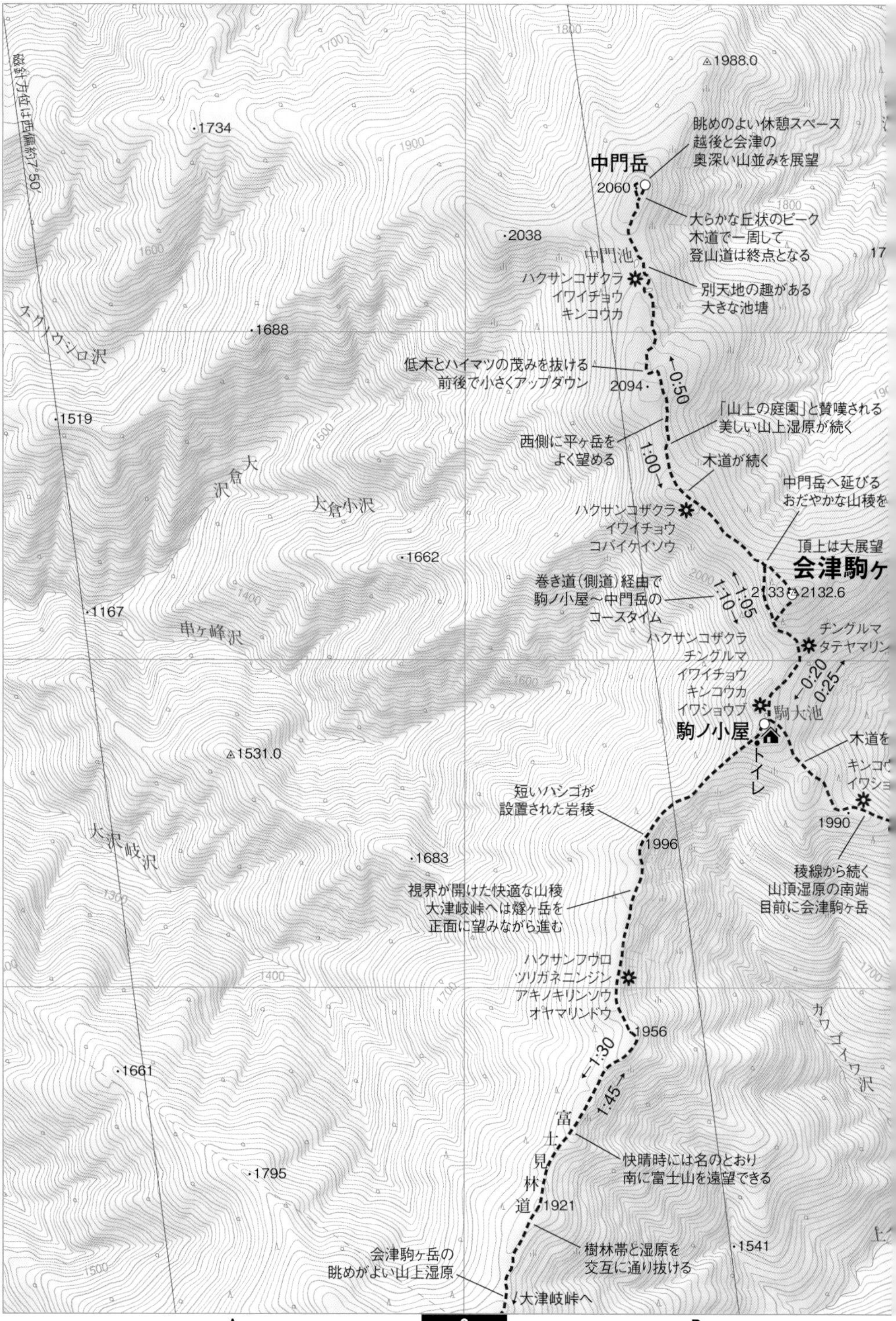
A
B
1
2
3
4
磁針方位は西偏約7°50′
1988.0
1734
1900
1800
1700
中門岳
2060
眺めのよい休憩スペース
越後と会津の
奥深い山並みを展望
大らかな丘状のピーク
木道で一周して
登山道は終点となる
2038
中門池
ハクサンコザクラ
イワイチョウ
キンコウカ
別天地の趣がある
大きな池塘
1600
スクノウシロ沢
1688
低木とハイマツの茂みを抜ける
前後で小さくアップダウン
2094
0:50
「山上の庭園」と賛嘆される
美しい山上湿原が続く
1519
西側に平ヶ岳を
よく望める
1:00
木道が続く
1500
大倉沢
大倉小沢
中門岳へ延びる
おだやかな山稜を
ハクサンコザクラ
イワイチョウ
コバイケイソウ
頂上は大展望
会津駒ヶ
1662
巻き道(側道)経由で
駒ノ小屋～中門岳の
コースタイム
1:10
1:05
2000
2133
2132.6
1400
1167
串ヶ峰沢
ハクサンコザクラ
チングルマ
イワイチョウ
キンコウカ
イワショウブ
チングルマ
タテヤマリン
0:20
0:25
駒大池
駒ノ小屋
トイレ
木道を
キンコウ
イワショ
1531.0
短いハシゴが
設置された岩稜
1996
1990
大沢岐沢
1683
稜線から続く
山頂湿原の南端
目前に会津駒ヶ岳
1300
視界が開けた快適な山稜
大津岐峠へは燧ヶ岳を
正面に望みながら進む
ハクサンフウロ
ツリガネニンジン
アキノキリンソウ
オヤマリンドウ
1400
1700
カワゴイワ沢
1956
1:30
1:45
1661
富士見林道
快晴時には名のとおり
南に富士山を遠望できる
1795
1921
樹林帯と湿原を
交互に通り抜ける
1541
会津駒ヶ岳の
眺めがよい山上湿原
大津岐峠へ
1500

1:25,000
0
500m
N
C
10
D
1
2
3
4
駒ヶ岳登山口へ
檜枝岐村役場
駒の湯
1302
1314
上ノ沢
桧枝岐中央
歌舞伎の舞台
1400
1418
上ノ原
1366.7
956
燧の湯
1569
中土合公園
1391.2
大沢
1100
福島県
檜枝岐村
1110.3
1350
ミニ尾瀬公園前
尾瀬写真美術館
尾瀬書美術館「思郷館」
武田久吉メモリアルホール
1200
ミニ尾瀬公園
湯出ノ沢
舟岐川
馬坂峠へ
352
檜枝岐川
1787
1871
等高線で判別できない小ピーク
大杉岳と間違えやすい
1:10
大杉林道
巡視小屋へ
キャンプ場
オートキャンプ尾瀬街道
キリンテ
バンガロー&キャンプからまつ
かわばたキャンプ場
大杉岳に向かって
最後の山上湿原
会津駒ヶ岳を望める
1:05
平ヶ岳と
燧ヶ岳を展望
会津駒ヶ岳
キリンテ登山口
1888
リンテ橋
1750
大杉岳
1921.6
アップダウンのある
樹林帯の山稜
1600
ササの茂みと
オオシラビソ林に
囲まれた頂上
ヨナゴ沢
1304
南の正面に燧ヶ岳が
大きくそびえ立つ
1684
1:35
1700
1334.7
登山道沿いに
ブナ林が広がる
大杉沢
1612
1289
小沢平・平ヶ岳登山口・
尾瀬口船着場へ
会津駒ヶ岳
御池登山口
福島県
檜枝岐村
1200
1500
ナゴ沢
尾瀬御池
尾瀬御池ロッジ
ゲート
352
三条ノ滝へ
1264
燧ヶ岳(俎嵓)へ
七入・キリンテ・檜枝岐へ
C
D

9 大津岐峠・キリンテ・大杉岳

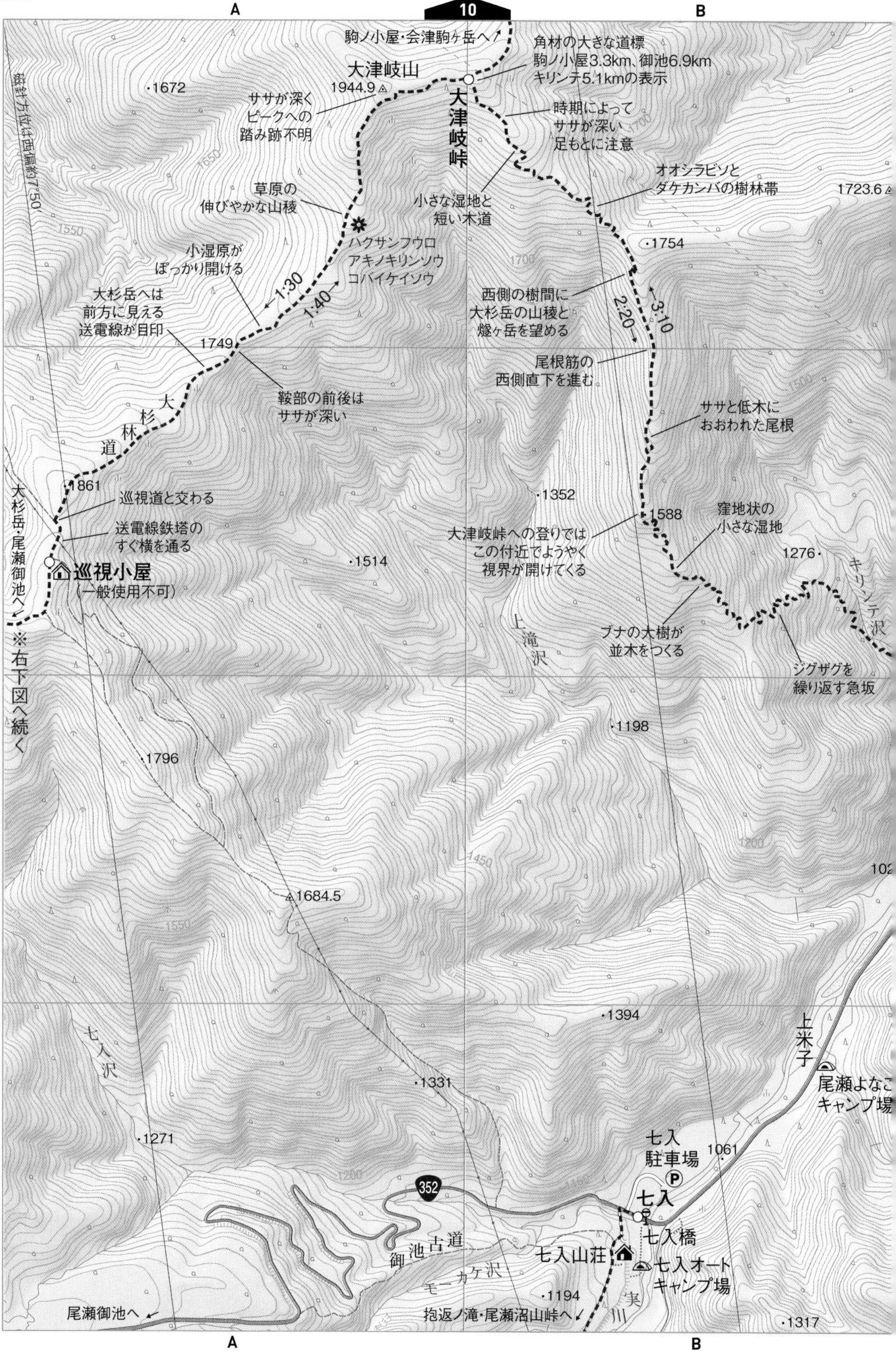

A
10
B
駒ノ小屋・会津駒ヶ岳へ↗
大津岐山
1944.9
角材の大きな道標
駒ノ小屋3.3km、御池6.9km
キリンテ5.1kmの表示
ササが深く
ピークへの
踏み跡不明
大津岐峠
時期によって
ササが深い
足もとに注意
磁針方位は西偏約7°50′
1672
1650
1700
草原の
伸びやかな山稜
小さな湿地と
短い木道
オオシラビソと
ダケカンバの樹林帯
1723.6
1550
ハクサンフウロ
アキノキリンソウ
コバイケイソウ
1754
小湿原が
ぽっかり開ける
1:30
1:40
西側の樹間に
大杉岳の山稜と
燧ヶ岳を望める
2:20
3:10
大杉岳へは
前方に見える
送電線が目印
1749
尾根筋の
西側直下を進む
大杉林道
鞍部の前後は
ササが深い
ササと低木に
おおわれた尾根
1861
巡視道と交わる
1352
1588
窪地状の
小さな湿地
送電線鉄塔の
すぐ横を通る
大津岐峠への登りでは
この付近でようやく
視界が開けてくる
1276
大杉岳・尾瀬御池へ
巡視小屋
(一般使用不可)
1514
キリンテ沢
上滝沢
ブナの大樹が
並木をつくる
ジグザグを
繰り返す急坂
※右下図へ続く
1198
1796
1200
1450
102
1684.5
1550
1394
上米子
七入沢
尾瀬よなこ
キャンプ場
1331
七入
駐車場
1271
1061
1200
352
七入
七入橋
御池古道
七入山荘
七入オート
キャンプ場
モーカケ沢
1194
実川
尾瀬御池へ
抱返ノ滝・尾瀬沼山峠へ
1317
1
2
3
4

1:25,000
0
500m
N
C
D
鷹ノ巣山 1623.3
1274
恋ノ岐川
ミョウカン山
1642
634
数ヶ所
ゴヨウマツの根もとに
大きな段差
鷹ノ巣3.3km
平ヶ岳7.2kmの道標
下台倉沢
急峻なヤセ尾根続く
平ヶ岳登山口へ
※下図へ続く
下台倉山
2:30
1406
1197
1604
2:00
尾根筋の
やや北側の
樹林帯を進む
ところどころ
ロープの設置された
露岩や砂礫地
小ピークの前後で
アップダウン
0:50
0:45
上台倉沢
鷹ノ巣尾根
短い木道
なだらかな尾根
1690
ホオコ沢
1567
1558
1467
燧ヶ岳や会津駒ヶ岳を
よく望める
視界の開けた尾根
西側に池ノ岳と
平ヶ岳を望める
601
水場往復7～8分
北側の沢の源頭で
流水を得られる
1355
台倉山 1695.3
木道が断続
1129
開けた平坦地に
三角点の標石
登山道沿いは
ササが深い
1751
台倉清水
1129
カラ沢
1:00
1199
オオシラビソや
ダケカンバの樹林帯
起伏のある山稜
1105
尾瀬口船着場・銀山平へ
清四郎小屋
鷹の巣
鷹ノ巣高原キャンプ場
松坂沢
1178
清四郎小屋から
平ヶ岳登山口へは
約1km、徒歩15分
新潟県
魚沼市
1504
352
只見川
平ヶ岳へは
ここから登山道
平ヶ岳10.5kmの道標
下台倉沢橋
林道を歩く
トイレ
平ヶ岳登山口
シロウ沢
コビキキノ滝
下台倉沢
2:30
1064
2:00
木橋で
沢を渡る
この付近から上部
急峻なヤセ尾根
1197
下台倉山へ
上台倉沢
小沢平・尾瀬御池へ
1115
大滝
荒山沢
1
2
3
4

8 平ヶ岳・台倉山・平ヶ岳登山口

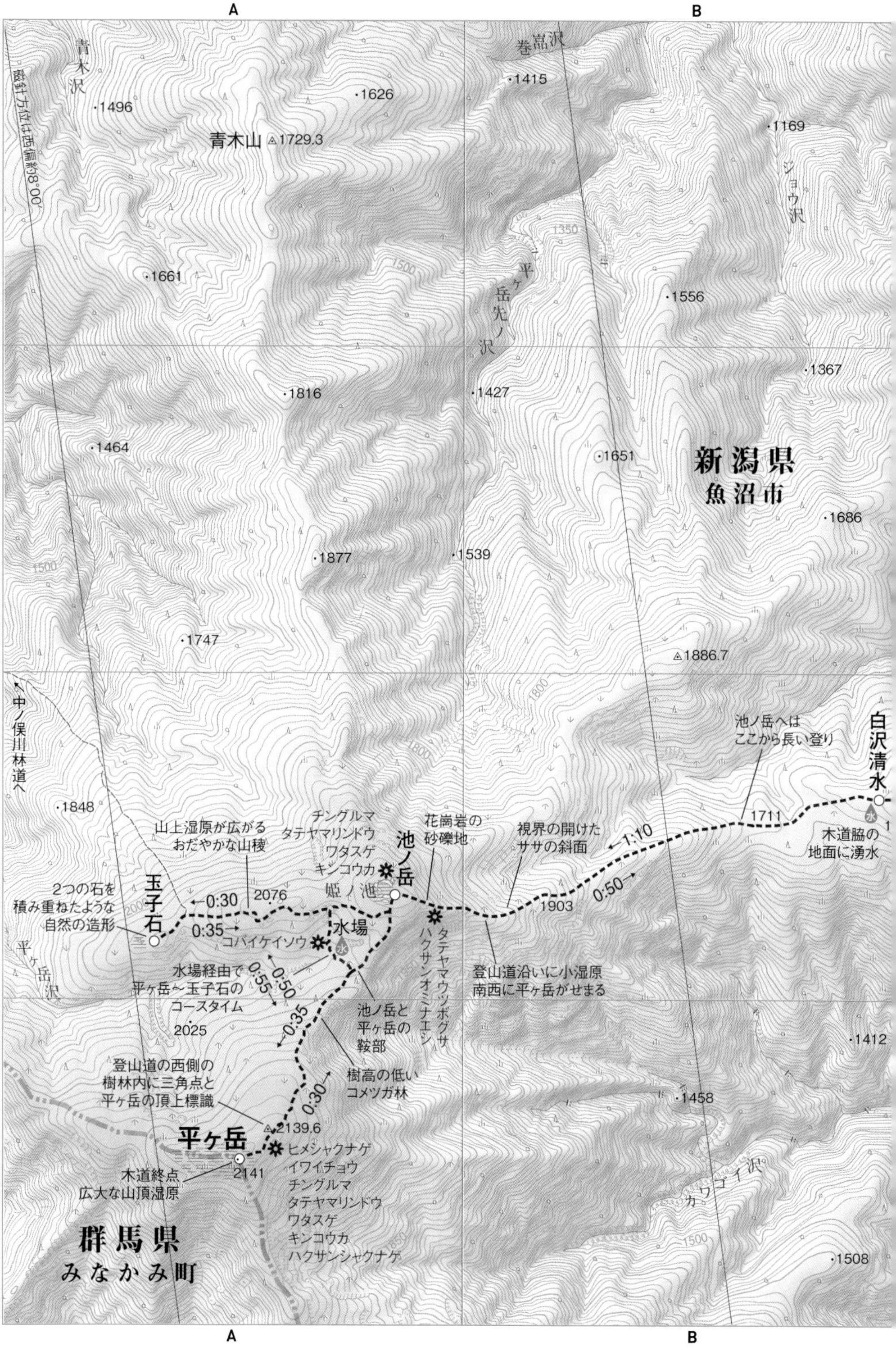
A
B
1
2
3
4
青木沢
磁針方位は西偏約8°00′
·1496
·1626
青木山 △1729.3
巻嵓沢
·1415
·1169
ジョウ沢
1350
1500
·1661
平ヶ岳先ノ沢
·1556
·1367
·1816
·1427
·1464
·1651
新潟県
魚沼市
·1686
1500
·1877
·1539
·1747
△1886.7
1800
1800
←中ノ保川林道へ
池ノ岳へは
ここから長い登り
白沢清水
·1848
1711
木道脇の
地面に湧水
チングルマ
タテヤマリンドウ
ワタスゲ
キンコウカ
山上湿原が広がる
おだやかな山稜
花崗岩の
砂礫地
視界の開けた
ササの斜面
←1:10
池ノ岳
姫ノ池
0:50→
2つの石を
積み重ねたような
自然の造形
玉子石
←0:30
2076
1903
0:35→
水場
コバイケイソウ
タテヤマウツボグサ
ハクサンオミナエシ
平ヶ岳沢
水場経由で
平ヶ岳～玉子石の
コースタイム
0:55→
←0:50
登山道沿いに小湿原
南西に平ヶ岳がせまる
←0:35
池ノ岳と
平ヶ岳の
鞍部
2025
·1412
登山道の西側の
樹林内に三角点と
平ヶ岳の頂上標識
樹高の低い
コメツガ林
0:30→
·1458
△2139.6
平ヶ岳
ヒメシャクナゲ
イワイチョウ
チングルマ
タテヤマリンドウ
ワタスゲ
キンコウカ
ハクサンシャクナゲ
2141
木道終点
広大な山頂湿原
カワゴイ沢
1500
群馬県
みなかみ町
·1508

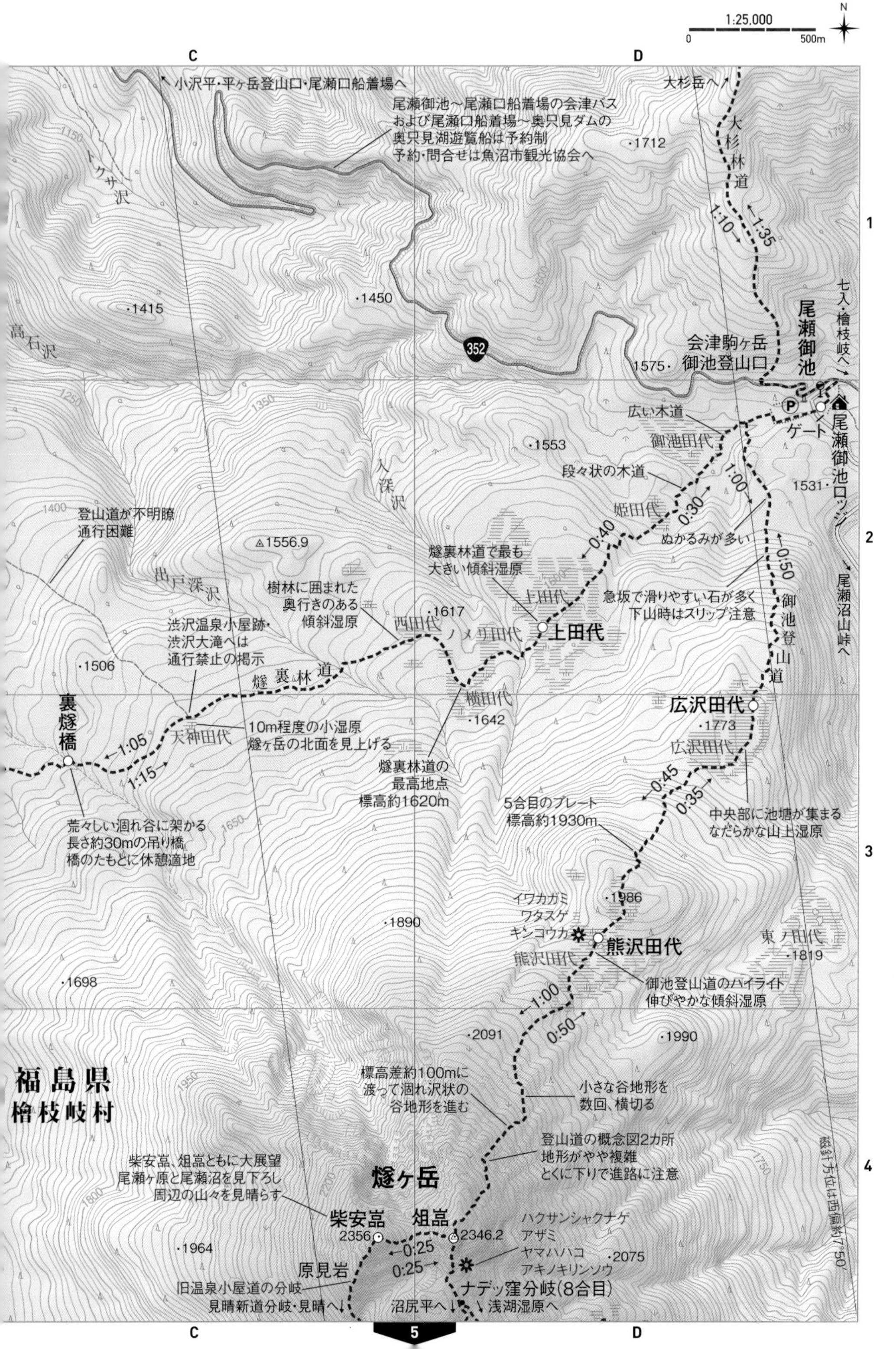

1:25,000
0
500m
N
C
D
小沢平・平ヶ岳登山口・尾瀬口船着場へ
大杉岳へ
尾瀬御池～尾瀬口船着場の会津バス
および尾瀬口船着場～奥只見ダムの
奥只見湖遊覧船は予約制
予約・問合せは魚沼市観光協会へ
トクサ沢
・1712
大杉林道
1:10
1:35
1
・1415
・1450
高石沢
352
七入・檜枝岐へ
尾瀬御池
会津駒ヶ岳
御池登山口
1575・
P
ゲート
尾瀬御池ロッジ
広い木道
御池田代
・1553
入深沢
段々状の木道
1:00
0:30
1531・
姫田代
0:40
ぬかるみが多い
登山道が不明瞭
通行困難
△1556.9
燧裏林道で最も
大きい傾斜湿原
0:50
2
尾瀬沼山峠へ
出戸深沢
樹林に囲まれた
奥行きのある
傾斜湿原
急坂で滑りやすい石が多く
下山時はスリップ注意
御池登山道
渋沢温泉小屋跡・
渋沢大滝へは
通行禁止の掲示
・1617
西田代
ノメリ田代
上田代
上田代
・1506
燧裏林道
横田代
・1642
広沢田代
・1773
広沢田代
裏燧橋
1:05
1:15
天神田代
10m程度の小湿原
燧ヶ岳の北面を見上げる
燧裏林道の
最高地点
標高約1620m
0:45
0:35
5合目のプレート
標高約1930m
中央部に池塘が集まる
なだらかな山上湿原
荒々しい涸れ谷に架かる
長さ約30mの吊り橋
橋のたもとに休憩適地
3
イワカガミ
ワタスゲ
キンコウカ
・1986
・1890
熊沢田代
熊沢田代
東ノ田代
・1819
・1698
御池登山道のハイライト
伸びやかな傾斜湿原
1:00
0:50
・2091
・1990
福島県
檜枝岐村
標高差約100mに
渡って涸れ沢状の
谷地形を進む
小さな谷地形を
数回、横切る
登山道の概念図2カ所
地形がやや複雑
とくに下りで進路に注意
磁針方位は西偏約7°50′
4
柴安嵓、俎嵓ともに大展望
尾瀬ヶ原と尾瀬沼を見下ろし
周辺の山々を見晴らす
燧ヶ岳
柴安嵓
俎嵓
2356
2346.2
ハクサンシャクナゲ
アザミ
ヤマハハコ
アキノキリンソウ
・1964
0:25
0:25
・2075
原見岩
旧温泉小屋道の分岐
見晴新道分岐・見晴へ
ナデッ窪分岐(8合目)
沼尻平へ
浅湖湿原へ
5

7 燧ヶ岳・三条ノ滝・尾瀬御池・小沢平

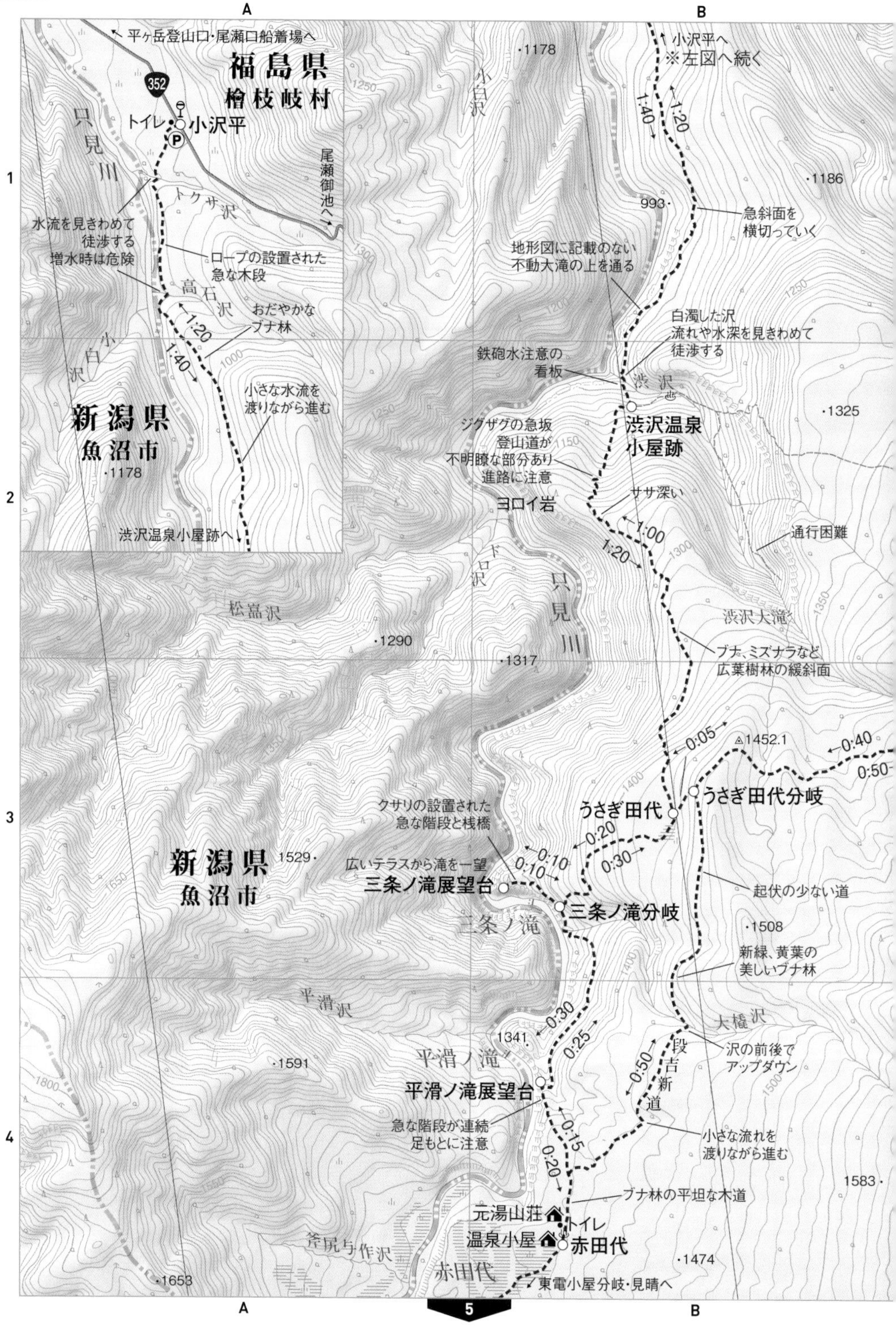

5

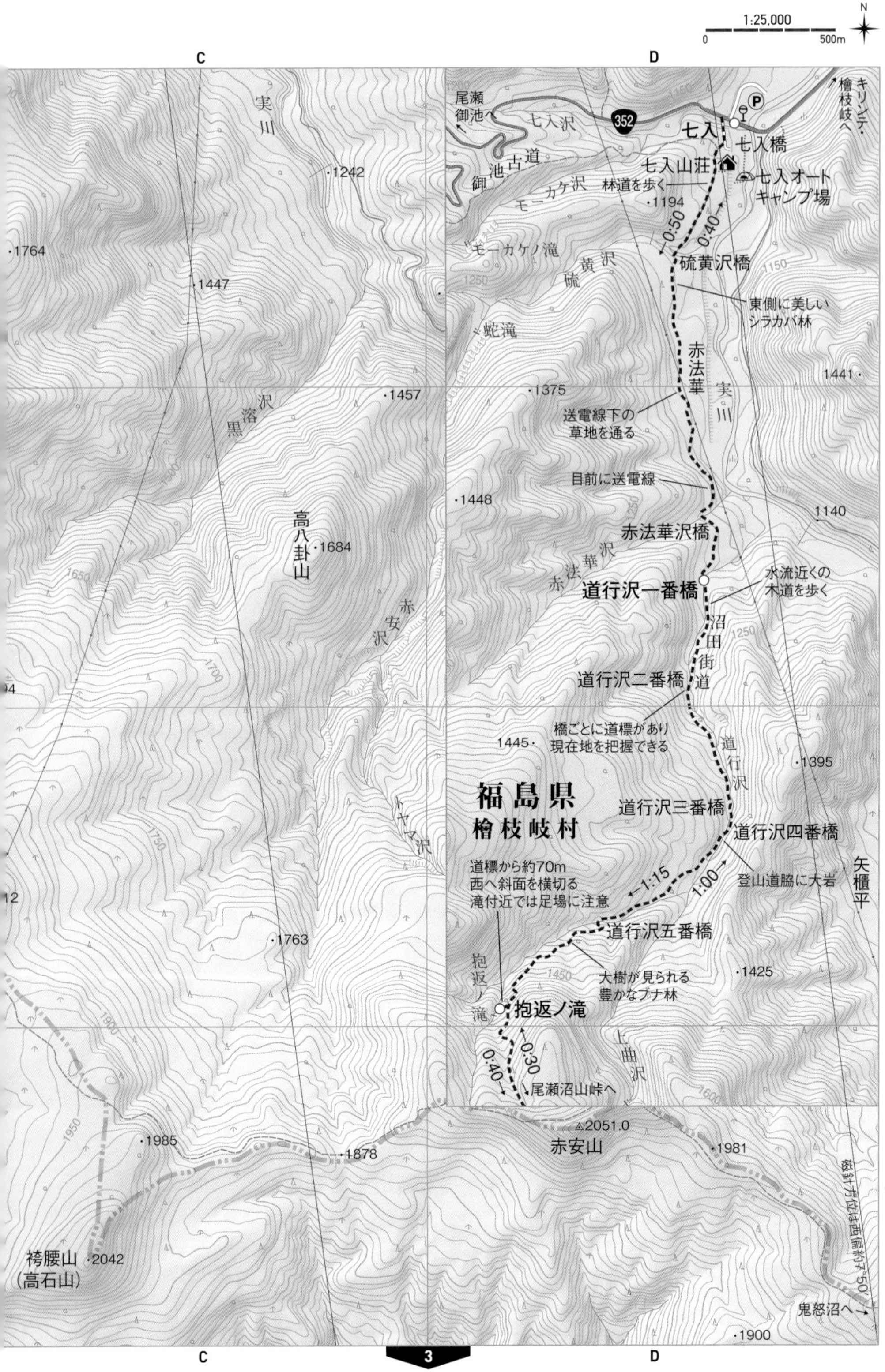
1:25,000
0
500m
N
C
D
尾瀬
御池へ
七入沢
352
七入
七入橋
キリンテ・
檜枝岐へ
御池古道
七入山荘
林道を歩く
七入オート
キャンプ場
モーカケ沢
1242
1194
0:50
0:40
1
1764
モーカケノ滝
硫黄沢
硫黄沢橋
1150
1447
1250
東側に美しい
シラカバ林
蛇滝
赤法華
実川
1441
1457
1375
黒溶沢
送電線下の
草地を通る
目前に送電線
1448
1140
高八卦山
1684
赤法華沢橋
2
赤法華沢
1650
道行沢一番橋
水流近くの
木道を歩く
赤安沢
沼田街道
1250
1700
道行沢二番橋
橋ごとに道標があり
現在地を把握できる
1445
道行沢
1395
福島県
檜枝岐村
道行沢三番橋
道行沢四番橋
トヤマ沢
1750
道標から約70m
西へ斜面を横切る
滝付近では足場に注意
1:15
1:00
登山道脇に大岩
3
矢櫃平
道行沢五番橋
1763
抱返ノ滝
1450
大樹が見られる
豊かなブナ林
1425
抱返ノ滝
1900
上曲沢
0:40
0:30
尾瀬沼山峠へ
1600
1950
2051.0
1985
赤安山
1878
1981
磁針方位は西偏約7°50′
4
袴腰山
(高石山)
2042
鬼怒沼へ
1900

A
B
1
2
3
4
尾瀬御池へ
長池
抱返ノ滝へ
※右図へ続く
燧ヶ岳への4つの
登山道のうち登り下りとも
比較的、歩きやすいコース
源流域の
谷沿いを進む
登山道脇に
石の祠
1663
0:40
0:30
トイレ
上
曲
沢
·1779
燧ヶ岳（俎嵓）へ
長
英
新
道
·1773
尾瀬御池から
常時マイカー規制
路線バス・シャトルバスを利用
沼山峠休憩所
段々状の木道
板が濡れているときは
滑りやすくスリップ注意
尾
瀬
沼
山
峠
1合目のプレート
標高約1750m
ベンチが並ぶ
休憩スペース
周囲は樹林
沼山峠
オオシラビソと
ダケカンバの樹林帯
1781
沼山峠展望台
·1735
高木のオオシラビソや
コメツガにおおわれた
なだらかな斜面
·1801
ニッコウキスゲ
ノアザミ
カラマツソウ
オタカラコウ
0:45
0:50
·1705
大
江
山
△1881.8
登山道の両側に
開けたササの斜面
1:40
2:15
燧ヶ岳へは
ここまで木道
大江湿原
オオシラビソの深い森
登山道からそれないよう注意
沼尻平へ
0:20
大
江
川
福島県
檜枝岐村
1678
ところどころ
小さな水流や湿地
北
岸
線
0:45
ヤナギラン
の丘
ニッコウキスゲ
コバギボウシ
0:45
0:50
浅湖湿原
浅
湖
湿
原
大江湿原
1663
尾瀬随一の
ニッコウキスゲ群生地
大入洲
0:15
ニッコウキスゲ
コオニユリ
コバギボウシ
ミズギク
サワギキョウ
オオシラビソや
ダケカンバの樹林帯
なだらかな道
·1874
·1880
針葉樹林帯に入り
小さくアップダウン
ミズバショウ
トイレ
山稜を
乗り越える
尾瀬沼ビジターセンター
長蔵小屋
尾
瀬
沼
尾瀬沼キャンプ場
道標の
立つ分岐
釜ッ堀
0:50
ミズバショウ
尾
瀬
沼
ヒ
ュ
ッ
テ
小淵沢田代
0:55
·1911
小淵沢田代
鬼
怒
沼
林
道
桧ノ突出
0:25
小さな沢を渡る
やや急坂
富士見峠分岐へ
ヒ
ノ
キ
沢
ミズバショウ
タテヤマリンドウ
キンコウカ
·1769
タテヤマリンドウ
ワタスゲ
キンコウカ
サワラン
樹林に囲まれた
静かな山上湿原
なかほどに池塘
小
淵
沢
ニ
ゴ
リ
沢
三
平
下
檜高山
△1932.4
·1820
南岸線
尾瀬沼山荘
トイレ
ウッドデッキの
快適な休憩スペース
燧ヶ岳のビューポイント
早
稲
沢
0:20
0:15
三平峠へ
·1761
·1847
·1827
群馬県
片品村
·1765
1700
1750
1650
1800

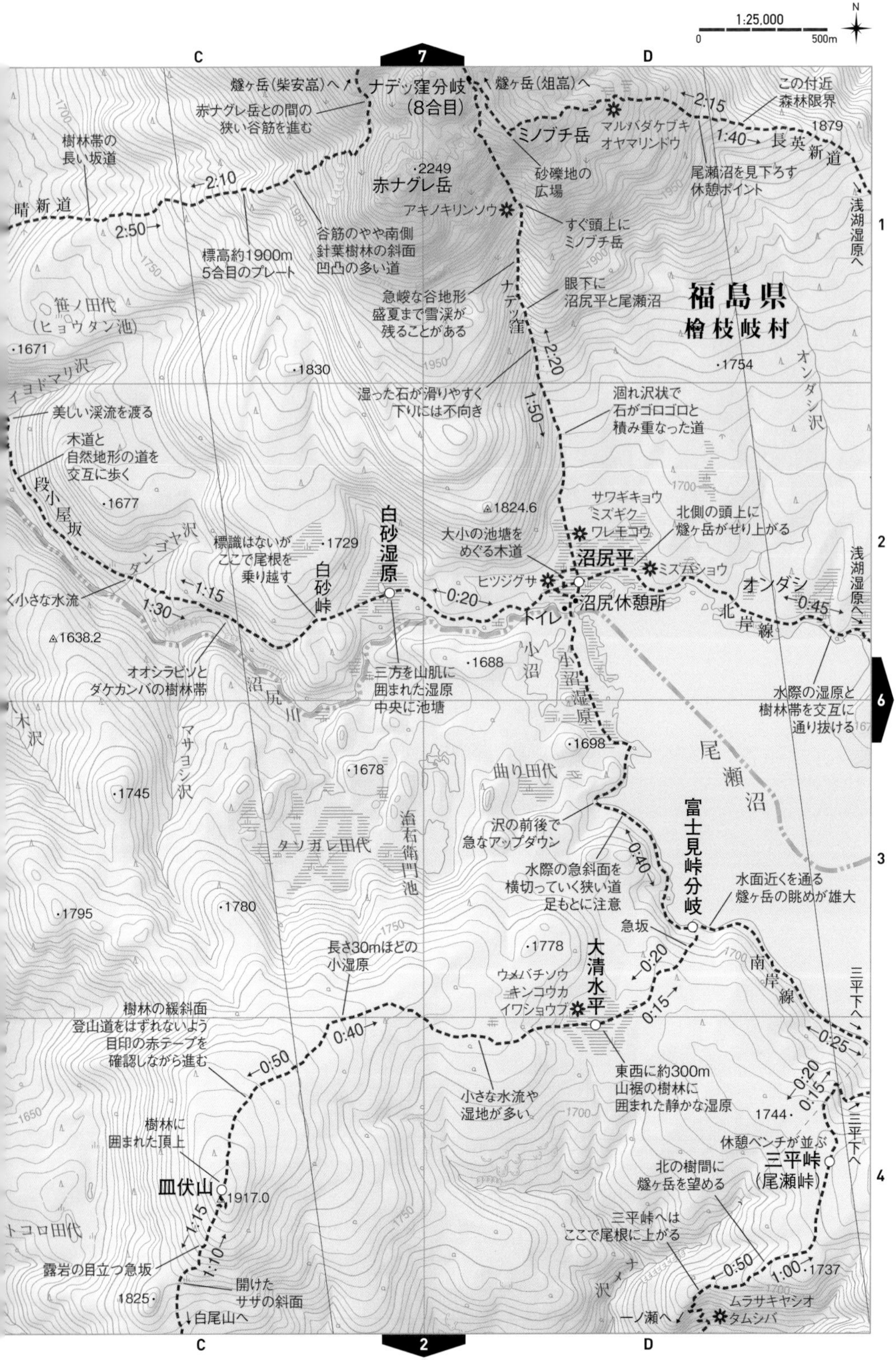

1:25,000
0
500m
N
7
C
D
燧ヶ岳(柴安嵓)へ
ナデッ窪分岐
(8合目)
燧ヶ岳(俎嵓)へ
2:15
この付近
森林限界
赤ナグレ岳との間の
狭い谷筋を進む
ミノブチ岳
マルバダケブキ
オヤマリンドウ
1879
樹林帯の
長い坂道
1:40
長英新道
2249
赤ナグレ岳
砂礫地の
広場
尾瀬沼を見下ろす
休憩ポイント
2:10
晴新道
アキノキリンソウ
浅湖湿原へ
2:50
谷筋のやや南側
針葉樹林の斜面
凹凸の多い道
すぐ頭上に
ミノブチ岳
標高約1900m
5合目のプレート
眼下に
沼尻平と尾瀬沼
福島県
檜枝岐村
笹ノ田代
(ヒョウタン池)
急峻な谷地形
盛夏まで雪渓が
残ることがある
ナデッ窪
2:20
1671
1830
1754
オンダシ沢
イヨドマリ沢
湿った石が滑りやすく
下りには不向き
1:50
涸れ沢状で
石がゴロゴロと
積み重なった道
美しい渓流を渡る
木道と
自然地形の道を
交互に歩く
段小屋坂
1677
1824.6
サワギキョウ
ミズギク
ワレモコウ
北側の頭上に
燧ヶ岳がせり上がる
白砂湿原
1729
大小の池塘を
めぐる木道
ダンゴヤ沢
標識はないが
ここで尾根を
乗り越す
白砂峠
沼尻平
ミズバショウ
浅湖湿原へ
1:15
ヒツジグサ
0:20
オンダシ
小さな水流
1:30
沼尻休憩所
トイレ
北岸線
0:45
1638.2
小沼
本沼湿原
1688
オオシラビソと
ダケカンバの樹林帯
三方を山肌に
囲まれた湿原
中央に池塘
水際の湿原と
樹林帯を交互に
通り抜ける
6
沼尻川
八木沢
マサヨシ沢
1698
尾瀬沼
1678
曲り田代
1745
沢の前後で
急なアップダウン
富士見峠分岐
浅右衛門池
タソガレ田代
0:40
水際の急斜面を
横切っていく狭い道
足もとに注意
水面近くを通る
燧ヶ岳の眺めが雄大
1795
1780
急坂
1778
長さ30mほどの
小湿原
大清水平
0:20
南岸線
ウメバチソウ
キンコウカ
イワショウブ
三平下へ
樹林の緩斜面
登山道をはずれないよう
目印の赤テープを
確認しながら進む
0:40
0:15
0:25
0:50
東西に約300m
山裾の樹林に
囲まれた静かな湿原
小さな水流や
湿地が多い
0:20
0:15
1744
三平下へ
樹林に
囲まれた頂上
休憩ベンチが並ぶ
三平峠
(尾瀬峠)
北の樹間に
燧ヶ岳を望める
皿伏山
1917.0
三平峠へは
ここで尾根に上がる
トコロ田代
1:15
1:10
露岩の目立つ急坂
0:50
1:00
1737
開けた
ササの斜面
ナメ沢
1825
ムラサキヤシオ
タムシバ
白尾山へ
一ノ瀬へ
2
1
3
4

5 尾瀬ヶ原（竜宮十字路・見晴）・尾瀬沼

1:25,000
0
500m
N
C
D
1
2
3
4
5
1
·1774
1650
1800
1450
下ヨサク沢
上ヨサク沢
ケイズル沢
カッパ山
·1822
·1697
東電小屋へ
ヨッピ吊橋
1398
木道沿いに
大きな池塘
滝ノ沢
外田代
1650
竜宮十字路へ
1401
八海山
（背中アブリ山）
△1811.1
ヨッピ川
ニッコウキスゲ
カキツバタ
エゾリンドウ
ゆったりとした
流れを渡る
35
群馬県
片品村
東電下ノ大堀橋·1398
泉水池
ミズバショウ群生地
下ノ大堀川
ミズバショウ
中田代
·1403
ミズバショウ
ヒオウギアヤメ
カキツバタ
背中アブリ沢
上田代とともに池塘が多く
「ゆらぎ田代」とも呼ばれた
0:45
竜宮十字路へ
尾瀬ヶ原
上ノ大堀川橋
尾瀬ヶ原を
代表する風景
ミズバショウ ·1452
ヒオウギアヤメ
ニッコウキスゲ
ワタスゲ
キンコウカ
ヒツジグサ
コバイケイソウ
イワショウブ
燧ヶ岳を映す
大きな池塘
0:40
源五郎堀
1404
背中アブリ田代
逆さ燧
牛首分岐
尾瀬ヶ原の広さを実感
至仏山と燧ヶ岳の眺めが
ひときわ雄大
ヒツジグサ
オゼコウホネ
トキソウ
サワギキョウ
拠水林を観察できる
上田代
原の川上橋
牛首
1450·
6
瀬ヶ原を代表する
植物を観察できる
一周20〜30分
0:45
分岐周辺などに
ウッドデッキの
休憩スペース
木道沿いに大小の池塘
周囲の山々が水面に
映る景色が美しい
名のとおり
牛の首の形をした
半島状の地形
山ノ鼻
コオニユリ
コバギボウシ
研究見本園
国民宿舎尾瀬ロッジ
山の鼻小屋
至仏山荘
上ノ大堀川
·トイレ
尾瀬山の鼻
ビジターセンター
山ノ鼻
キャンプ場
0:50
山の川上橋
·1602
1450
1550
伝之丞沢
1:10
1506·
川上川
←1:00
ミズナラやダケカンバ
カラマツ林
広窪沢
1500
鳩待峠へ
1650

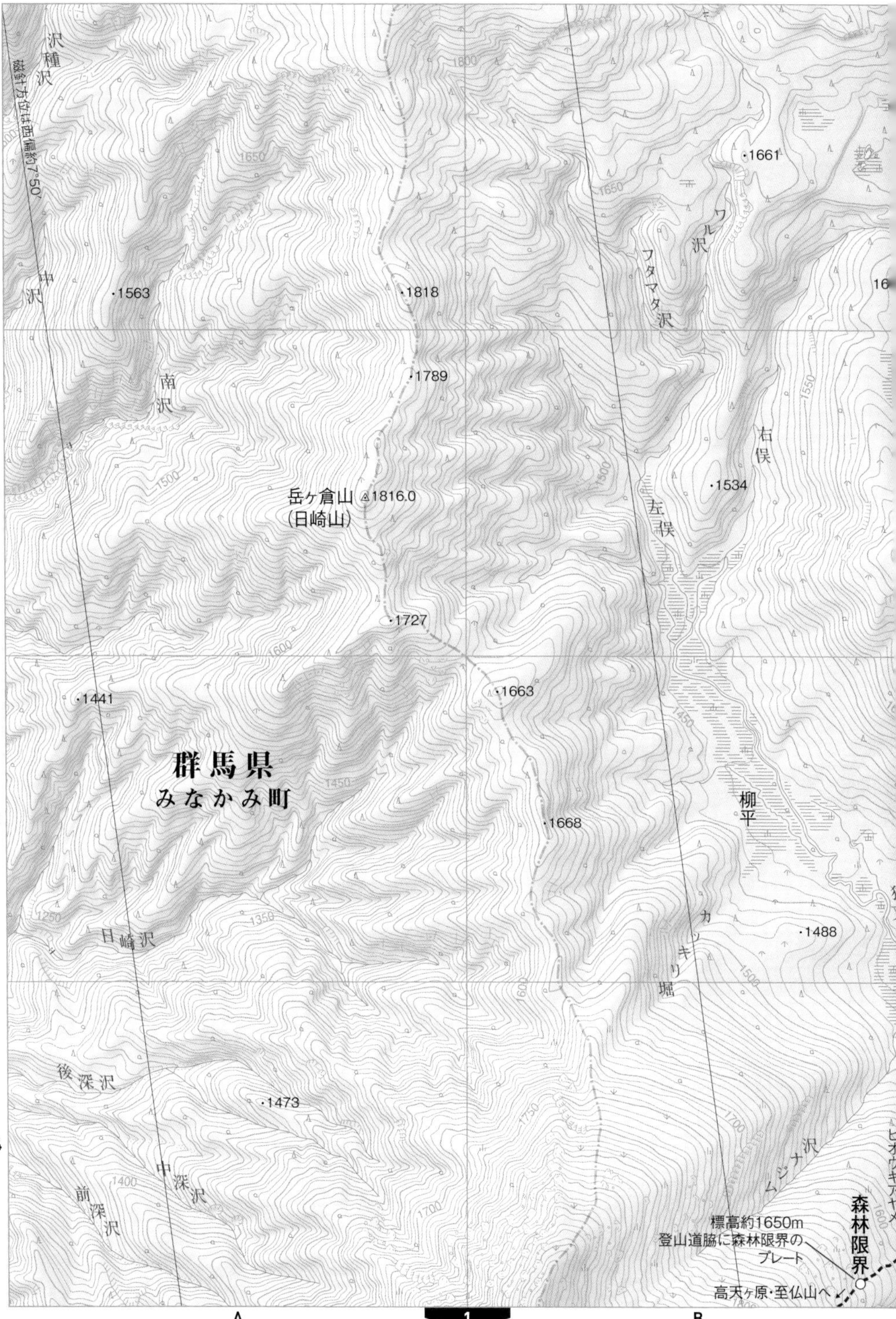
A
B
1
2
3
4
磁針方位は西偏約7°50′
種沢
中沢
・1563
南沢
・1818
・1789
岳ヶ倉山 △1816.0
（日崎山）
・1727
・1441
・1663
群馬県
みなかみ町
・1668
日崎沢
後深沢
・1473
中深沢
前深沢
・1661
ワル沢
フタマタ沢
右俣
・1534
左俣
柳平
カッキリ堀
・1488
ムジナ沢
ヒオウギアヤメ
森林限界
標高約1650m
登山道脇に森林限界の
プレート
高天ヶ原・至仏山へ
1800
1650
1500
1600
1450
1350
1250
1400
1700
1750
1550

1

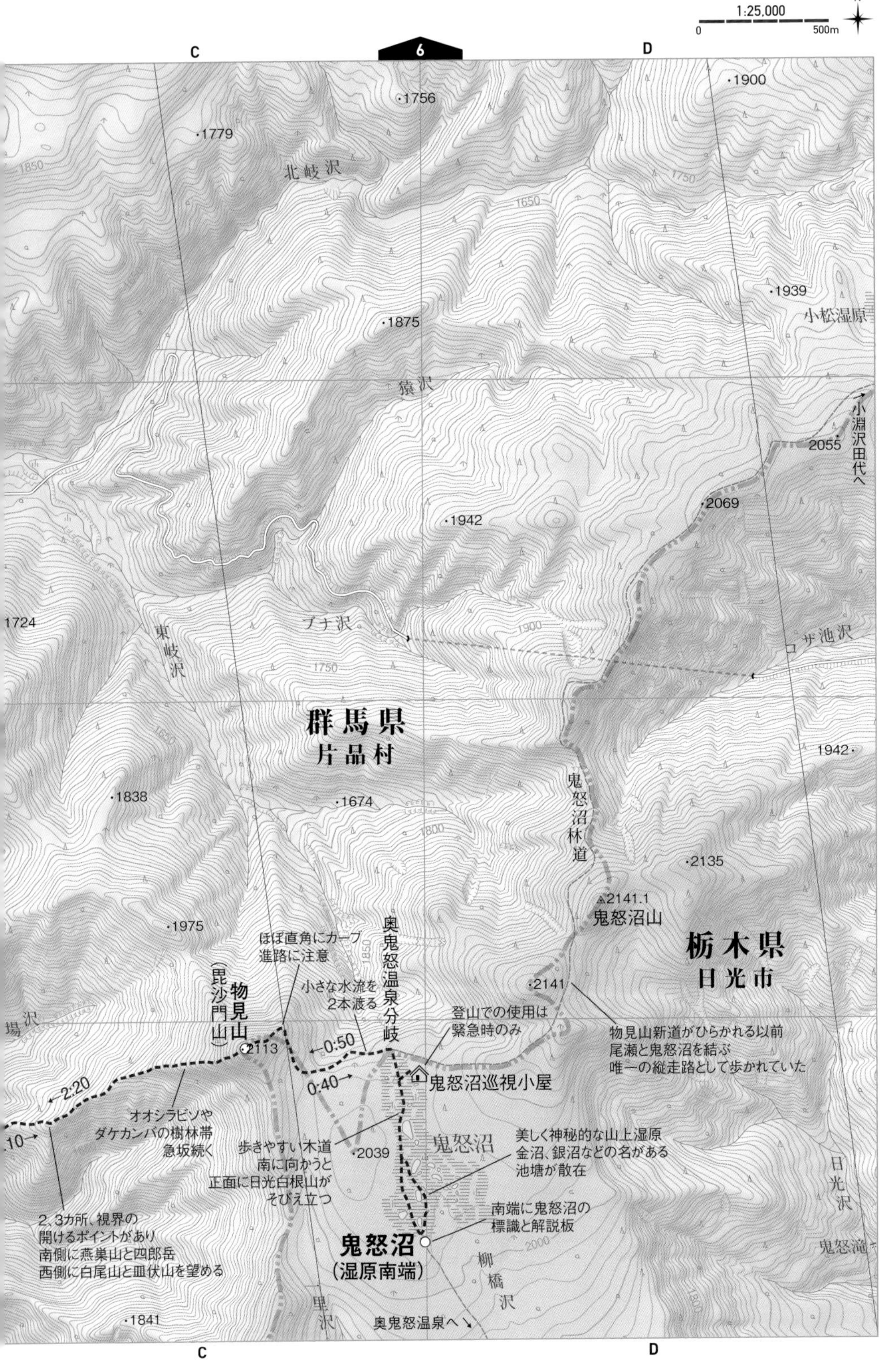

1:25,000
0
500m
N
C
6
D
1
2
3
4
·1756
·1779
·1900
1850
北岐沢
1750
1650
·1939
小松湿原
·1875
猿沢
小淵沢田代へ
2055
·2069
·1942
1724
ブナ沢
1900
東岐沢
コザ池沢
1750
群馬県
片品村
1942·
1650
鬼怒沼林道
·1838
·1674
1800
·2135
△2141.1
鬼怒沼山
·1975
ほぼ直角にカーブ
進路に注意
奥鬼怒温泉分岐
栃木県
日光市
物見山（毘沙門山）
小さな水流を
2本渡る
·2141
登山での使用は
緊急時のみ
物見山新道がひらかれる以前
尾瀬と鬼怒沼を結ぶ
唯一の縦走路として歩かれていた
2113
←0:50
鬼怒沼巡視小屋
0:40→
←2:20
オオシラビソや
ダケカンバの樹林帯
急坂続く
鬼怒沼
美しく神秘的な山上湿原
金沼、銀沼などの名がある
池塘が散在
歩きやすい木道
南に向かうと
正面に日光白根山が
そびえ立つ
·2039
日光沢
2、3カ所、視界の
開けるポイントがあり
南側に燕巣山と四郎岳
西側に白尾山と皿伏山を望める
南端に鬼怒沼の
標識と解説板
鬼怒沼
（湿原南端）
鬼怒滝
2000
柳橋沢
里沢
1800
·1841
奥鬼怒温泉へ↘
C
D

3 大清水・物見山・鬼怒沼

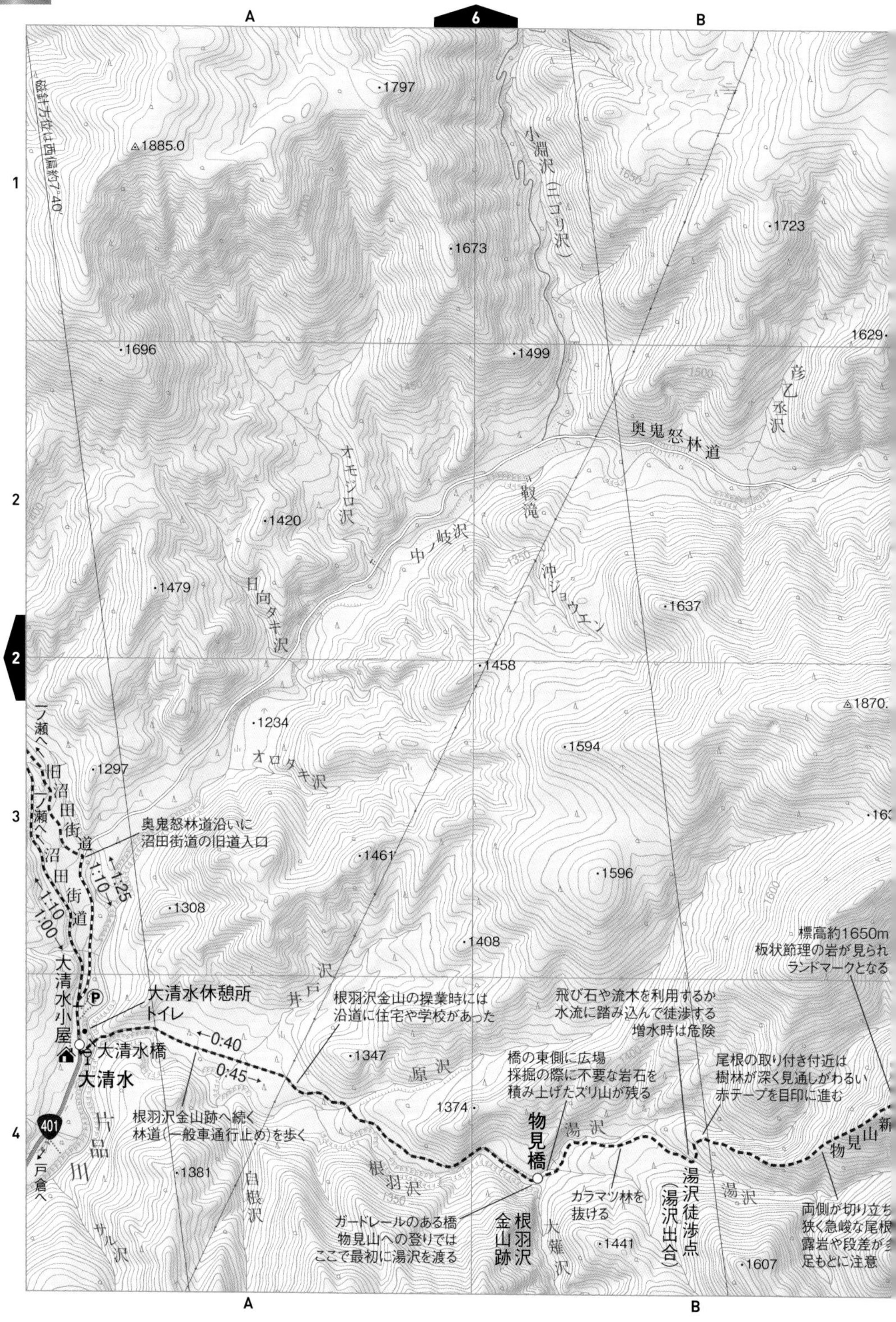
A
6
B
1
2
3
4
磁針方位は西偏約7°40′
△1885.0
1797
1673
1723
1696
1499
1629
小淵沢（ニゴリ沢）
彦乙丞沢
奥鬼怒林道
オモジロ沢
1420
轂滝
中ノ岐沢
沖ジョウエン
1479
日向タキ沢
1637
1458
△1870.
1234
1594
オロタキ沢
一ノ瀬へ
旧沼田街道
1297
一ノ瀬へ
沼田街道
奥鬼怒林道沿いに沼田街道の旧道入口
1461
1596
1:25
1:10
1:10
1:00
1308
1408
標高約1650m 板状節理の岩が見られ ランドマークとなる
大清水小屋
戸井沢
大清水休憩所 トイレ
根羽沢金山の操業時には沿道に住宅や学校があった
飛び石や流木を利用するか水流に踏み込んで徒渉する 増水時は危険
0:40
大清水橋
0:45
1347
原沢
橋の東側に広場 採掘の際に不要な岩石を積み上げたズリ山が残る
尾根の取り付き付近は樹林が深く見通しがわるい 赤テープを目印に進む
大清水
1374
401
片品川
根羽沢金山跡へ続く林道（一般車通行止め）を歩く
物見橋
湯沢
新物見山
戸倉へ
1381
根羽沢
湯沢徒渉点（湯沢出合）
湯沢
白根沢
カラマツ林を抜ける
両側が切り立ち狭く急峻な尾根 露岩や段差が多 足もとに注意
ガードレールのある橋 物見山への登りではここで最初に湯沢を渡る
根羽沢金山跡
大薙沢
1441
サル沢
1607
1650
1500
1450
1350
1600
1400

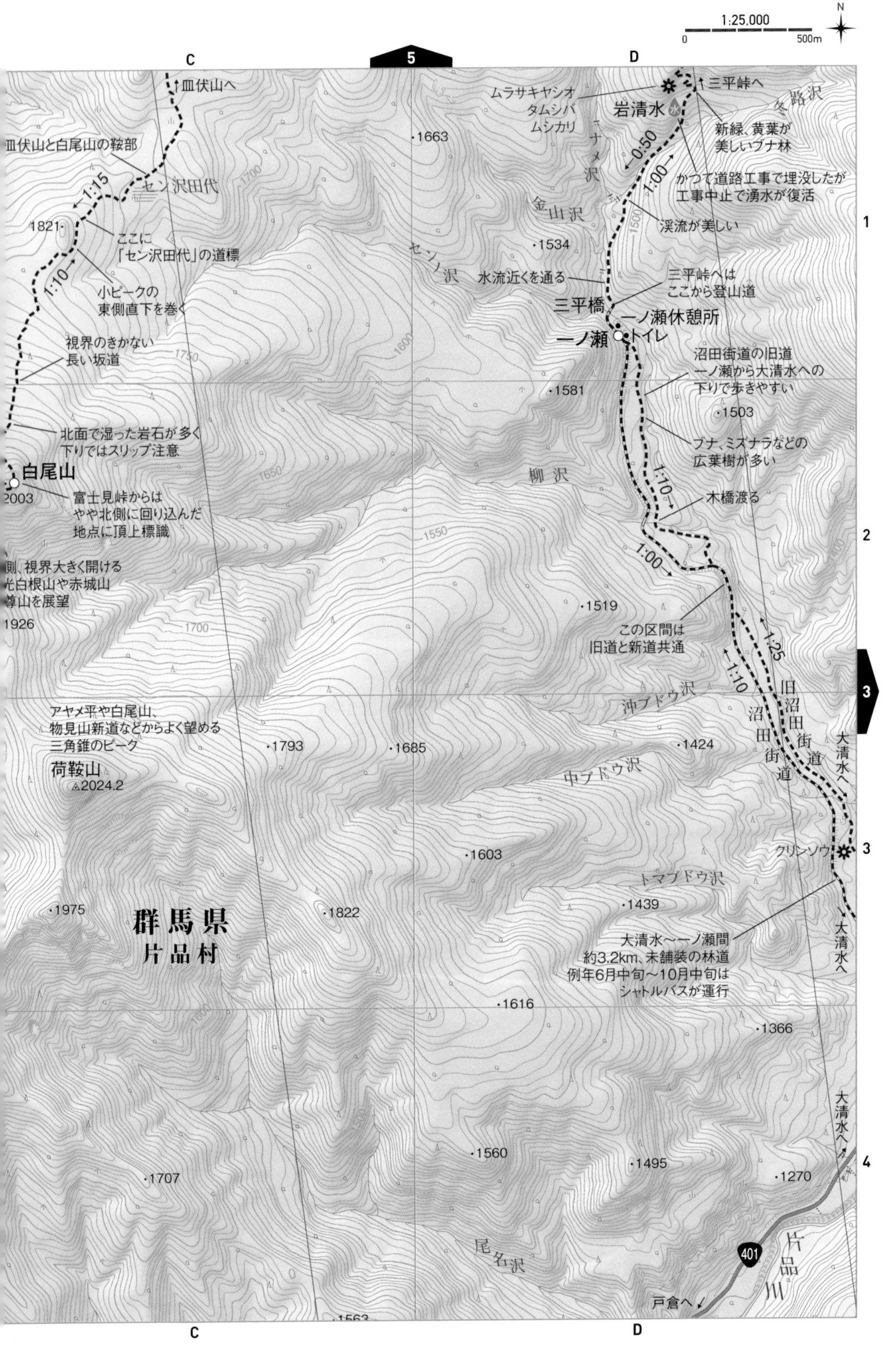

1:25,000
0
500m
N
C
5
D
↑皿伏山へ
↑三平峠へ
ムラサキヤシオ
タムシバ
ムシカリ
岩清水
冬路沢
新緑、黄葉が
美しいブナ林
・1663
ナメ沢
←0:50
1:00→
かつて道路工事で埋没したが
工事中止で湧水が復活
皿伏山と白尾山の鞍部
←1:15
センン沢田代
1700
金山沢
1500
渓流が美しい
1
1821・
ここに
「セン沢田代」の道標
・1534
セーノ沢
1:10→
水流近くを通る
小ピークの
東側直下を巻く
三平峠へは
ここから登山道
三平橋
一ノ瀬休憩所
一ノ瀬
トイレ
視界のきかない
長い坂道
1600
1750
沼田街道の旧道
一ノ瀬から大清水への
下りで歩きやすい
・1581
・1503
北面で湿った岩石が多く
下りではスリップ注意
ブナ、ミズナラなどの
広葉樹が多い
白尾山
2003
柳沢
1650
1:10→
富士見峠からは
やや北側に回り込んだ
地点に頂上標識
木橋渡る
1550
2
1:00→
側、視界大きく開ける
北白根山や赤城山
尊山を展望
・1519
1926
1700
この区間は
旧道と新道共通
←1:25
←1:10
旧
沼田街道
沼田街道
沖ブドウ沢
3
アヤメ平や白尾山、
物見山新道などからよく望める
三角錐のピーク
・1793
・1685
・1424
大清水へ
荷鞍山
△2024.2
中ブドウ沢
クリンソウ
3
・1603
トマブドウ沢
・1975
・1822
・1439
大清水へ
群馬県
片品村
大清水〜一ノ瀬間
約3.2km、未舗装の林道
例年6月中旬〜10月中旬は
シャトルバスが運行
・1616
・1366
大清水へ
・1560
・1495
4
・1707
・1270
401
片品川
尾名沢
戸倉へ↙
・1563
C
D

2 アヤメ平・富士見峠・一ノ瀬

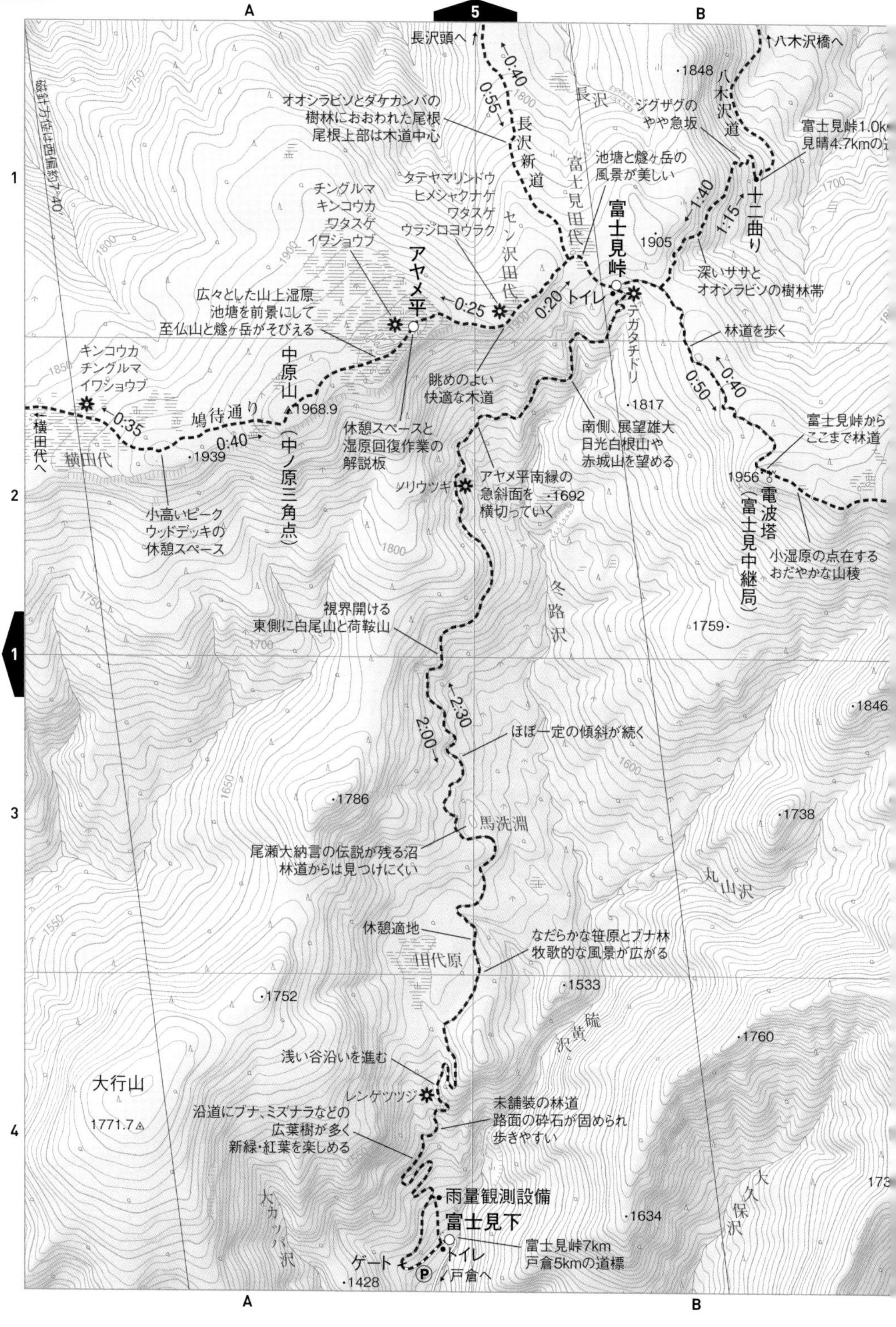

5
1
A
B
長沢頭へ
八木沢橋へ
0:40
0:55
長沢新道
長沢
1848
八木沢道
磁針方位は西偏約7°40′
1750
1800
1900
オオシラビソとダケカンバの
樹林におおわれた尾根
尾根上部は木道中心
ジグザグの
やや急坂
富士見峠1.0k
見晴4.7kmの
池塘と燧ヶ岳の
風景が美しい
富士見田代
タテヤマリンドウ
ヒメシャクナゲ
ワタスゲ
ウラジロヨウラク
チングルマ
キンコウカ
ワタスゲ
イワショウブ
センノ沢田代
1:40
1:15
十二曲り
1700
富士見峠
1905
アヤメ平
深いササと
オオシラビソの樹林帯
広々とした山上湿原
池塘を前景にして
至仏山と燧ヶ岳がそびえる
0:25
0:20
トイレ
テガタチドリ
林道を歩く
キンコウカ
チングルマ
イワショウブ
1850
中原山
1968.9
眺めのよい
快適な木道
0:50
0:40
0:35
鳩待通り
1817
横田代へ
0:40
休憩スペースと
湿原回復作業の
解説板
南側、展望雄大
日光白根山や
赤城山を望める
富士見峠から
ここまで林道
横田代
1939
(中ノ原三角点)
1956
電波塔
(富士見中継局)
2
ソリウツギ
アヤメ平南縁の
急斜面を
横切っていく
1692
小高いピーク
ウッドデッキの
休憩スペース
小湿原の点在する
おだやかな山稜
冬路沢
視界開ける
東側に白尾山と荷鞍山
1759
2:30
2:00
1846
ほぼ一定の傾斜が続く
1600
1650
1786
1738
3
馬洗淵
尾瀬大納言の伝説が残る沼
林道からは見つけにくい
丸山沢
1550
休憩適地
なだらかな笹原とブナ林
牧歌的な風景が広がる
田代原
1752
1533
硫黄沢
1760
浅い谷沿いを進む
大行山
レンゲツツジ
沿道にブナ、ミズナラなどの
広葉樹が多く
新緑・紅葉を楽しめる
未舗装の林道
路面の砕石が固められ
歩きやすい
1771.7
4
大久保沢
173
雨量観測設備
大カッパ沢
富士見下
1634
トイレ
富士見峠7km
戸倉5kmの道標
ゲート
P
戸倉へ
1428
A
B

1:25,000
0
500m
N
C
D
4
↑山ノ鼻へ
・1499
小テンマ沢
広窪沢
伝之丞沢
1650
1600
1700
1550
1
ミズバショウ
鳩待峠から山ノ鼻に向かって
最初のミズバショウ群生地
テンマ沢
・1625
川上川
鳩待峠から山ノ鼻の間
木道沿いに6カ所
休憩ベンチがある
709
川上川の
流近くを通る
△1774.6
メツケ田代
西側の間近に
至仏山を望む
大らかな傾斜湿原
アヤメ平へ→
横田代
新緑、黄葉の
美しいブナ林
西側、至仏山を
大きく望める
ヨセ沢
←0:55
1:10→
↑1:00
1:10↓
鳩待通り
横田代
2
山ノ鼻へはここから木道
濡れていると滑りやすい
足もとに注意
・1767
1800
1850
ササとオオシラビソの樹林帯
傾斜のゆるやかな道が続く
ハトマチ沢
石畳状の階段
尾瀬ヶ原（山ノ鼻）に
向かって下り坂
ベンチの置かれた
休憩ポイント
富士見峠5.1km、
鳩待峠1.2kmの道標
鳩待山荘
鳩待峠
1591
トイレ
ブナ林の広がる
なだらかな山腹
1750
2
群馬県
片品村
シャトルバス・
乗合タクシー乗降場
鳩待峠の約70m手前
1681
ブナ林に囲まれた広場
至仏山3.5km、
鳩待峠1.0kmの道標
3
小赤沢
・1679
津奈木沢
1500
赤沢
ピーク時期にマイカー規制
戸倉からシャトルバス・
乗合タクシーを利用
・1388
・1391
4
ゲート
津奈木橋
1350
63
笠科川
磁針方位は西偏約7°50′
戸倉へ↓
1400
C
D

1 鳩待峠・至仏山・笠ヶ岳

A
4
B
森林限界・山ノ鼻より
蛇紋岩が露出した急斜面
岩場と階段が連続
中間地点
標高約1810m
山ノ鼻から至仏山への
標高差の中間地点に
プレートあり
1:30
ホソバヒナウスユキソウ
タカネナデシコ
ジョウシュウアズマギク
イブキジャコウソウ
タカネシオガマ
ネバリノギラン
頂上は360度の
大展望
至仏山は植生保護のため
例年GWの翌日から
6月30日まで登山禁止
至仏山
2228.0
0:20
高天ヶ原
シブツアサツキ
エゾウサギギク
ダイモンジソウ
ヨツバシオガマ
至仏山東面の登山道は
植生保護と
滑落事故防止のため
山ノ鼻から登りの一方通行
至仏山の
肩ともいえる緩斜面
登山道の両側に
広い休憩スペース
0:40
ハイマツと蛇紋岩の稜線
乾いていても岩が
非常に滑りやすく
転倒に注意
タカネバラ
ハクサンシャクナゲ
ウラジロヨウラク
ベニサラサドウダン
ホソバツメクサ
ホソバヒナウスユキソウ
イブキジャコウソウ
タカネシオガマ
タカネナデシコ
0:30
小至仏山
2162
2、3人が立てるほどの
狭い岩塊の頂上
0:30
0:20
オゼソウ
ハクサンイチゲ
シナノキンバイ
ハクサンコザクラ
イワカガミ
チングルマ
群馬県
みなかみ町
笠ヶ岳分岐
オヤマ沢田代
0:10
イワイチョウ
ワタスゲ
ヨツバシオガマ
タテヤマリンドウ
頂稜の登山道脇に
「悪沢岳」の標識
悪沢岳
2043
オヤマ沢
登山道脇に平たい岩
尾瀬ヶ原と燧ヶ岳を一望
原見岩(トカゲ岩)
1935
ヒオウギアヤメ
階段が続く
1866.9
1:10
ロープの設置された
高さ3mほどの岩場
ササの斜面が開ける
笠ヶ岳と小笠を
間近に望める
0:50
0:55
悪沢岳と小笠の鞍部
笠ヶ岳1.5km、
オヤマ沢田代1.7kmの道標
尾根の南側を巻く
視界が開け
笠ヶ岳や武尊山を展望
小笠の
頂上直下を通る
オオシラビソの樹林帯
登山道にぬかるみが多い
小笠
1950
イワカガミ
チングルマ
ヨツバシオガマ
タカネナデシコ
ミネウスユキソウ
1766
360度の大展望
笠ヶ岳
2057.4
0:40
0:35
高山帯の斜面を
横切っていく
ホソバヒナウスユキソウ
ジョウシュウアズマギク
イブキジャコウソウ
ミヤマムラサキ
ガレ場の
急斜面
片藤沼
63
湯ノ小屋温泉へ
坤六峠・湯ノ小屋温泉へ
前深沢
狩小屋沢
シバ沢
ワル沢
引上悪沢
スリバナ沢
タル沢
井戸沢
ナメ沢
オヤマ
1533
1523
1452
2045
1
2
3
4

A
B

主な地図記号

※そのほかの地図記号は、国土地理院発行2万5000分ノ1地形図に準拠しています

- 一般登山コース
- 参考コース（登攀ルート等）
- ←1:30 コースタイム（時間：分）
- コースタイムを区切る地点
- 4車線以上
- 2車線道路
- 1車線道路
- 軽車道
- 徒歩道
- 庭園路
- 高速・有料道路
- 352 国道・番号
- 63 都道府県道・番号
- 鉄道・駅
- JR線・駅
- 索道（リフト等）
- 送電線
- 都道府県界
- 市町村界

- 特定地区界
- 植生界
- 2346.2 三角点
- 1159.4 電子基準点
- 720.9 水準点
- ・1651 標高点
- 等高線（主曲線）標高10mごと
- 等高線（計曲線）主曲線5本目ごと
- 等高線（補助曲線）
- 1500 等高線標高
- 磁北線
- 市役所
- 町村役場
- 警察署
- 消防署
- 交　番
- 病　院
- 神　社
- 寺　院

- 営業山小屋
- 避難小屋・無人山小屋
- キャンプ指定地
- 水場（主に湧水）
- 主な高山植物群落
- バス停
- 駐車場
- 温泉
- 噴火口・噴気孔
- 採鉱地
- 発電所
- 電波塔
- 史跡・名勝・天然記念物
- 岩がけ
- 岩
- 土がけ
- 雨　裂
- 砂れき地
- おう地（窪地）

- 湖・池等
- 河川・せき（堰）
- 河川・滝
- 湿原・湿地
- 万年雪
- 広葉樹林
- 針葉樹林
- ハイマツ地
- 笹　地
- 荒　地
- 竹　林
- 畑・牧草地
- 果樹園

標高

- 2300m
- 2000m
- 1700m
- 1400m
- 1100m
- 800m

コースマップ

国土地理院発行の2万5000分ノ1地形図に相当する数値地図（国土基本情報）をもとに調製したコースマップです。

赤破線で示したコースのうち、地形図に記載のない部分、あるいは変動が生じている部分については、GPSで測位した情報を利用しています。ただし10〜20m程度の誤差が生じている場合があります。

また、登山コースは自然災害などにより、今後も変動する可能性があります。登山にあたっては本書のコースマップと最新の地形図（電子国土Web・地理院地図、電子地形図25000など）の併用を推奨します。

コースマップには、コンパス（方位磁石）を活用する際に手助けとなる磁北線を記入しています。本書のコースマップは、上を北（真北）にして製作していますが、コンパス（方位磁石）の示す北（磁北）は、真北に対して西へ7〜8度のズレが生じています。真北と磁北のズレのことを磁針偏差（西偏）といい、登山でコンパスを活用する際は、磁針偏差に留意する必要があります。

磁針偏差は、国土地理院・地磁気測量の2015.0年値（2015年1月1日0時[UT]における磁場の値）を参照しています。

尾瀬と周辺の山域の登山にあたっては、コースマップとともにコンパスを携行し、方角や進路の確認に役立ててください。

Contents

コースマップ目次

1 鳩待峠・至仏山・笠ヶ岳
2 アヤメ平・富士見峠・一ノ瀬
3 大清水・物見山・鬼怒沼
4 尾瀬ヶ原（山ノ鼻・ヨッピ吊橋）
5 尾瀬ヶ原（竜宮十字路・見晴）・尾瀬沼
6 尾瀬沼・尾瀬沼山峠・抱返ノ滝
7 燧ヶ岳・三条ノ滝・尾瀬御池・小沢平
8 平ヶ岳・台倉山・平ヶ岳登山口
9 大津岐峠・キリンテ・大杉岳
10 会津駒ヶ岳・中門岳・駒ヶ岳登山口
11 田代山・帝釈山・台倉高山

コースさくいん

尾瀬ヶ原・尾瀬沼

コース1 尾瀬ヶ原 …… Map 1-2C
コース2 尾瀬沼 …… Map 6-1B
サブコース 尾瀬沼山峠から小淵沢田代へ …… Map 6-1B
サブコース 尾瀬沼山峠から抱返ノ滝を経て七入へ …… Map 6-1B
コース3 尾瀬沼・尾瀬ヶ原 …… Map 3-4A
コース4 アヤメ平 …… Map 1-2C
サブコース 富士見下から富士見峠を経て見晴へ …… Map 2-4A
サブコース 富士見峠から白尾山・皿伏山へ …… Map 2-1B
コース5 三条ノ滝 燧裏林道 …… Map 7-2D
サブコース 小沢平から三条ノ滝・赤田代へ …… Map 7-1A
コース6 至仏山 …… Map 1-2C
コース7 笠ヶ岳 …… Map 1-2C
コース8 燧ヶ岳 御池登山道・見晴新道 …… Map 7-2D
コース9 燧ヶ岳 ナデッ窪・長英新道 …… Map 3-4A

尾瀬周辺の山

コース10 会津駒ヶ岳 …… Map 10-4D
サブコース 会津駒ヶ岳から大杉岳を経て尾瀬御池へ …… Map 10-2B
サブコース 会津駒ヶ岳からキリンテへ …… Map 10-2B
コース11 平ヶ岳 …… Map 8-4D
コース12 田代山 帝釈山 …… Map 11-2D
コース13 台倉高山 帝釈山 …… Map 11-2B
コース14 鬼怒沼 …… Map 3-4A

残雪期の尾瀬

コース15 鳩待峠から尾瀬ヶ原へ …… Map 1-2C
コース16 大清水から尾瀬沼へ …… Map 3-4A
コース17 鳩待峠から至仏山へ …… Map 1-2C
コース18 尾瀬沼山峠から燧ヶ岳へ …… Map 6-1B
コース19 駒ヶ岳登山口から会津駒ヶ岳へ …… Map 10-4D

三岩岳
2065
会津高原尾瀬口駅・西那須野塩原ICへ
舘岩へ
舘岩へ
唐沢山
1016
貝原
真米山
1146
伊南川
唐沢峠
湯ノ花温泉
鱒沢川
門岳
2060
大戸沢岳
葭ケ平
宮里
木賊温泉
西根川
会津駒ヶ岳
2133
駒ノ小屋
羽毛山
1348
袴腰山
1424
350
大嵐山
1636
高屋敷
登山道入口
駒ヶ岳登山口
川衣
水引
水場入口
911
小峠
湯ノ岐川
大沢高森山
1376
檜枝岐村役場
檜枝岐
福島県
南会津町
キリンテ
檜枝岐川
白身山
1769
枯木山
1756
船岐川
352
大中子山
1844
黒岩山
七入
11
田代山
小田代
弘法大師堂
1971
福島県
檜枝岐村
帝釈山
2060
猿倉登山口
長須ヶ玉山
1914
実川
馬坂峠
馬坂沢
三河沢ダム
三段田代
2067
台倉高山
江山
1784
孫兵衛山
2064
湯西川
赤安山
2051
袴腰山
2042
平五郎山
1700
2163
黒岩山
栃木県
日光市
栗山へ
日加倉山
1369
川俣温泉
(毘沙門山)
物見山
鬼怒沼山
2141
鬼怒川
2113
鬼怒沼
23
川俣湖
川俣ダム
八丁の湯
奥鬼怒温泉
1040
瀬戸合峡
栗山へ
加仁湯
川俣
大川築
日光沢温泉
鬼怒川
手白山
1849
野門
手白沢温泉
大事沢
野門沢
上ッ原
2222
湯沢峠
根名草山
高薙山
2181
丸沼温泉

尾瀬全図

N
0 1 5km
1:135,000
銀山平・小出ICへ
奥只見湖
尾瀬口船着場
中ノ岐川
1333
黒沢山
飯盛山
1364
大沢山
1523
只見川
大津岐川
赤岩平
新潟県
魚沼市
大津岐ダム
10
鷹ノ巣
8
鷹ノ巣山 1623
平ヶ岳登山口
にせ藤原山
1750
下台倉山
鷹ノ巣尾根
1497
赤岩高山
玉子石
池ノ岳
1695
台倉山
白沢清水
352
9
剱ガ倉山 1997
林道
小沢平
巡視
大杉岳
1922
2141 2140
平ヶ岳
7
水長沢山
1695
只見川
白沢ノ池
尾瀬御池
白沢山
1953
渋沢
渋沢温泉小屋跡
渋沢大滝
ぶな平
上田代
燧裏林道
広沢田代
御池登山道
三条ノ滝展望台
三条ノ滝
うさぎ田代
熊沢田代
赤倉岳
1959
大白沢山
1942
燧ヶ岳
景鶴山
2004
平滑ノ滝
柴安嵓
2356
俎嵓
抱返
赤田代
4
5
見晴新道
6
長英新道
ナデッ窪
矢種山
1713
(日崎山)
岳ヶ倉山
1816
ヨッピ吊橋
東電小屋
見晴
沼山峠
ヨッピ川
白砂峠
大江湿原
下田代
沼尻平
猫又川
沼尻川
群馬県
みなかみ町
尾瀬ヶ原
中田代
竜宮十字路
長沢新道
尾瀬沼
尾瀬沼ビジターセンター
八木沢橋
大清水平
楢俣川
上田代
牛首分岐
小淵沢田代
山ノ鼻
1932
長沢頭
皿伏山 1917
三平峠
檜高山
八木沢道
1
2
3
至仏山
2228
川上川
アヤメ平
一ノ瀬
横田代
旧沼田街道
小至仏山
鳩待通り
富士見峠
白尾山
中ノ岐沢
悪沢岳
笠ヶ岳分岐
鳩待峠
荷鞍山
2024
沼田街道
小笠
田代原
大清水
物見橋
大行山
1772
根羽沢
2057
笠ヶ岳
富士見下
湯ノ小屋温泉・水上へ
津奈木橋
笠科川
片品川
群馬県
片品村
63
坤六峠
401
63
西山
1898
四郎
堂平山
1310
戸倉
沼田駅・上毛高原駅・沼田ICへ

取り外せる！持ち歩ける！

アルペンガイド
登山地図帳

尾瀬

Alpine Guide